Johannes Deltl

Strategische Wettbewerbsbeobachtung

Johannes Deltl

Strategische Wettbewerbsbeobachtung

So sind Sie Ihren Konkurrenten
laufend einen Schritt voraus

Mit Fallstudien und Checklisten

Bibliografische Information Der Deutschen Bibliothek
Die Deutsche Bibliothek verzeichnet diese Publikation in der Deutschen Nationalbibliografie;
detaillierte bibliografische Daten sind im Internet über <http://dnb.ddb.de> abrufbar.

1. Auflage 2004

Alle Rechte vorbehalten
© Betriebswirtschaftlicher Verlag Dr. Th. Gabler/GWV Fachverlage GmbH, Wiesbaden 2004

Lektorat: Ulrike M. Vetter

Der Gabler Verlag ist ein Unternehmen von Springer Science+Business Media.
www.gabler.de

Das Werk einschließlich aller seiner Teile ist urheberrechtlich geschützt. Jede Verwertung außerhalb der engen Grenzen des Urheberrechtsgesetzes ist ohne Zustimmung des Verlags unzulässig und strafbar. Das gilt insbesondere für Vervielfältigungen, Übersetzungen, Mikroverfilmungen und die Einspeicherung und Verarbeitung in elektronischen Systemen.

Die Wiedergabe von Gebrauchsnamen, Handelsnamen, Warenbezeichnungen usw. in diesem Werk berechtigt auch ohne besondere Kennzeichnung nicht zu der Annahme, dass solche Namen im Sinne der Warenzeichen- und Markenschutz-Gesetzgebung als frei zu betrachten wären und daher von jedermann benutzt werden dürften.

Umschlaggestaltung: Nina Faber de.sign, Wiesbaden
Satz: Buch-Werkstatt, Bad Aibling
Druck und buchbinderische Verarbeitung: Wilhelm & Adam, Heusenstamm
Gedruckt auf säurefreiem und chlorfrei gebleichtem Papier
Printed in Germany

ISBN 3-409-12573-6

Vorwort

In den letzten Jahren wurde ich sehr häufig damit konfrontiert, dass Wettbewerbsbeobachtung nichts anderes als Wirtschaftsspionage ist. Meine Ambition ist es, mit diesem Buch den Begriff der Wettbewerbsbeobachtung (engl. Competitive Intelligence) zu erklären, ihn zu „entkriminalisieren" und mit Vorbehalten oder gar bestehender Unwissenheit aufzuräumen.

Die Thematik ist gerade in wirtschaftlich schwierigen Zeiten brandaktuell. Ein Großteil der Unternehmen im deutschsprachigen Raum verfügt über Personen, die sich mit dem Wettbewerb intensiv auseinandersetzen. Durch unklare Begrifflichkeiten und unterschiedliche Zuordnungen im Unternehmen tritt der Bereich der Wettbewerbsbeobachtung in der Öffentlichkeit nicht auf, oder wird in den Medien verzerrt wiedergegeben.

Das vorliegende Buch bietet einen Überblick über den weiten Bereich der Wettbewerbsbeobachtung, vom Nutzen über den Prozess bis hin zu konkreten Fallstudien aus dem deutschsprachigen Raum.

Angesichts der Tatsache, dass Competitive Intelligence in den USA, Kanada, Frankreich oder Skandinavien bereits lange etabliert ist, stellt sich die Frage nach der Wettbewerbsfähigkeit der deutschsprachigen Unternehmen. Welches Unternehmen kann es sich leisten, in Zukunft auf die Beobachtung des Marktumfeldes, der Patente und der Konkurrenz zu verzichten?

„Knowledge is Power."

Francis Bacon

Abschließend möchte ich mich noch bei jenen Personen bedanken, die an der Erstellung des Buches maßgebend beteiligt waren. Ich danke allen Autoren der Fachbeiträge für ihre wertvolle Unterstützung – auch den zahlreichen Firmen- und Universitätsvertretern, die mich ebenfalls tatkräftig unterstützt haben. Zu danken habe ich ferner dem geduldigen Lektorat des Gabler Verlages, insbesondere der Cheflektorin Management Ulrike M. Vetter. Schlussendlich meiner Frau Karin und meiner Tochter Eva Michelle, die mich monatelang abends nur hinter dem Schreibtisch wahrnahmen.

Berlin, Wien, im Juni 2004

Johannes Deltl

Inhalt

Vorwort 5

Einleitung 9

1 **Strategische Wettbewerbsbeobachtung – was bringt das für mein Unternehmen?** 11
   1.1 Warum Wettbewerbsbeobachtung? 12
   1.2 Begriffsfestlegung 16
   1.3 Taktisches Instrument oder strategische Methode? 18
   1.4 Nutzen 20
   1.5 Kosten 24
   1.6 Einsatzbereiche im Unternehmen 25
   1.7 Einsatz in ausgewählten Branchen 39
   1.8 Ethischer Anspruch und Grenzen 50

2 **Der Wettbewerbsbeobachtungsprozess** 55
   2.1 Planung 57
   2.2 Datensammlung 62
   2.3 Analyse 73
   2.4 Kommunikation 110
   2.5 Entscheidung und Feedback 116
   2.6 Counter Intelligence – Beobachtung des eigenen Unternehmens durch die Konkurrenz 118

3 **Die Voraussetzungen im Unternehmen** 125
   3.1 Die technologische Basis 127
   3.2 Organisation 139
   3.3 Kosten/Ressourcen 142
   3.4 Unternehmenskultur 142
   3.5 Personen, Mitarbeiter 144

4 **Praktische Einführung im Unternehmen** 151
   4.1 Prozess zur Einführung der Wettbewerbsbeobachtung 153
   4.2 Die Planungsphase 154
   4.3 Die Umsetzungsphase 159
   4.4 Die Betriebsphase 164
   4.5 Erfolgsfaktoren und Fallstricke 165

5 Fallstudien 171
5.1 Ein strategischer Wettbewerbsvorteil durch intelligente, systematisch integrierte Wettbewerbsanalyse bei 3M ESPE AG 172
5.2 Management von Wettbewerbswissen bei der Audi AG 180
5.3 Einsatz eines Wettbewerbsbeobachtungssystems in einem Pharmaunternehmen 185
5.4 Strategische Wettbewerbsbeobachtung im Rahmen der Klientenarbeit bei Roland Berger 192
5.5 Einsatz eines Wettbewerbsbeobachtungssystems bei Siemens Building Technologies 197
5.6 Die Opportunity Landscape: Ein Management-Tool zur Technologie- und Wettbewerbsbeobachtung bei Straumann 203

6 Informationsquellen – Datenquellen der Wettbewerbsbeobachtung 211
6.1 Das Internet als Informationsquelle 213
6.2 Externe Datenbanken als Informationsquellen 216
6.3 Weitere Informationsquellen 223

Abbildungsverzeichnis 237

Tabellenverzeichnis 239

Literaturverzeichnis 241

Der Autor 245

Einleitung

Aufbau des Buches

Im ersten Kapitel wird der Begriff der Wettbewerbsbeobachtung definiert und der Nutzen für die verschiedenen Unternehmensbereiche und Branchen dargestellt.

Das zweite Kapitel dient dazu, den Prozess der Wettbewerbsbeobachtung näher zu betrachten und jeden einzelnen Teilschritt zu beleuchten.

Kapitel drei widmet sich den Voraussetzungen im Unternehmen, die gegeben sein müssen, um eine strategische Wettbewerbsbeobachtung im Unternehmen erfolgreich einzuführen. Konkret handelt es sich dabei um die Bereiche Kosten, Kultur, Personen, Organisation und Systeme, die detailliert beschrieben werden.

Der konkreten Umsetzung im Unternehmen ist das Kapitel vier gewidmet. Es zeigt einen idealtypischen Projektverlauf – von der Analyse des Informationsbedarfs bis zur Umsetzung eines entsprechenden IT-Systems.

Das fünfte Kapitel ist der Praxis gewidmet. Unternehmensvertreter aus unterschiedlichen Branchen und Unternehmensgrößen stellen ihre praktischen Erfahrungen im Bereich der Wettbewerbsbeobachtung vor.

Kapitel sechs weist auf die Fülle an verfügbaren Informationsquellen hin und analysiert die Vor- und Nachteile von kostenpflichtigen Datenbanken gegenüber dem kostenlosen Internet.

Wie Sie mit diesem Buch arbeiten

Wer soll das Buch lesen?
Dieses Buch ist nicht als wissenschaftliche Abhandlung oder als Nachschlagewerk für die besten Online-Ressourcen gedacht. Es soll auch nicht über Wirtschaftsspionage oder detailliert über die neuesten Recherchemethoden geschrieben werden. Ziel dieses Buches ist es vielmehr, dem Leser (Manager im Unternehmen) den Stellenwert der Wettbewerbsbeobachtung für sein Unternehmen aufzuzeigen und praktikable, umsetzbare Lösungen zu präsentieren. Das Buch ist folgendermaßen strukturiert:

Schnelldurchlauf: Zu Beginn jedes Kapitels sind die Zielsetzungen formuliert. Welchen Nutzen hat der Leser bei der Lektüre dieses Kapitels? Am Ende jedes Kapitels findet sich eine Zusammenfassung der wichtigsten Inhalte.

Mittels **Icons** werden Sie informiert über:

Checklisten: Das vor Ihnen liegende Buch hat den Anspruch, Sie beim Einsatz der Wettbewerbsbeobachtung in Ihrem Unternehmen zu begleiten. Aus diesem Grund finden Sie am Ende jedes Kapitels übersichtliche Checklisten für den praktischen Einsatz vor. Unter www.wettbewerbsbeobachtung.com können Sie diese auch downloaden.

Praxisbeispiele: Um darzustellen, dass die dargestellten Analysen und Informationen auch anwendbar sind, finden sich hier entsprechende Beispiele aus der unternehmerischen Praxis. Hier werden sowohl Best-Practice-Beispiele aus dem deutschsprachigen Raum als auch internationale Beispiele vorgestellt.

!Tipps: Dieses Icon verweist auf in der Praxis erprobte Ratschläge.

Zum Themengebiet wurden auch passende **Zitate** eingesetzt, die teilweise über die „trockene" Materie hinaus zum Nachdenken anregen sollen.

1 Strategische Wettbewerbsbeobachtung – was bringt das für mein Unternehmen?

Hauptthemen

1.1 Warum Wettbewerbsbeobachtung?

1.2 Begriffsfestlegung

1.3 Taktisches Instrument oder strategische Methode?

1.4 Nutzen

1.5 Kosten

1.6 Einsatzbereiche im Unternehmen

1.7 Einsatz in ausgewählten Branchen

1.8 Ethischer Anspruch und Grenzen

Zielsetzung

- Nach diesem Kapitel wissen Sie, was unter strategischer Wettbewerbsbeobachtung zu verstehen ist.
- Sie erfahren, warum auch Ihre Abteilung von Wettbewerbsbeobachtung profitieren kann.
- Sie erkennen das Potenzial auch in Ihrer Branche/in den unterschiedlichsten Branchen.
- Nach diesem Kapitel verstehen Sie, warum Sie ohne kontinuierliche Wettbewerbsbeobachtung nicht mehr auskommen.

1.1 Warum Wettbewerbsbeobachtung?

Jeden Morgen erwacht die Gazelle in Afrika.
Sie weiß, dass sie heute wieder schneller als der schnellste Löwe laufen muss.
Oder sie wird sterben.
Jeden Morgen wacht auch der Löwe auf.
Er weiß, dass er die langsamste Gazelle erwischen muss.
Oder er kommt vor Hunger um.
Es ist unwichtig, ob Sie die Gazelle oder der Löwe sind.
Wenn die Sonne aufgeht, sollten Sie auf jeden Fall laufen.

Das Umfeld der Unternehmen ist nicht mehr, wie es früher war. Es ist gekennzeichnet durch eine erhöhte Informationsflut und einen rasanten Wandel im technischen Umfeld. Der Innovationsdruck hat sich erhöht, die Innovationszyklen werden immer kürzer. Der weltweite globale Wettbewerb macht auch vor Europa nicht Halt.

Mit der zunehmenden Globalisierung der Märkte und angesichts der Vergrößerung der Europäischen Union durch die neuen Beitrittsländer sind die Wettbewerbsanalyse und -beobachtung wesentlich wichtiger geworden als noch vor wenigen Jahren. Kein Unternehmen, unabhängig von der Unternehmensgröße, kann es sich auf Dauer leisten, nicht aktuell darüber informiert zu sein, über welche Produkte, Preise, Vertriebswege, Kommunikationsaktivitäten seine Wettbewerber verfügen. Wer auf die systematische Wettbewerbsbeobachtung verzichtet, gefährdet langfristig die Existenz seines Unternehmens.

Der eigene Markterfolg wird heute in nahezu allen Branchen durch den immer härter werdenden Konkurrenzkampf bestimmt. Daher sind eine detaillierte Analyse der wichtigsten Wettbewerber und der Vergleich mit der eigenen betrieblichen Situation unerlässlich. Nur so kann das Unternehmen potenzielle Wettbewerbsvorteile und -nachteile identifizieren.

Die Reaktion der Wettbewerber auf eigene Strategien und das Erkennen von Frühwarnsignalen im Markt sind bei den eigenen strategischen Überlegungen zu berücksichtigen. Ohne entsprechende (Markt-)Informationen basieren Produktentwicklung, Produktanpassung, und Marktbearbeitung nur auf Vermutungen. Das wäre dann wie eine Autofahrt im Nebel. **Wettbewerbsbeobachtung ist somit für jedes Unternehmen von strategischer Bedeutung.**

Führt man die anfangs erwähnte Geschichte weiter fort, so ist man bei „Sonnenaufgang" mit einer Vielzahl an Herausforderungen konfrontiert, die gemeistert werden müssen.

Warum Wettbewerbsbeobachtung? 13

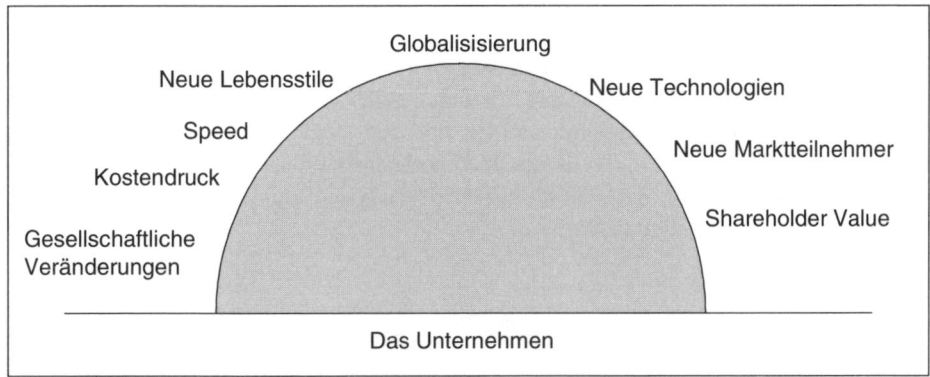

Abbildung 1: „Sonnenaufgang" – Herausforderungen an die Unternehmen

1.1.1 Das strategische Markt-Dreieck

Das Marktgeschehen lässt sich anhand des strategischen Markt-Dreiecks darstellen. Betrachtet man die Wechselwirkungen im Markt zwischen dem eigenen Unternehmen, den Kunden und der Konkurrenz, so ist auffallend, dass die Bereiche des eigenen Unternehmens und des Kunden in der Praxis detailliert analysiert, beschrieben und durchleuchtet werden. **Die Konkurrenz jedoch bleibt oftmals im Dunkeln**.

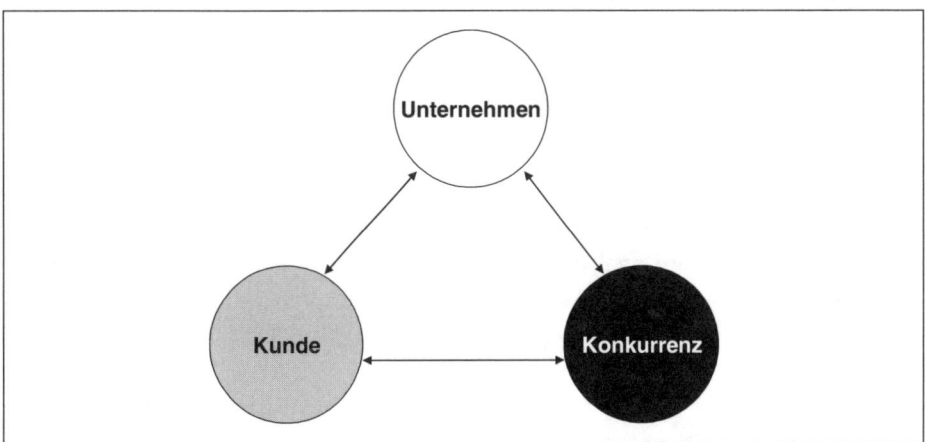

Abbildung 2: Das strategische Markt-Dreieck Kunde-Unternehmen-Konkurrenz

Das Unternehmen

Viele Unternehmen begegnen dem zunehmenden Druck in den Märkten durch eine zu starke Beschäftigung mit sich selbst. In den letzten Jahren entstand eine Fülle an Managementwerkzeugen und -philosophien, die zur Verbesserung, Ertragssteigerung, Prozessoptimierung und Kostensenkung im Unternehmen dienen. Die Organisationsform wurde umstrukturiert, die Wertschöpfungsketten analysiert und gestrafft, Vertriebswege wurden gestrichen oder digitalisiert.

Der Kunde

Die Kundensegmentierung wurde verfeinert, die Ansprache und der Umgang mit dem Kunden ebenfalls. Customer Relationship Management, d.h. die Kundenbeziehung zu vertiefen, ist heute ein wesentliches Anliegen der Unternehmen. Die Ermittlung des Kundenwertes (Customer Lifetime Value) führte ebenfalls zu einer detaillierten Auseinandersetzung mit dem Kunden.

Die Konkurrenz

Die Konkurrenz wird von vielen Unternehmen nach wie vor als Black-Box behandelt. Gemessen an der Wichtigkeit des Themas ist die (öffentliche) Auseinandersetzung damit sehr dürftig. Wenige Unternehmen im deutschsprachigen Raum bekennen sich offen dazu, strategische Wettbewerbsbeobachtung zu betreiben. Selbstverständlich verfügen Großkonzerne wie Telekom, SAP, DaimlerChrysler, Novartis etc. über eigene Organisationseinheiten, die sich mit der Analyse von Wettbewerbsinformationen und der Reaktionen der Konkurrenz beschäftigen.

1.1.2 Warum wird dem Wettbewerb so wenig Aufmerksamkeit geschenkt?

Die Analyse des Wettbewerbsumfeldes wird im angloamerikanischen Raum als „Competitive Intelligence", die Analyse der Konkurrenten als „Competitor Intelligence" bezeichnet. Mit der begrifflichen Nähe zum CIA (wobei CIA für **Central** Intelligence Agency steht) werden im deutschsprachigen Raum damit Themen wie Industrie-, Wirtschaftsspionage oder Geheimagententum verbunden.

Durch die Präsenz des Themas in den deutschsprachigen Medien wurde diese Tendenz weiter gefördert. So berichten die VDI Nachrichten vom Ausforschen (*„immer raffinierter forschen Unternehmen ihre Konkurrenten aus"*), die *FAZ* von Nachrichtendiensten (*„Mit dem eigenen Nachrichtendienst die Konkurrenz beobachten"*), oder es werden in Buchtiteln entsprechende Verbindungen hergestellt (*„Competitive Intelligence und Wirtschaftsspionage"*).

Auch die verwendeten Fachbegriffe führen zu entsprechenden Assoziationen:

- Verwendung von Trade Show **Attack Lists,** um gezielt Informationen bei Messen zu organisieren
- Installation eines **Warrooms** zur Visualisierung der Wettbewerbssituation
- Durchführen von **Wargames** zur Simulation von Szenarien

Trotz aller Vorbehalte gegen martialische Ausdrucksweisen sollte nicht vergessen werden, dass sehr viele allgemeine Managementbegriffe wie z.B. Strategie (griech. Stratos = Heer, agein = führen; „Kunst der Heeresführung") aus dem militärischen Vokabular stammen. Es ist richtig, dass es Unternehmen gibt, die in Grauzonen operieren, spezielle Dienstleister existieren, die mit fragwürdigen Methoden zu geheimen Informationen gelangen, und so mancher Staatssicherheitsdienst Unternehmen beim Gewinnen von Aufträgen unterstützt. Die berühmten schwarzen Schafe existieren in allen Bereichen.

Die systematische Erarbeitung von Informationen rund um das Wettbewerbsumfeld ist viel zu wichtig, um falsch interpretiert ein stilles Dasein zu fristen. Die Analyse der Konkurrenz hat genauso viel Bedeutung wie die Analyse des eigenen Unternehmens oder des Kunden.

Von Ad-hoc-Aktivitäten zu systematischem Management

In den Unternehmen wird die Konkurrenz oft nur dann untersucht, wenn ein akuter Handlungsbedarf besteht. Ausgestattet mit rasch zusammengesuchten Informationen wie Finanzdaten, Marktberichten und Produktbeschreibungen, erarbeitet ein kleines Team im Unternehmen eine Ad-hoc-Studie. Aber die Erkenntnisse werden meistens nur für kurzfristige, taktische Reaktionen benutzt. Eine strategische, langfristige Betrachtung der Konkurrenz und des Marktes kommt zu kurz. Dieser „Blindflug" muss unbedingt vermieden werden.

Sein Wettbewerbsumfeld im Blick zu haben und über Pläne, Leistungen und Kompetenzen der Konkurrenten Bescheid zu wissen, ist für ein Unternehmen aber von strategischer Bedeutung. Die konsequente Beobachtung des Wettbewerbs eröffnet die Möglichkeit, sich gegenüber der Konkurrenz abzusichern und so die eigenen Marktanteile zu sichern oder auszubauen. Mehr Wissen über den Markt und die Konkurrenten sichert entscheidende Wettbewerbsvorteile und ist eine Grundlage für unternehmerischen Erfolg. Je nach Branche, Markt und Innovationsgrad variiert dabei die Bedeutung der Wettbewerbsbeobachtung.

Strategische Wettbewerbsbeobachtung unterstützt Unternehmen beim:

- Antizipieren von Marktveränderungen
- Antizipieren von Aktivitäten der Wettbewerber

- Eintreten in neue Märkte
- Entdecken von neuen oder potenziellen Konkurrenten
- Generieren neuen Wissens über neue Technologien, Produkte und Prozesse, die die Organisationen beeinflussen können
- Generieren neuen Wissens über politische, gesetzliche oder gesellschaftliche Veränderungen, die Auswirkungen auf das Unternehmen haben können
- Identifizieren potenzieller Übernahmekandidaten
- Lernen aus dem Erfolg oder den Fehlern anderer
- Realistischen Selbsteinschätzen der Stärken und Schwächen des Unternehmens
- systematischen Auffinden von Markt- und Produktnischen für eigene Innovationen

Wettbewerbsbeobachtung wurde schon bei den Wikingern praktiziert

Bereits bei den Wikingern hatte Odin zwei Agenten, die Huginn (Gedanke) und Muginn (Erinnerung) hießen. Getarnt als Raben flogen beide täglich von Asgard hinaus in die Welt, um für Odin Informationen zu sammeln. Nichts entging ihrem scharfen Blick, und wenn sie zurückkamen, landeten sie auf den Schultern von Odin und krächzten ihm ihre Gedanken und Erinnerungen ins Ohr. *Quelle: Wolfgang Heller, Infonaut*

1.2 Begriffsfestlegung

Im allgemeinen Begriffs-Wirrwarr der Managementbegriffe ist auch die Wettbewerbsbeobachtung keine Ausnahme. So existieren Begriffe wie Konkurrenzbeobachtung, Konkurrenzanalyse, Konkurrenzaufklärung, Konkurrenzforschung, Umfeldanalyse, Competitive Intelligence, Business Intelligence usw., die sich letztendlich alle ergänzen und überschneiden. Da der englische Begriff Competitive Intelligence zum einen negativ besetzt ist (siehe oben) und auch einen geringen Bekanntheitsgrad im deutschsprachigen Bereich aufweist, fokussieren wir uns auf den Begriff der **Wettbewerbsbeobachtung.** Bei dem Begriff Competitive Intelligence gibt es zudem auch Abgrenzungsprobleme zu verwandten Themengebieten (Competitive versus Business Intelligence).

Begriffsfestlegung 17

Wichtig ist letztendlich nicht der Begriff an sich, sondern wofür diese Managementbegriffe stehen, wie sie im Unternehmen eingesetzt werden und welchen Nutzen das Unternehmen daraus ziehen kann. Strategische Wettbewerbsbeobachtung ist eine systematische Managementmethode:

- ein Sammeln und Analysieren von Daten und Informationen aus internen und externen Quellen
- das Aufbereiten, Analysieren und Veredeln von strategisch relevanten Informationen in handlungsfähige entscheidungsunterstützende Reports/Intelligenz
- ein strukturierter kontinuierlicher Prozess
- die Verteilung der gewonnenen Erkenntnisse an die entsprechenden Entscheidungsträger
- ein wichtiger Bestandteil des Entscheidungsfindungs-Prozesses des Managements

> Nur jene Unternehmen, die permanent, systematisch und sorgfältig ihre Mitbewerber und das Marktumfeld beobachten und die gewonnenen Informationen in anwendbare Entscheidungsgrundlagen umwandeln, sind in der Lage, strategische Wettbewerbsvorteile zu erringen.

Unterscheidung zwischen Marktforschung und Wettbewerbsbeobachtung

Grundsätzlich kann man davon sprechen, dass die Marktforschung sehr kunden-, also abnehmerkonzentriert agiert. Die Wettbewerbsbeobachtung dagegen ist konkurrenzfokussiert. Mittels Methoden der Marktforschung versucht man, Kundenpräferenzen zu ermitteln, die Bedürfnisse der Zielgruppen zu verstehen. Dabei werden selbstverständlich auch Informationen über die Konkurrenz abgefragt bzw. das eigene Unternehmen aus Kundensicht mir dem der Konkurrenz verglichen. Im Rahmen des strategischen Dreiecks bedeutet dies, dass die Wettbewerbsbeobachtung den Bereich Konkurrenz und die klassische Marktforschung (siehe gestrichelte Linie in der Abbildung) den Bereich Kunden abdeckt. Erfolg im Wettbewerb setzt eine möglichst profunde Kenntnis aller drei Bereich voraus (Unternehmen, Kunde, Konkurrenz). Deshalb sollte neben der klassischen Marktforschung auch verstärkt auf die Wettbewerbsbeobachtung gesetzt werden. In der Praxis ist diese Trennlinie zwischen den beiden Bereichen nicht so scharf gezeichnet. So sind oftmals eigene Wettbewerbsbeobachtungsteams in Marktforschungsabteilungen angesiedelt. Um ein umfassendes Bild des Marktes zu bekommen, ist es sogar wünschenswert, diese Bereiche in organisatorischen Einheiten zusammenzufassen.

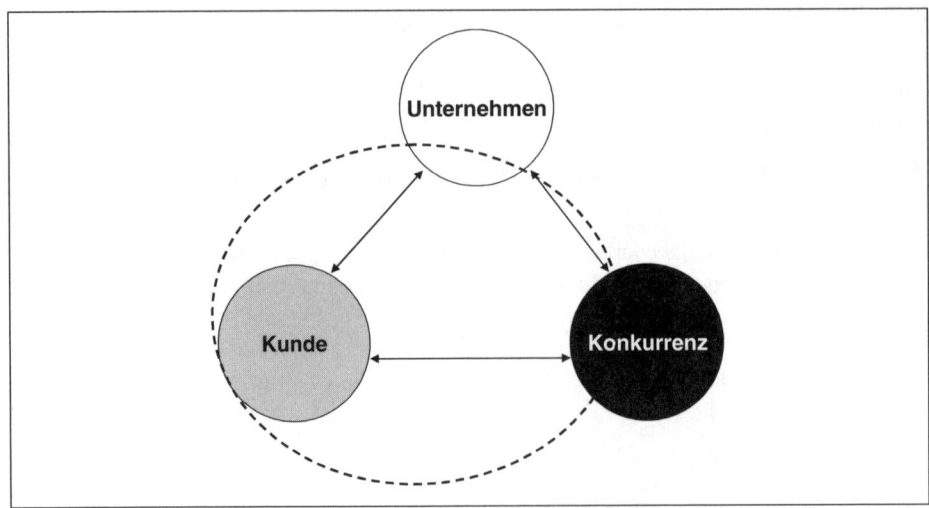

Abbildung 3: Abdeckung des strategischen Markt-Dreiecks durch Marktforschung

1.3 Taktisches Instrument oder strategische Methode?

Um den Einsatz und die Auswirkungen der strategischen Wettbewerbsbeobachtung auf das eigene Unternehmen beurteilen zu können, stellt sich die Frage, ob es sich bei dieser Managementmethode um eine langfristige strategische Methode oder um ein kurzfristiges operatives Instrument handelt. Die Antwort lautet: sowohl als auch. Je nach Aufgabenstellung unterscheidet man zwischen einer strategischen und der operativen/taktischen Ausprägung der Wettbewerbsbeobachtung.

Die **strategische Komponente** ist langfristig ausgerichtet und zukunftsorientiert. Man versucht, die zukünftigen Ziele des Konkurrenten zu ermitteln, seine gegenwärtige Strategie, Annahmen über das eigene Unternehmen und den Gesamtmarkt. Man antizipiert Entwicklungen des Marktes und die Antworten der Konkurrenten auf die eigene Unternehmensstrategie. Es werden dabei auch längerfristige Entwicklungen außerhalb der unmittelbar aktiven Geschäftstätigkeiten erfasst.

Die **taktische Komponente** hingegen ist weniger zukunftsorientiert. Sie fokussiert sich auf die Informationen, die schon heute einen Wettbewerbsvorteil bringen. Es handelt sich dabei meist um konkrete gegenwartsbezogene Informationen. Damit sind sie auch im operativen Tagesgeschäft wichtig und einsetzbar.

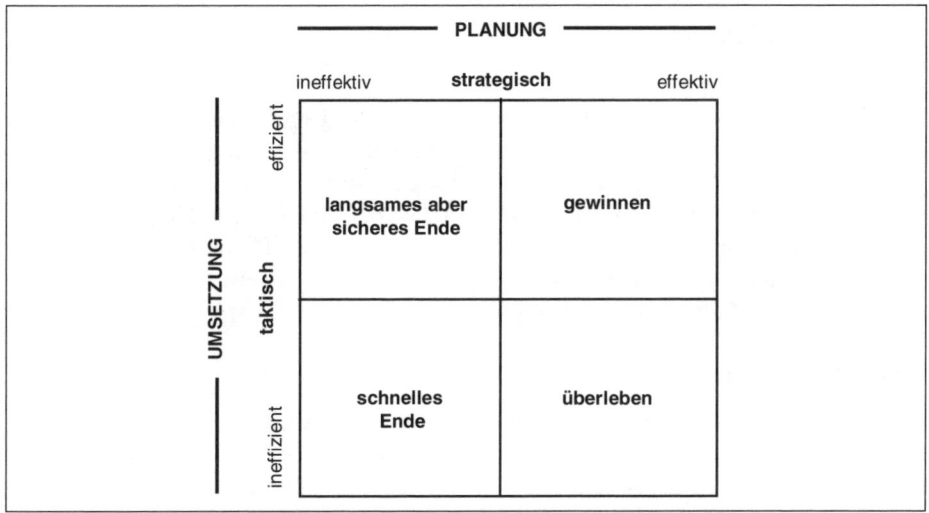

*Abbildung 4: Zusammenhang von strategischer Planung und taktischer Umsetzung.
Quelle: Johnson, A.; Aurora WDC*

Der in Abbildung 4 dargestellte Zusammenhang zwischen strategischer Planung und Umsetzung bedeutet für die Wettbewerbsbeobachtung sinngemäß:

- Wer weder die aktuelle Situation des Marktes für sich verwenden kann, noch die Entwicklungen des Wettbewerbsumfeldes kennt, der wird ein schnelles Ende erleben.
- Wer sich nur auf das Tagesgeschäft stürzt und nicht die langfristige Entwicklung des Marktes beobachtet, der wird einem langsamen aber sicheren Ende entgegensehen.
- Fokussiert man sich auf die langfristigen Entwicklungen, lässt das aktuelle Marktgeschehen aber aus den Augen, so wird man mehr schlecht als recht überleben.
- Wer die aktuelle Wettbewerbssituation beobachtet und danach handelt sowie die langfristigen Entwicklungen erfasst, sollte zu den Gewinner gehören.

„Wenn du dich selbst und deinen Feind kennst, wirst du jede Schlacht gewinnen. Wenn du dich selbst kennst, deinen Feind aber nicht, wirst du für jede Schlacht, die du gewinnst, eine verlieren. Wenn du aber weder dich noch deinen Feind kennst, bist du ein Narr und kannst sicher sein, dass du in jeder Schlacht besiegt wirst."

Sun Tzu

1.4 Nutzen

Die Wettbewerbsbeobachtung und -analyse ist für jedes Unternehmen von strategischer Bedeutung. Außerdem unterstützt sie durch die Bereitstellung von gegenwarts-, vergangenheits- und zukunftsbezogenen Wettbewerbsdaten sowohl strategische als auch operative und taktische Entscheidungen und hilft bei der frühzeitigen Identifikation sich abzeichnender Chancen und Risiken im Wettbewerb. In der Praxis liefert die Wettbewerbsanalyse und die Erreichung der mit ihr verbundenen Zielsetzungen dem Unternehmen einen vielfältigen Nutzen und Mehrwert:

Informationsgewinnung

Die Basis bildet die Gewinnung von Informationen über Konkurrenten, deren Produkte und das Wettbewerbsumfeld. Auch der Vergleich zum eigenen Unternehmen und zu den eigenen Produkten ist dabei relevant. Diese gewonnen Informationen und ein daraus realisierter Informationsvorsprung stellen letztlich die Grundlagen für Wettbewerbsvorteile dar. Ziel ist die spezifische Informationsbereitstellung in Bezug auf verschiedene operative und strategische Unternehmensebenen, wie Unternehmensführung, Produktmanagement oder Geschäftsbereichsleitung.

Tabelle 1: Gründe für Unternehmen Wettbewerbsbeobachtung zu praktizieren
Quelle: Studie Pfaff/Altensen/Glasbrenner

Was sind die wichtigsten Gründe für Ihr Unternehmen, CI zu praktizieren? Bitte kreuzen Sie alle relevanten Aspekte an. (Mehrfachantworten möglich)	
Zahl der Nennungen	Gründe
96	Kenntnisse über Wettbewerber durch Erstellung von (Wettbewerber-) Profilen
92	Ableitung strategischer Wettbewerbsvorteile
89	Entwicklung von (Wettbewerbs-/Unternehmens-) Strategien
73	Frühwarnung vor potenziellen (Markt-)Risiken
69	Benchmarking (z.B. Warum funktioniert der Vertrieb über Kanal x bei Wettbewerber y so viel besser als unserer?)
39	Neuproduktentwicklung, Produktoptimierung
37	Identifizierung neuer Kundenwünsche
27	Erhöhung der Verkaufszahlen
3	Verbesserung von Fertigungsmöglichkeiten

Entscheidungsunterstützung

Aufbauend auf den gewonnenen Informationen unterstützt die Wettbewerbsbeobachtung bei der strategischen Ausrichtung des Unternehmens und seiner Produkte im Hinblick auf z.B. Marktbearbeitung und Marketingmaßnahmen.

„Erfolg ist die Summe richtiger Entscheidungen."

Werbeslogan Deutsche Bank

Simulation

Die Wirkung der geplanten Maßnahmen der Produkt- und Strategieanpassung aufgrund der beobachteten Marktverhältnisse kann im Voraus als Simulation durchgespielt und überprüft werden (weiterführende Informationen finden Sie bei Szenarioanalyse im Kapitel 2.3).

Erfolgscontrolling

Die strategische Wettbewerbsanalyse erlaubt ein Erfolgscontrolling der Zielerreichung der eigenen Maßnahmen im Hinblick auf verschiedene operative und strategische Ebenen des Unternehmens. Als beispielhaft hierfür können folgende Fragestellungen angesehen werden:

- Wird die gewünschte strategische Positionierung umgesetzt und erreicht?
- Wurden neben betriebswirtschaftlichen auch qualitative Ziele in den Geschäftsfeldern erreicht?
- Führen die gewählten Einzelmaßnahmen zum gewünschten Ergebnis?
- Wie sind die eigenen Kundenerfolge, im Vergleich zur Konkurrenz, zu bewerten?
- Wie sind die gewählten Marketingmaßnahmen, im Vergleich zur Konkurrenz, zu bewerten?
- Führen die gewählten Produktmerkmale zur gewünschten Positionierung?

Damit ist eine Erweiterung des bestehenden (Finanz-)Controllings möglich, wobei die Einbindung in dieses einen wesentlichen Erfolgsfaktor darstellt.

Der beschriebene Nutzen der Wettbewerbsbeobachtung führt außerdem zu folgenden Mehrwerten:

Zeit und Schnelligkeit

Ein weiterer Vorteil einer professionellen Wettbewerbsbeobachtung liegt im Faktor Zeit bzw. Schnelligkeit. Denn sie ermöglicht einem Unternehmen, stets über ein breites Spektrum von Veränderungen informiert zu sein. Das Management kann auf diese Weise rechtzeitig agieren und strategische Optionen entwickeln. Dies ist besonders wichtig, wenn sich eine Gesetzeslage ändert, die den marktwirtschaftlichen Sektor betrifft, oder um Schachzüge der Konkurrenz – sei es eine aggressive Werbekampagne, radikale Preisnachlässe oder eine revolutionäre Vertriebsstrategie – rechtzeitig zu erkennen. Strategische Wettbewerbsbeobachtung nimmt folglich eine Frühwarnfunktion wahr. Die Flexibilität des Managements wird dadurch erhöht.

„Der Wechsel alleine ist das einzig Beständige."

Arthur Schopenhauer

Chancenmaximierung, Umsatz-, Ertrags-, und Abschlusssteigerungen

Die Wettbewerbsbeobachtung dient der Maximierung von Marktwachstumschancen durch die Identifikation von neuen Verkaufskanälen, Ertragsmöglichkeiten und Profit-Center. Manche Unternehmen erreichen mittels Wettbewerbsbeobachtung höhere Abschlussquoten bei Ausschreibungen und Anbotslegungen als die Konkurrenz. Auch werden Marktmöglichkeiten und neue Märkte durch detaillierte Erfassung und laufendes Monitoring des Wettbewerbsumfeldes sichtbar, die zu Umsatz- und Ertragssteigerungen führen können.

 Praxisbeispiel

Ein Unternehmen aus der Medizintechnik konnte durch das rechtzeitige Erkennen von Unstimmigkeiten des lokalen Distributeurs mit dem Mutterunternehmen die Distributionsrechte für den lokalen Markt sichern und damit den lokalen Marktanteil signifikant steigern.

Risikominimierung und Kosteneinsparung

Durch strategische Wettbewerbsbeobachtung können Gefahren für das aktuelle Geschäft durch Konkurrenten, rechtliche Rahmenbedingungen, Technologieänderungen, geänderte Kundenbedürfnisse etc. ermittelt, eingeschätzt und Gegenmaßnahmen ergriffen werden. Die Wettbewerbsinformationen helfen bei der Einsparung finanzieller und zeitlicher Ressourcen, z.B. in der Produktentwicklung bei der Verhinderung von Fehlentwicklungen, bei Marketinginitiativen, bei Kapazitätserweiterungen. Fehlinvestitionen können so vermieden und Kosten rechtzeitig eingespart werden. Ein Benchmarking von Unternehmensbereichen oder -funktionen mit der Konkurrenz oder Unternehmen aus artfremden Branchen führt zu Kostenreduktionen im Unternehmen.

Praxisbeispiele

Die Analyse eines Online-Banking-Services des Hauptkonkurrenten und die langfristige Beobachtung der Kundenakzeptanz veranlassten das Unternehmen, die eigenen Aktivitäten zurückzuschrauben und mit einer Minimalvariante auf den Markt zu gehen. Rückblickend wurden dadurch sehr hohe Fehlinvestitionen verhindert.

Die Mitarbeiterin eines internationalen Industrieunternehmens erfährt bei einem Smalltalk-Gespräch anlässlich eines Fachkongresses, dass ein großer Kunde unerwartet in finanziellen Schwierigkeiten steckt. Obwohl sie nicht direkt betroffen ist, verfasst sie einen kurzen Bericht, der in einem Wettbewerbsinformationssystem erfasst wird. Innerhalb von Minuten werden die zuständigen Entscheidungsträger per E-Mail alarmiert und die notwendigen Sicherheitsvorkehrungen getroffen. In diesem Fall wurden die Zahlungsmodalitäten des Kunden geändert.

Idealisierte Beispiele zu Veranschaulichung

Produktentwicklung ohne Wettbewerbsbeobachtung
Ausgehend von einer Idee im Produktmanagement eines Konsumgüterartiklers werden Prototypen hergestellt, Kundenanforderungen erhoben und das Produkt zur Produktreife gebracht. Dabei wurde der Fokus nur auf den erwarteten Markt und die potenziellen Kunden gelegt. Der Wettbewerb (Markt/Volumen/Mitbewerber/Recht) blieb eine Black-Box für das Unternehmen. Durch eine rechtliche Änderung, die sich schon lange abzeichnete, wurde der Vertrieb kurz nach Einführung des Produktes untersagt, alle Investitionen mussten abgeschrieben werden („burning money").

Unternehmenskauf mit unterstützender Wettbewerbsbeobachtung
Ausgehend von einem Insidertipp zu einer Firmenübernahme werden im Due-Diligence-Prozess Primär- und Sekundär-Recherchen angestellt. Da es für das Unternehmen nicht die erste M&A-Aktivität war, kann auf Erfahrungswerte und auf online verfügbares Know-how zurückgegriffen werden. Das Unternehmen entdeckt einige Ungereimtheiten im Zusammenhang mit der Übernahme und beschließt, nicht zu kaufen („saving money").

Am Ende dieses Kapitels (S. 53) finden Sie eine Checkliste zur Eigeneinschätzung Ihres Unternehmens. **Sind Sie ausreichend über Ihre Konkurrenten informiert oder besteht Verbesserungspotenzial?**

1.5 Kosten

Alle neuen Initiativen im Unternehmen müssen durch einen entsprechenden geldwerten Nutzen begründet werden. Der monetäre Nutzen von Wettbewerbsbeobachtung lässt sich jedoch nur schwer quantifizieren. Zum einen, weil es eine wissensbasierte Disziplin ist. Zum anderen, weil die Entscheidungsgrundlagen zwar geliefert werden können, die tatsächlichen Entscheidungen vom Management jedoch autonom gefällt werden. Wie bewertet man den Einfluss bei einer erfolgreichen Unternehmensübernahme, bei der Neuprodukteinführung oder beim Verzicht auf die Diversifikation einer Produktlinie? Einen konkreten ROI (Return on Investment) daraus abzuleiten, ist schwierig. Ob es sich rechnet? Eigentlich stellt sich die Frage gar nicht. Es geht vielmehr darum, dass die Wettbewerbsbeobachtung mit einem vertretbaren Aufwand (= Ressourcen) durchgeführt wird.

„Die Investition in Wissen zahlt die besten Zinsen."

Benjamin Franklin

Es sollte weniger der ROI als vielmehr der „Return on Risk Mitigation" (Risikovermeidung) untersucht werden. Man sollte sich also nicht die Frage stellen, welche Kosten die strategische Wettbewerbsbeobachtung verursacht, sondern vielmehr hinterfragen, welche Kosten auftreten, wenn der Wettbewerb nicht regelmäßig beobachtet wird und wichtige Signale übersehen werden.

„Können Sie es sich leisten, auf Wettbewerbsinformationen in Ihrem Geschäftsfeld zu verzichten?"

 Praxisbeispiel

IBM unterschätzt die Entwicklung des Personal Computers
IBM ging durch die Fehlentscheidung der Marktentwicklung in den 80er Jahren fast zugrunde. So wurde der Entwicklung des Personal Computers nicht ausreichend Aufmerksamkeit geschenkt. Das Unternehmen setzte weiter auf die auslaufenden Großrechner. Nur mit Mühe konnte „Big Blue" die dramatischen Umsatzeinbrüche korrigieren.

„Wer heute den Markt ignoriert, wird morgen nicht mehr daran teilhaben!"

Kemper & Schlomski

In der Praxis zeigt sich aber, dass neben der langfristigen strategischen Bedeutung auch ein vom Management spürbarer kurzfristiger Erfolg vorweisbar sein muss. Die Führungskräfte müssen sich besser informiert und betreut fühlen, um ihre Entscheidungen treffen zu können.

> **Praxisbeispiele**
>
> **Kostenvermeidung**: Während ein Finanzdienstleister die Weiterentwicklung eines Online-Kundenportals geplant hatte, fand die für Wettbewerbsbeobachtung zuständige Abteilung heraus, dass der Hauptkonkurrent ein besseres und einfacher zu bedienendes System einführen wird. Basierend auf dieser neuen Erkenntnis verschob das Unternehmen den Start seines eigenen Services um die Funktionen weiter zu verbessern und auszubauen.
>
> **Einkommenssteigerung**: Merck´s Wettbewerbsbeobachtungs-Gruppe entwickelte eine Gegenstrategie für den Produktlaunch eines Wettbewerbsbeobachtungsproduktes.
>
> **Maximierung des Investments**: Einer Studie von 24 Luftfahrts- und Rüstungsunternehmen zufolge spielte Wettbewerbsbeobachtung eine wichtige Rolle bei der Erfolgsquote von Ausschreibungen. Während der Durchschnitt der betrachteten Unternehmen eine Quote von 18 Prozent aufwies, hatte das Unternehmen mit Wettbewerbsbeobachtung eine Erfolgsrate von 80 Prozent. Der Hauptgrund lag darin, dass ermittelt wurde bei welcher Ausschreibung dass Unternehmen nicht teilnehmen sollte, da die Erfolgschancen als zu gering bewertet wurden.
>
> *Quelle: Fiora, B;. Outward Insights; Measuring the Value of Competitive Intelligence*

1.6 Einsatzbereiche im Unternehmen

Alle betrieblichen Funktionsbereiche müssen Entscheidungen treffen, die von der Unternehmensumwelt abhängen oder beeinflusst werden. Aus diesem Grund gibt es (fast) keinen Unternehmensbereich, der nicht von der Wettbewerbsbeobachtung profitieren könnte. Die konkreten Aufgaben- und Themenstellungen variieren je nach „Auftraggeber" im Unternehmen. Die Bandbreite reicht von strategischen Fragestellungen des kaufmännischen Managements bis zu Intellectual Property und Patent-Themen der Forschung und Entwicklung.

Einer aktuellen Untersuchung von Pfaff/Altensen/Glasbrenner zufolge sind die Funktionsbereiche Marketing/Marktforschung, Vertrieb und Strategie/Planung am meisten in den Wettbewerbsbeobachtungsprozess involviert. In jedem der nachfolgend genannten Fachbereiche existieren andere Erwartungshaltungen und Informationserfordernisse. Diese Bedürfnisse entsprechend zu befriedigen, ist eine große Herausforderung an ein Projektteam bei der Etablierung der strategischen Wettbewerbsbeobachtung im Unternehmen.

26 Strategische Wettbewerbsbeobachtung – was bringt das für mein Unternehmen?

Welche Unternehmensbereiche/organisatorischen Einheiten sind in Ihrem Unternehmen generell in den Competitive-Intelligence-Prozess involviert (Mehrfachnennungen möglich)? *Quelle: Umfrage Pfaff/Altensen/Glasbrenner 2003*

84 Marktforschung
83 Marketing
77 Vertrieb
68 Strategie/Planung
63 Management
45 Forschung & Entwicklung
25 eigene CI-Abteilung (Stabsstelle)

23 Einkauf
23 Finanzen/Controlling
22 PR/Öffentlichkeitsarbeit
12 Produktmanagement
11 IT-Abteilung
4 Personalwesen

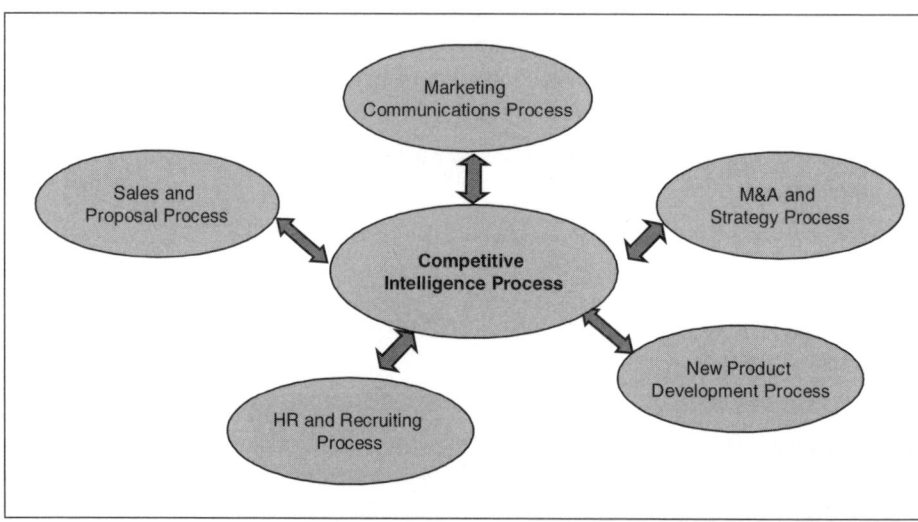

Abbildung 5: In die Wettbewerbsbeobachtung involvierte Unternehmensbereiche bei Shell Services International. Quelle: Shell Services International

Es werden nun die einzelnen Funktionsbereiche im Unternehmen dargestellt, der unterschiedliche Zugang zur strategischen Wettbewerbsbeobachtung erläutert und aufgezeigt, welche wettbewerbsrelevanten Fragestellungen die einzelnen Bereiche beschäftigen.

1.6.1 Einkauf

Die führenden Unternehmen kaufen heute weltweit ein, statt sich nur auf ihre eigene Region oder ihr eigenes Land zu beschränken. In vielen mittelständischen Unternehmen aber sind globale Aktivitäten auf dem Beschaffungsmarkt noch zu gering ausgeprägt. Es steht nicht genug Zeit zur Verfügung, oder das Wissen ist nicht vorhanden, um auf dem internationalen Markt nach Produkten und Lieferanten zu suchen. Durch fundierte systematische Wettbewerbs- und Marktrecherchen kann der jeweils bestgeeignete Lieferant für eine Dienstleistung oder ein Produkt ermittelt werden. Durch eine effiziente weltweite Lieferantenauswahl und verbesserte Verhandlungspositionen (in Kenntnis wertvoller Hintergrundinformationen) lassen sich zudem Kosteneinsparungen erzielen. Neben der Ermittlung günstigerer Zulieferer kann die eigene Einkaufsabteilung oder der eigene Procurement-Prozess mit der Konkurrenz verglichen werden. Außerdem ergibt sich bei den Recherchen der positive Nebeneffekt, dass Lieferanten als wichtige Informationsquelle für weitere Wettbewerbsinformationen dienen können.

Fragestellungen

- Welche Einkaufsquellen nutzt die Konkurrenz?
- Wo liegen die Stärken/Schwächen des Lieferanten (Basis für Preisverhandlungen)?
- Welche Entwicklungen sind auf den Rohstoffmärkten feststellbar?
- Welche alternativen Bezugsquellen gibt es?
- Welchen Beschaffungsprozess muss ein Lieferant bei der Konkurrenz durchlaufen?
- In welchen anderen Geschäftsfeldern ist der Produktionspartner tätig (evtl. potenzielle Konkurrenz)?
- Wie sehen die Lager(-bestände) der Konkurrenz aus?

 Praxisbeispiele

Online-Procurement
Ein Industriekonzern sucht für seine Beschaffung neue potenzielle Lieferanten. Der Auswahlprozess der zukünftigen Lieferanten ist online detailliert dargestellt und dokumentiert und muss von der Konkurrenz nur mehr übernommen werden.

Referenzliste im Internet
Sehr viele Unternehmen veröffentlichen eine Referenzliste ihrer Kunden. Oft geschieht dies ohne Wissen des Kunden und auch mit detaillierten Angaben zu dem Projekt/der Lieferung. Für den Konkurrenten sind diese gewonnenen Informationen leicht zu beziehen und unter Umständen sehr wertvoll.

Der Einkauf bei EADS

Der größte Luft- und Raumfahrtkonzern Europas, EADS, setzt im Rahmen seiner Tätigkeiten im Einkauf auch auf die Erschließung und Entwicklung neuer Märkte. Als Japan beispielsweise zum strategisch wichtigen Markt aufgewertet wurde, vergab der Einkauf nicht nur 850 Millionen Euro in dem Land, sondern sammelte mit der besseren Marktpräsenz auch zusätzliches Wissen über die Konkurrenz, die möglichen Kunden und landesspezifische Gepflogenheiten. Eine spezielle Anwendung des bei EADS aufgebauten Wissensmanagementsystems ist das Tender Transparency Tool. Hier finden die Einkäufer schnell wichtige Informationen über aktuelle Ausschreibungen und Angebote. (*Quelle: Kluge, J./Stein, W./Licht, T./ Kloss, M.; Wissen entscheidet: Wie erfolgreiche Unternehmen ihr Know-how managen – eine internationale Studie von McKinsey, 2003*). So ein Tool kann auch hervorragend für die Analyse und Auswertung der Konkurrenzofferte genutzt werden.

1.6.2 Finanzwesen/Controlling

Das Finanzwesen/Controlling ist das finanzielle Rückgrat des Unternehmens. Doch neben der Sicherstellung der unternehmenseigenen Liquidität, einer effizienten Kostenrechnung und der Optimierung der Finanzanlagen ist auch der Blick auf die Konkurrenz ratsam. So kann man rasch herausfinden, wie liquide der Wettbewerber ist (Liquiditätsmonitoring der eigenen Kunden, der Wettbewerber und der Kunden des Wettbewerbs), wie die Finanzkennzahlen des Unternehmens aussehen, über welches Rating er bei den Banken verfügt etc.

Fragestellungen

- Wie kalkuliert die Konkurrenz? Wie budgetiert sie?
- Welche Buchführungsmethoden setzen sie ein (IAS, US-GAAP)?
- Welche Investitionsvorhaben sind seitens des Wettbewerbs geplant?
- Welche Finanzierungsformen werden von der Konkurrenz gewählt?

Basel II

Im Zusammenhang mit Basel II ergeben sich weitere Anknüpfungspunkte zur Beschäftigung mit Wettbewerbsbeobachtung: Ab 2006 müssen Banken vor Gewährung eines Kredits jeden Kreditnehmer einer Überprüfung unterziehen, einem sogenannten Rating. Wer dabei schlecht abschneidet, zahlt mehr für den Kredit oder bekommt gar kein Geld. Bei der Bewertung eines Unternehmens durch die Bank werden dabei nicht nur die Zahlen der vergangenen Jahre herangezogen, sondern auch „weiche Faktoren", wie Managementqualität, Mitarbeiterqualifikation, Innovationsfähigkeit, Gesamtmarkt-Entwicklung und Leistungsfähigkeit. Dabei sind jene Daten und Prognosen relevant, die auch extern nachvollzogen werden können.

Fragestellungen in Bezug auf Basel II

- Ist mein Unternehmen innovativ? Verfügt es über qualifiziertes Personal? Besteht im Unternehmen das Risiko des Ausfalls von Schlüsselpersonen?
- Verfolgt das Management eine klare Strategie? Erfüllt das Management die Voraussetzungen, die in der Planung dargestellten Zahlen zu erfüllen?
- Wie werden sich Absatz- und Beschaffungsmärkte sowie die Wettbewerbssituation verändern?
- Wie ist die Struktur und Stabilität des Managements? Wie ist die Nachfolge geregelt?

Sind besondere Fähigkeiten bzw. Kompetenzen, die das Unternehmen in die Lage versetzen, bestimmte Wertschöpfungsaktivitäten besser zu handhaben als andere oder Wettbewerbsvorteile aufzubauen, langfristig bedroht?

1.6.3 Forschung und Entwicklung

Wettbewerbsinformationen sind für den Bereich der Forschung und Entwicklung besonders relevant. Die schnelle Umsetzung von Erkenntnissen (besonders aus den Grundlagenwissenschaften) in verwertbare Produkte und Verfahren ist entscheidend für die Wettbewerbsfähigkeit des Standortes Deutschland. Im Zusammenhang mit dem Patentwesen und technologischen Entwicklungen spricht man im angloamerikanischen Raum auch von sogenannter Technology Intelligence (einem Teilbereich der Competitive Intelligence).

Fragestellungen

- Wer sind die Wettbewerber in relevanten Themen- bzw. Technikbereichen?
- Wie stark ist die eigene Technologieposition in diesen Bereichen im Vergleich zu den relevanten Wettbewerbern (quantitativ und qualitativ)?
- Auf welche Technologien konzentrieren sich die Wettbewerber?
- Wo liegen die eigenen technologischen Stärken und Schwächen gegenüber den Wettbewerbern?
- Wie verändert sich die Technologiestrategie der Wettbewerber?

- Welche Technologien können bereits jetzt als relevant erkannt werden?
- Welches Entwicklungspotenzial haben diese Technologien?
- Welche Firmen kommen als Kooperationspartner in Frage?
- Gibt es führende Personen auf einzelnen Technologiefeldern?

 Praxisbeispiel

Technologiebeobachtung bei Schindler
Das internationale Unternehmen Schindler ist weltweiter Marktführer für Fahrtreppen und Zweiter im Aufzugsgeschäft. Das Management neuer Technologien ist bei Schindler im Bereich „R&D Technology Management zusammengefasst. In diesem Kompetenzzentrum finden Schindlers Forschung/Vorentwicklung, Wettbewerbsanalyse und strategisches Technologiemanagement statt. Zusätzlich zur Durchführung von Technologie- und Vorentwicklungsprojekten beobachtet Schindlers Technologiemanagement in einem ständigen Screening-Prozess Potenziale neuer Technologien. Die Beobachtung wird bei Schindler noch in die Bereiche Technology-Scanning und -Monitoring (Scanning und Monitoring neuer Technologien, Märkte und Wettbewerber; Ideensammlung; Forecast Workshops; Besuch von Konferenzen) und Technology-Evaluation (Überprüfen des Potenzials neuer Technologien; Bewertung des Potenzials für Aufzüge; Aufbau des Wissens; Szenario-Techniken für einzelne Technologietrends) unterteilt. *Quelle: Kobe, C./Gassmann, O.; Einbindung der Technologiebeobachtung in Entwicklungsprojekte, in: High-Risk-Projekte*

Neue Technologien, welche kurz- und mittelfristig noch eine begrenzte Bedeutung für das Unternehmen haben, werden lediglich aktiv beobachtet (z.B. Konferenzen, kleinere Studien mit Universitäten). Bei Technologien mit hohem Potenzial werden Machbarkeitsstudien durchgeführt. Für die Beantwortung dieser und ähnlicher Fragen können statistische Patent- und Literaturanalysen in einschlägigen Online-Datenbanken wertvolle und aussagekräftige Informationen liefern, die auf anderen Wegen nicht erhältlich sind.

 Praxisbeispiel

Kundenzeitung als Informationsquelle
Die Entwicklungsabteilung eines Herstellers von Industrieanlagen konnte aus der Kundenzeitung ihres Hauptkonkurrenten wichtige Informationen zu deren neuer Anlage ableiten. Neben einer (aus Kundensicht) zu detaillierten Beschreibung waren auch Planungszeichnungen der Anlage abgebildet, die wertvollen Input lieferten.

🌐 Praxisbeispiel

Laufroboter: Ein Unternehmen möchte den Entwicklungsstand und die Chancen prüfen, in die Laufroboter-Technologie zu investieren. Eine Fachdatenbank-Recherche kommt zu folgendem Ergebnis:

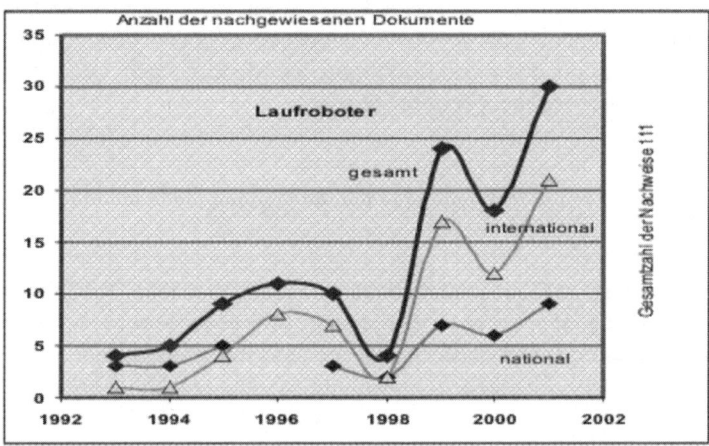

Aus dem Schaubild können folgende Aussagen abgeleitet werden: In der Zeit von 1993 bis 1998 ergibt sich keine signifikante Ausweitung der Anzahl an Arbeiten zum Thema Laufroboter. Erst ab 1999 zeigt sich ein deutlicher Anstieg der Veröffentlichungszahlen. Die weiteren Möglichkeiten der Sensorik und der industriellen Informationstechnik geben der Entwicklung einen weiteren Schub. Eine Analyse der Literaturnachweise nach den veröffentlichenden Einrichtungen (Institutionen) zeigt die Zahl und Art der Institutionen, die sich mit dieser Entwicklung befassen:

Erscheinungsjahr	Institutionen		
	Industrie	Nationale Forschungseinrichtungen	Internationale Forschungseinrichtungen
1993		3	1
1994		3	1
1995		5	4
1996	1		10
1997		3	6
1998		2	2
1999		6	17
2000		6	10
2001		9	21

Fazit: Im Wesentlichen stammen die neueren Arbeiten aus dem internationalen Bereich. In Deutschland wird das Thema nur an wenigen Forschungseinrichtungen verfolgt. Mit einer Ausnahme (1996) steht hinter keiner Veröffentlichung ein Unternehmen d.h., dass sich die Entwicklung ausschließlich im Bereich von Forschungseinrichtungen bewegt. Die Industrie sieht aktuell noch keine Chancen für marktfähige Anwendungen dieser Technologie. Wenn ein Unternehmen eine Produktidee mit dieser Technologie verbinden würde, hätte es die Chance, auf diesem Gebiet frühzeitig und noch vor der Konkurrenz am Markt zu sein. *Quelle: Präsentation der FIZ-Technik auf der Cominfo 2003*

1.6.4 Geschäftsleitung/strategische Planung

Die Unternehmensleitung und ihr untergeordnete Funktionen und Stabsstellen, wie Unternehmensentwicklung oder strategische Planung, sind in großem Maße auf externe Informationen angewiesen. Sie beschäftigen sich verstärkt mit strategischen Themen wie Unternehmenskooperationen, Merger & Acquisitions, Marktentwicklungen etc.

Fragestellungen

- Wie entwickeln sich definierte Märkte und Marktsegmente?
- Welche Trends sind in bestimmten Regionen festzustellen?
- Welche Schlüsse lassen die Finanzmärkte zu?
- Wie werden Wettbewerber auf bestimmte Entscheidungen der Unternehmung reagieren?
- Welche Unternehmen könnten sich bald zu Konkurrenten entwickeln?

1.6.5 Informationstechnologie/EDV

Der Stellenwert der IT ist in den letzten zwei Dekaden enorm gestiegen. In allen Unternehmensbereichen ist ein Arbeiten ohne EDV-Unterstützung nicht mehr denkbar. Andererseits entwickelt sich der Bereich auch immer mehr zu einem Kostentreiber. Anhand von Best-Practice-Beispielen kann hier viel gelernt und eingespart werden. Auch von negativen Erlebnissen der Konkurrenz (E-Business-Initiativen, eingestellte IT-Projekte, etc.) kann man nur profitieren.

Fragestellungen

- Welche IT-Systeme sind bei der Konkurrenz im Einsatz?
- Setzt die Konkurrenz auf neue Medien? Auf digitale Businessmodelle?
- Wie sieht die IT-Infrastruktur aus, sind Teile ausgelagert (outgesourct)?
- Wer sind die Schlüsselpersonen in der IT-Abteilung der Konkurrenz?
- Warum wurde die groß angekündigte CRM-Initiative gestoppt?

1.6.6 Marketing

Im Marketing sind viele Funktionen naturgemäß in starkem Kontakt zur Unternehmensumwelt: Produkt-Manager müssen über alle Aspekte ihres Produktes informiert sein. Konkrete Aufgaben wie Produktpositionierungen oder Markteintrittsszenarien basieren großteils auf externen Informationen. Dabei sind sie vorrangig an Antworten auf folgende Fragen interessiert:

Fragestellungen

- Welche Meinung haben Kunden über unsere Produkte?
- Was schreiben die Medien darüber?
- Wie und wo werben die Konkurrenten für ihre Produkte?
- Wie ist unser Produkt im Vergleich mit dem Wettbewerb positioniert?
- Welche Allianzen gehen die Wettbewerber ein?
- Wie entwickeln sich die Konkurrenzprodukte hinsichtlich Marktanteil, Kundenbewertung etc.?
- Welche Verpackungsgrößen werden eingesetzt?
- Auf welche Vertriebswege setzt die Konkurrenz?

1.6.7 Marktforschung

Zwischen Marktforschung und Wettbewerbsbeobachtung existiert keine scharfe Abgrenzung, vielmehr ein fließender Übergang. So ist die Wettbewerbsbeobachtung in Unternehmen oft in der Marktforschungsabteilung angesiedelt. Grundsätzlich untersucht die klassische Marktforschung die Beziehungen eines Unternehmens zu seinen Kunden (Akzeptanz, Bekanntheit, Image etc.). Es werden aber natürlich auch Vergleiche zur

Konkurrenz angestellt. Aus diesem Grund ist die Marktforschung auch als Dienstleister in Sachen Wettbewerbsbeobachtung für andere Funktionsbereiche anzusehen.

Fragestellungen

- Wie entwickelt sich das Marktsegment für eine bestimmte Produktgruppe der Konkurrenz?
- Wie beurteilen Testkäufer die Konkurrenzprodukte im Vergleich zu unseren Produkten?
- Welche Trends lassen sich in unserm Markt feststellen?
- Welche neuen Produkteinführungen gab es in diesem Jahr in einem bestimmten Marktsegment?

1.6.8 Personal/Human-Resources

Der Wandel der Arbeitswelt in den letzten Jahrzehnten hat dazu geführt, dass die Humanressourcen als das wichtigste Kapital eines Unternehmens gelten. Aus diesem Grund muss besonders viel Wert auf die Auswahl, Bewertung, Entlohnung und Weiterentwicklung des Personals gelegt werden. Neben der klassischen Suche nach zukünftigen Mitarbeitern (dieser Bereich wird auch als „**Executive Intelligence**" bezeichnet) können mittels Wettbewerbsbeobachtung gezielt Personen beobachtet, die Entlohnungsschemata der Konkurrenz, die Mitarbeiter-Fluktuation und die Personalpolitik der Konkurrenz analysiert werden. Die Wettbewerbsbeobachtung bedient sich, wie bereits erwähnt, oftmals auch militärischer Begriffe. Dies gilt auch für den Personalbereich. Nicht umsonst spricht man angesichts kommender geburtenschwacher Jahrgänge vom „War of Talents", also vom Kampf um die besten Talente.

Fragestellungen

- Mit welchen Angeboten beschafft sich die Konkurrenz ihr Personal?
- Wo informieren sich die Arbeitnehmer?
- Was suchen die Arbeitnehmer?
- Wie rekrutiert die Konkurrenz?
- Wo sucht die Konkurrenz ihre Mitarbeiter?
- Welches Budget steht der Konkurrenz für Anzeigen zur Verfügung?
- Wie sehen die Lohnstrukturen der Konkurrenz aus?
- Wie sieht die Fluktuationsrate aus? Die Erneuerung der Schlüsselpositionen?

- Wie sieht das Entlohnungssystem des Managements, des Vertriebs (Provisionen) bei der Konkurrenz aus?
- Wie sieht das Hochschulmarketing des Unternehmens aus?

> **Praxisbeispiel**
>
> **Personalanzeige eines führenden IT-Unternehmens**
> Von einem führenden IT-Unternehmen wird ein Mitarbeiter im Bereich Business Development gesucht. Zum Aufgabenbereich der Person zählt neben der Entwicklung neuer Geschäftsfelder auch die **Konzeption von speziellen Aktionen gegen einzelne Wettbewerber**. Das Unternehmen verfügt zudem über Informationen, welcher Top-Entwickler derzeit bei welchem Konkurrenten arbeitet. Bei Bedarf (oder Bedrohung) kann diesen Entwicklern ein gutes Angebot gemacht werden.

1.6.9 Produktion

Auch in der Produktion ist die Kenntnis über den Produktionsprozess des Wettbewerbs von entscheidender Bedeutung. Dadurch können Einsparungspotenziale oder Qualitätsverbesserungen realisiert werden. Gerade personalintensive Produktionsstätten sind in Westeuropa ständig davon bedroht, in Länder mit geringeren Lohnkosten verlagert zu werden.

Fragestellungen

- Was wird selbst, was außer Haus gefertigt?
- Welche Herstellungsverfahren, Anlagen/Maschinen setzt die Konkurrenz ein?
- Welche Qualitätsprüfungsmaßnahmen gibt es?
- Wie ist der Anteil zwischen qualifizierten und weniger qualifizierten Mitarbeitern?
- Wie sieht die Auslastung der Konkurrenz aus (Schichtbetrieb etc.)?
- Wie sieht die Wertschöpfungskette in der Produktion aus?
- Wie sind Zustand und Anzahl des Maschinenparks?

1.6.10 Produktmanagement/Produktentwicklung

Im Produktmanagement ist man ohne Wettbewerbsbeobachtung sprichwörtlich „im Nebel" unterwegs. Neben den Kundenanforderungen ist eine Fülle von Informationen über den Wettbewerb erforderlich (Marktumfeld, Konkurrenzprodukte, Preispolitik etc.)

Die Produktentwicklung bekommt wichtige Impulse von außen. Basierend auf der Analyse des Verhaltens der Mitbewerber können Ideen für eigene Innovationsschwerpunkte eingeleitet werden. Nicht auf das Reagieren, sondern auf das Agieren kommt es an! Um aktiv in das Konkurrenzgeschehen eingreifen zu können, muss das Unternehmen für die eigenen Prozessketten frühzeitig die Signale der Konkurrenz wahrnehmen – und verarbeiten. Das beginnt bereits in einer frühen Phase der Produktentwicklung.

Fragestellungen

- Was ist der Forschungsstand bei renommierten Universitäten und Instituten?
- Welche Entwicklungen sind bei den Patenten feststellbar?
- Wie werden die Konkurrenzprodukte im Vergleich bewertet?
- An welchen Anwendungen, technischen Eigenschaften sind die Kunden speziell interessiert?
- Mit welchen Problemen haben die Kunden beim Einsatz der eigenen oder der Wettbewerbsprodukte zu kämpfen?
- Welches sind die Verkaufsargumente für die Konkurrenzprodukte?
- Wie gestaltet sich die Bewerbung der Produkte/Dienstleistungen?

1.6.11 PR/Unternehmenskommunikation

In einer Zeit der zunehmenden Austauschbarkeit von Produkten und Dienstleistungen erfährt die Markenkommunikation und die Wahrnehmung des Unternehmens nach außen einen wachsenden Stellenwert. Ein Teilgebiet der strategischen Wettbewerbungsbeobachtung umfasst das Presse- und Meinungsmonitoring. Die Erfassung der veröffentlichten Meinung zum eigenen Unternehmen und das Monitoring der Konkurrenzaktivitäten sind ein fester Bestandteil der PR-Tätigkeit. Zudem lassen sich Kundenmeinungen oder mögliche Problemfelder/Themenfelder rechtzeitig erkennen und kommunikativ gegensteuern. Ein Frühwarnsystem für Krisenprävention kann so errichtet werden (Issue Monitoring).

Fragestellungen

Für die PR- und Kommunikations-Abteilungen sind die Antworten auf folgende Fragen relevant:

- Welche externen Agenturen beschäftigt die Konkurrenz?
- Welche Themenstellungen werden von der Konkurrenz in welchen Medien forciert?

Einsatzbereiche im Unternehmen 37

- Welche Journalisten schreiben selten über unser Unternehmen (und was können wir dagegen tun)?
- Wie werden unsere Produkte bewertet (in Meinungsforen, Newsgroups etc.)?
- Wie sieht der Kommunikationsmix (Aufteilung der Kommunikationsausgaben auf die einzelnen Kommunikationsmittel) aus?

🌐 Praxisbeispiel

McData

Der PR-Spezialist von McData, einem Unternehmen im Storage-Network-Solution-Bereich, ermittelt täglich in einem webbasierten PR-Intelligence-System (basierend auf 7.000 Quellen), welche Ergebnisse seine Pressearbeit gebracht hat. Er kann sein Ergebnis mit der Konkurrenz vergleichen, aktuelle Themen verfolgen, die Beiträge einzelner Journalisten verfolgen u.v.m. Durch den Einsatz konnte er Bereiche erkennen, in denen das Unternehmen medial schwach war, und die Medienpräsenz in Summe qualitativ und quantitativ steigern.

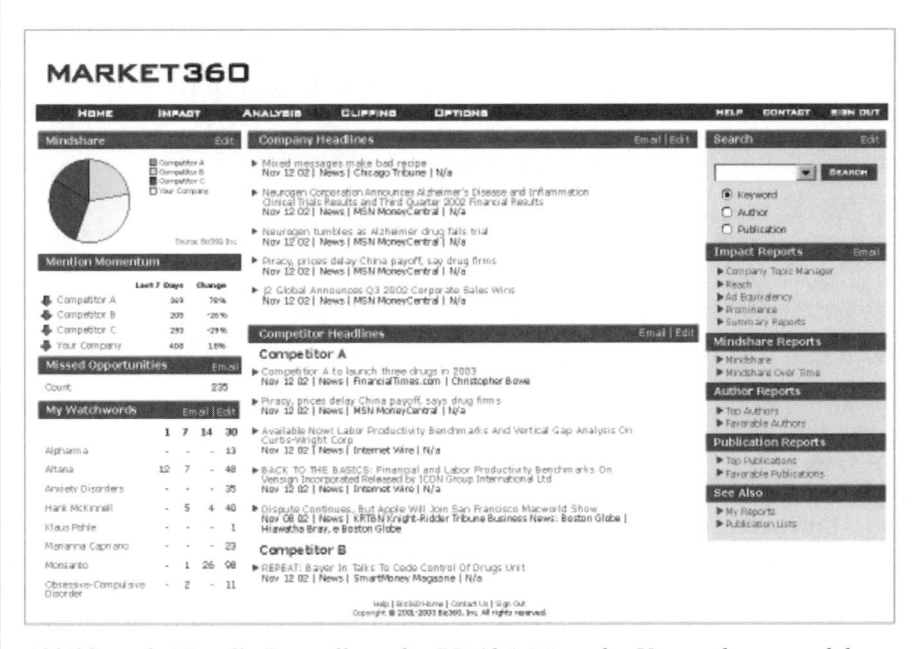

Abbildung 6: Visuelle Darstellung der PR-Aktivitäten des Unternehmens und der Konkurrenz. Quelle: market360.biz

1.6.12 Vertrieb

Auch im Vertrieb sind umfassende Wettbewerbskenntnisse von enormer Bedeutung. Es geht dabei einerseits um die Absicherung des bestehenden Kunden-Portfolios gegenüber der Konkurrenz sowie anderseits um die Identifikation neuer Verkaufsmöglichkeiten (leads). Der Vertrieb selbst ist eine wichtige Informationsquelle für die strategische Wettbewerbsbeobachtung.

Durch eine bessere Kenntnis des Marktumfeldes kann zielgerichteter akquiriert und fundierter verhandelt werden. Wichtige Kunden (Key Accounts) können laufend mit Informationen über ihren Markt versorgt und damit noch enger an den Betreuer gebunden werden. Im Bereich der Lead-Generierung (Neu-Akquisition) kann die Wettbewerbsbeobachtung zu einer Erhöhung der Neukundenabschlüsse führen (siehe dazu auch die Fallstudie von Roland Berger in Kapitel 5.4).

Fragestellungen

Für Mitarbeiter aus dem Vertrieb kann die Wettbewerbsbeobachtung folgende Fragen beantworten:

- Über welche Absatz- und Vertriebswege verfügt die Konkurrenz (Direktansprache, Vermittler etc.)?
- Welche Lieferanten hatte der potenzielle Kunde bisher?
- Welche Verkaufsargumente benutzt die Konkurrenz?
- Welche Verkaufsstrategien benutzt der Mitbewerber?
- Welchen potenziellen Absatz bietet mir der Neukunde?
- Welcher Entscheidungstyp wird mir beim Erstkontakt gegenübersitzen?
- Zu welchen Konditionen (auch Abschläge) bietet die Konkurrenz Ihr Produkte an?

> 🌐 **Praxisbeispiel**
>
> **Unterstützung des Vertriebs mit Wettbewerbsinformationen**
> Ein führender weltweiter Hersteller von Aufzuganlagen verwendet Wettbewerbsinformationen, um die Verkaufsmannschaft tatkräftig unterstützen zu können. Die Verkäufer haben weltweit Zugang zu Berichten/Reports, welche die eigenen Produkteigenschaften detailliert mit den Eigenschaften der Konkurrenzprodukte vergleichen. Zusätzlich werden die verkaufsunterstützenden Tätigkeiten, Distributionsstrategien sowie die laufende Kundenbetreuung der Konkurrenz registriert und dokumentiert.

1.7 Einsatz in ausgewählten Branchen

Obwohl der Einsatz von Wettbewerbsbeobachtung in jeder Branche Sinn macht, sind manche Branchen aufgrund der Wettbewerbssituation, der Innovationskraft oder der hohen Investitionen im Bereich F&E besonders dieser Thematik zugetan. Die Bedeutung der Wettbewerbsbeobachtung ist umso größer, je innovativer der Markt ist, und je schneller sich die Spielregeln ändern.

Tabelle 2: Weltweit führende Unternehmen im Bereich der Wettbewerbsbeobachtung

weltweit führende Unternehmen im Bereich der Wettbewerbsbeobachtung	
■ Motorola	■ Intel
■ Microsoft	■ Coca-Cola
■ General Electric	■ Hewlett-Packard
■ AT & T	■ Merck
■ IBM	■ Ford
■ 3M	■ Xerox
■ Eastman Kodak	■ Canon
■ Toyota	■ ….

Nach der Studie von Pfaff/Altensen/Glasbrenner 2003 werden folgende Branchen als besonders affin für Wettbewerbsbeobachtung bewertet (Darstellung in der Reihenfolge der Nennungen):

1. Pharmazie
2. Automobil
3. IT
4. Telekommunikation
5. Chemie
6. Raum- und Luftfahrt
7. Elektrotechnik
8. Nahrungs- und Lebensmittel
9. Anlagenbau
10. Konsumgüter

Auf den nächsten Seiten wird anhand einiger Branchen aufgezeigt, wie wichtig Wettbewerbsinformationen für diese sind und wie sie entsprechend eingesetzt werden können.

1.7.1 Automobile und Automobilzulieferer

Die Automobilindustrie befindet sich in einem stetigen Wandel. Hohe und langfristige Investitionen werden in die Entwicklung von neuen Fahrzeugen gesteckt. Der Wettbewerb zwischen Deutschland, den USA und Japan wird zunehmend härter. Wie stark der Automobilmarkt umkämpft ist, konnte man bei der Auseinandersetzung zwischen Volkswagen und General Motors im Zusammenhang mit dem Wechsel von Ignacio Lopez zu VW verfolgen. Durch kürzere Innovationszyklen wird die Nutzung von vorhandenem Wissen auch über den Mitbewerber immer wichtiger. Das Gleiche gilt für die Automobilzulieferindustrie, da die Automobilhersteller zusehends die Entwicklungsverantwortung auf die Zulieferer/Entwicklungsdienstleister auslagern.

Bei allem Konkurrenzdenken gibt es aber auch wirtschaftliche Überlegungen (Kosten) im Bereich der Wettbewerbsbeobachtung die zu Kooperationen unter den Wettbewerbern im Automobilbereich führen. So existieren Spezialfirmen, die für mehrere Automobilhersteller Reverse-Engineering-Verfahren durchführen. Dabei werden die Fahrzeuge in ihre Einzelteile zerlegt, analysiert und die Zulieferer, Bearbeitungsverfahren etc. ermittelt (weiterführende Informationen siehe Kapitel 2.3.14).

Operative Fragestellungen

- Wer stellt die Kupplung für das Konkurrenzmodell her?
- In wie vielen Schichten arbeitet das italienische Werk des Konkurrenten?
- Welchen Zulieferer verwendet der Konkurrent im Bereich der Autoreifen? Warum?
- Welche Maßnahmen hat die Konkurrenz für die Einführung des neuen Geländewagens geplant?

Strategische Fragestellungen

- Wie entwickelt sich die Automobilindustrie in Tschechien?
- Wie entwickelt sich der Markt für Elektronik im Fahrzeugbau?
- Welche Auswirkungen hat eine Senkung des Verkaufspreises auf das gesamte Marktsegment?

> **Praxisbeispiel**
>
> **So lieber nicht – BMWs vertrauliche Planzahlen im Wirtschaftsmagazin Capital**
> Unter dem Titel „Längerfristige Entwicklung der BMW Group 2003 bis 2008" hatte BMW im Juni 2002 eine streng vertrauliche, detaillierte Aufstellung seiner Pläne bezüglich des Umsatzes, der Investitionen, der Personalentwicklung und der Absatzzahlen seiner Marken BMW, Mini und Rolls Royce bis zum Jahr 2008 er-

stellt und verabschiedet. Die Version für die oberen Führungskräfte umfasste 83 Seiten. Für den Aufsichtsrat wurde eine 61-seitige, ebenfalls streng geheime Version der Vorlage erstellt. Und obwohl jedem Beteiligten die Brisanz dieser Vorlage bekannt gewesen sein dürfte, konnten alle Konkurrenten von BMW in einer Ausgabe des Wirtschaftsmagazin „Capital" einen 6-seitigen, sehr ausführlichen Bericht der Aufsichtsratversion lesen. Sämtliche Eckdaten des Zahlenwerks wurden veröffentlicht. Was für die Wettbewerber von BMW eine äußerst informative Lektüre gewesen sein dürfte, ist für BMW der Super-GAU schlechthin. Daher sei die Frage erlaubt: Wie konnte eine Top-Secret-Unterlage, die nur für die Aufsichtsratmitglieder bestimmt war, in einem Wirtschaftsmagazin auftauchen?
Quelle: Hillebrand, W.; Totale Offensive, in: Capital, Nr. 20, 2002

Für den Einsatz eines Wettbewerbsbeobachtungssystems im Automobilbereich wird auf die Fallstudie Audi (Kapitel 5.2) verwiesen.

1.7.2 Chemie-, Pharma- und Biotechnologie

In der Chemie-, Pharma- und Biotechnologie-Branche herrschen unruhige Zeiten. Ein Merger jagt den nächsten, die Akquisition anderer Unternehmen durch feindliche Übernahmen und die Trennung von Unternehmensteilen wird beinahe zum Tagesgeschäft. Diese Veränderungen der Konkurrenzsituation stellen neue Aufgaben an die Unternehmen: Für sie ist es bei sich verändernden Wettbewerbsbedingungen unerlässlich, die relevanten Wettbewerber zu beobachten und ihr Verhalten am Markt zu analysieren, um vorhandene Wettbewerbsvorteile zu sichern und neue zu schaffen.

Operative Fragestellungen

- Welche Gentechnik-Diskussionen finden derzeit in der Europäischen Union statt?
- Wie groß ist das Marktpotenzial für eine Konkurrenz-Substanz in der Agrarindustrie?
- Über welche Produktionskapazitäten verfügt das Konkurrenzwerk?
- Wie entwickelt sich der Biotechnologie-Markt in Europa?
- Welche Patente wurden in den letzten sechs Monaten vom Mitbewerb angemeldet?
- Wie sieht die Struktur der Außendienstorganisationen des Konkurrenten aus?

Strategische Fragestellungen

- Welche Arzneimittel des Wettbewerbs liegen in welchen Ländern zur Begutachtung vor?
- Wie sieht die M&A-Politik des Konkurrenz-Pharmaunternehmens aus?
- Welche neuen Trends/Marktentwicklungen gibt es in Europa?

> **🌐 Praxisbeispiele**
>
> **Wettbewerbsanalyse mittels Patentportfolio**
> Sie möchten in ein zukunftsweisendes Unternehmen im Bereich der Medikamentenverabreichung investieren. Dabei analysieren Sie auch die amerikanische Firma Altair Inc. mit Sitz in Takoma, MD. Bei einem Besuch bei Altair Inc. wurden Ihnen alle technischen Details und Vorzüge der Technologien demonstriert. Auch wurde viel über Patente gesprochen. Trotzdem ist Ihnen nach der Visite nicht klar, wie die Patentsituation dieses Unternehmens tatsächlich aussieht. Das Patentportfolio liefert Ihnen diesen Überblick. Es werden sämtliche Patente oder Patentanmeldungen der Firma zusammengestellt und mit den Patenten ergänzt, welche durch Lizensierung, Tochterfirmen, Namensänderungen etc. zum Portfolio dieser Firma gezählt werden müssen. Dabei wird der Bestand der Patente der letzten 20 Jahre aufgenommen. Eine Auswertung zeigt Ihnen auf, welche Patente den jeweiligen technologischen Gebieten der Firma zugeordnet werden können und gibt Hinweise auf die Knowhow-Träger sowie die Kooperationspartner des Unternehmens. Im Falle von Altair Inc. hat die Recherche ergeben, dass das Patentportfolio aus insgesamt 49 Patenten und Patentanmeldungen besteht; davon basieren fünf auf partnerschaftlichen Entwicklungen und sieben auf Lizensierungen. Die Technologie wurde aufgrund der Patente und einer Abklärung über die Tätigkeiten des Unternehmens in drei Gebiete unterteilt: Formulation der Wirkstoffe, Lagerung der Wirkstoffe und Verabreichungsvorrichtungen.
> *Quelle: ip-search.ch*

Ein weiteres Praxisbeispiel aus der Pharmaindustrie wird im Kapitel 5.3 vorgestellt.

1.7.3 Finanzsektor

Die Finanzdienstleistungsindustrie steht heute vor tief greifenden Herausforderungen. Einhergehend mit heftigem Kostendruck hat sich der Wettbewerb um Marktanteile, um bestehende wie potenzielle Kunden deutlich dynamisiert. Das betrifft sowohl die klassischen Großbanken und Sparkassen wie auch Versicherungen, Investmentbanken und Venture-Capital-Unternehmen.

Operative Fragestellungen

- Gibt es bei einem Kunden Anzeichen von „weak signals", die für das Fälligstellen der Kredite sprechen?
- Merger & Acquisitions: Welche Informationen werden für den Due-Dilligence-Prozess noch benötigt?

Einsatz in ausgewählten Branchen 43

- Welche Methodik der Kreditrisikobewertung setzt unser Hauptkonkurrent ein?
- Wie sieht die eigene Marktposition im Bereich der geschlossenen Fonds aus?

Strategische Fragestellungen

- Welche Auswirkungen hat Basel II auf unser Kommerzkundengeschäft?
- Wie entwickelt sich das Privatkundengeschäft in den nächsten fünf Jahren?
- Wie sieht die mittelfristige Entwicklung bei den Autobanken aus?

Praxisbeispiele

System für die Wettbewerbsbeobachtung bei der Deutschen Börse
Seit dem Jahr 2000 setzt die Gruppe Deutsche Börse ein selbst entwickeltes Tool namens EXOTIC ein, mit dem das Unternehmen strategische Analysen zum Wettbewerbsumfeld und von Technologietrends optimiert. EXOTIC steht dabei für „Exchange Competitive Intelligence" und unterstützt die Analysten bei der Recherche und permanenten Beobachtung der Marktteilnehmer, beispielsweise durch automatische Textfilterung zur gesteuerten Datensammlung. Ein firmenspezifischer Thesaurus und eine angepasste Knowledge Map helfen, die großen Datenbestände zu organisieren und zu teilen.

Wettbewerbsinformationssystem bei den Sparkassen

DIE LIZENZ ZUM WISSEN
WIS - Das Wettbewerbs-Informations-System

Mit dem Wettbewerbsinformationssystem der Sparkassen wurde ein System zur systematischen und kontinuierlichen Sammlung, Aufbereitung, Speicherung und Analyse von Daten und Informationen über Wettbewerber, deren Ziele, Strategie, Stärken und Schwächen erarbeitet. Das System soll vor allem die Entscheider in Vorständen, Controlling, Marketing und Vertrieb mit wichtigen Wettbewerbsinformationen und Marktforschungsergebnissen versorgen. Es dient zur Planungs- und Entscheidungsunterstützung, Erhöhung der Markttransparenz und wettbewerbsbezogenen Frühwarnung.

1.7.4 Informationstechnologie (Software & Hardware)

Der in den letzten beiden Dekaden boomende Bereich der IT- und Softwareindustrie ist besonders auf die laufende Marktbeobachtung angewiesen. In keinem anderen Industrie-Sektor sind die Produktentwicklungszyklen so kurz und der Markt so kompetitiv wir hier (neben dem Telekommunikations-Sektor). Aus diesem Grund sind Konkurrenzprofile, die laufende Analyse der Konkurrenzprodukte, die Erhebung aktueller Trends und Marktentwicklungen unerlässlich.

Eine Vielzahl an Beispielen zeigt, dass der IT-Markt ein heißumkämpftes Pflaster ist. Es ist darum auch nicht verwunderlich, dass die großen Player wie IBM oder Microsoft zu den Leadern im Bereich der Wettbewerbsbeobachtung zählen. Unternehmen wie Microsoft, Oracle, SAP, Siebel und SAS im Softwaremarkt, oder Cisco, IBM, HP, Dell, SUN im Hardware-Bereich versuchen mit der ihnen zur Verfügung stehenden Marktmacht, keine neuen Konkurrenten in ihren Markt eindringen zu lassen, und andererseits durch den Eintritt in neue Märkte zu expandieren.

Operative Fragestellungen

- Wie sieht die Channel-/Partnerstrategie des Konkurrenten aus?
- Wer sind die wichtigsten Kunden unseres Konkurrenten?
- Gibt es Schlüsselpersonen im Bereich F&E, die für das eigene Unternehmen interessant sind?
- Wie sieht das Partnervertriebsmodell des Konkurrenten aus?
- Welches Preismodell wendet der Mitbewerb für seine Softwarelösung an?
- Welche Zielgruppen möchte das Unternehmen mit seiner ASP-Variante ansprechen?
- Welche Patente, Markenzeichen, Copyrights wurden in unserem Bereich angemeldet (Intellectual Property)?

Strategische Fragestellungen

- Warum setzt der Mitbewerb auf eine Open-Source-Strategie?
- In welche Richtung entwickeln sich die Personal-Computer in fünf Jahren?
- Auf welche zukünftigen Themenfelder setzt die Konurrenz?
- Welchen Hintergrund haben die Akquisitionen eines Konkurrenzunternehmens?
- Wie entwickelt sich der Gesamtmarkt im Bereich der Portalsysteme?

> **Praxisbeispiele**
>
> **Cognos**
> Cognos, ein Software-Anbieter von Business-Intelligence-Lösungen, machte sein Wettbewerbsportal für alle Mitarbeiter zugängig. Jeder der 3.000 Mitarbeiter kann Beiträge/Meldungen über die Konkurrenten in einem unternehmensinternen System verfassen. Dieses System trägt den Namen „Street Fighter". Die mehr als 200 Einträge pro Monat werden täglich von Mitarbeitern in den Bereichen Forschung & Entwicklung sowie aus dem Vertrieb gescannt und beurteilt. Besonders wertvolle Hinweise werden mit Preisen (z.B. DVD-Player) belohnt.
>
> **Dell**
> Das Unternehmen Dell, Hersteller von IT-Hardware, verwendet die Methoden der Wettbewerbsbeobachtung um seine Entwickler und Ingenieure zu schützen. Um sich vor den neugierigen Konkurrenten in Acht zu nehmen, werden sie entsprechend geschult, keine sensitiven Informationen preiszugeben.
> *Quelle: Girard, K.; Snooping on a Shoestring; Business2.0, Mai 2003*

1.7.5 Kosmetik

Die Kosmetikindustrie ist zu einem wichtigen und milliardenschweren Wirtschaftsfaktor herangewachsen. Um in dieser Branche wettbewerbsfähig zu bleiben, muss eine Vielzahl von Themenbereichen laufend und global beobachtet werden.

Operative Fragestellungen

- Welche Konkurrenzunternehmen drängen in den Markt?
- Wie entwickeln sich die wichtigsten Marken?
- Mit welchen Verkaufsargumenten agiert der Konkurrent?
- Welche Innovationen im Bereich der Forschung und Entwicklung gibt es?

Strategische Fragestellungen

- Welche Marktentwicklungen der Branche können wir in fünf Jahren erwarten?
- Von welchen internationalen Trends gehen wir bei unserer Zielgruppe in zehn Jahren aus?

Praxisbeispiel

L´Oréal

Die „Applied Research Services" beim französischen Kosmetikunternehmen L'Oréal analysieren die Konkurrenz, sammeln alle verfügbaren Informationen über sie und kaufen die Produkte auf, um sie zu analysieren. Beispielsweise wurde in der Forschungs- und Entwicklungsabteilung ein internes Journal erstellt, welches die wichtigsten Informationen aus verschiedenen Informationsquellen präsentiert. Diese Publikation ist innerhalb des Unternehmens sehr erfolgreich. *Quelle: Rouach, D.; ESCP Paris*

1.7.6 Markenartikel

Die großen Markenartikelunternehmen sind dafür bekannt, den Wettbewerb intensiv zu beobachten und die strategischen Entwicklungen der Konkurrenz zu antizipieren. Dies verwundert angesichts der dynamischen und wettbewerbsintensiven Branche nicht. So werden Markenartikler einerseits von der Konkurrenz und andererseits von kostengünstigen Eigenmarken des Lebensmitteleinzelhandels bedroht.

Operative Fragestellungen

- Wo ist die neue Produktlinie des Konkurrenten überall gelistet?
- Auf welche Lieferanten greift der Wettbewerb bei seinen Schokoladen zurück?
- Welche Patente hat der Hauptkonkurrent in letzter Zeit angemeldet?

Strategische Fragestellungen

- Wie entwickelt sich der Markt der Nahrungsergänzungen in Europa?
- Welche regulativen Einschränkungen sind im Zusammenhang mit fettreduzierten Lebensmitteln in den nächsten Jahren zu erwarten?
- Wie wirkt sich eine Verpackungsverordnung auf die gesamte Branche aus?

Praxisbeispiel

Nutrasweet

Nachdem abzusehen war, dass das Patent des Süßstoffs Aspartame von Nutrasweet bald auslaufen würde, sah sich das Unternehmen mit einer großen Anzahl an potenziellen neuen Marktteilnehmern aus der Zucker- und Chemie-Industrie konfrontiert. Nutrasweet begann, die potentiellen Konkurrenten systematisch zu beobachten und erfasste deren Preise, bestehende Kundenbeziehungen, Expansionspläne oder Werbekampagnen. Mit Hilfe dieser Informationen wurden im eigenen Unternehmen Kosten gesenkt, Services verbessert, und man konnte sich optimal auf den Konkurrenzkampf vorbereiten. Die Bemühungen von Nutrasweet waren erfolgreich. So konnte das Unternehmen einen Marktanteil von über 80 Prozent behaupten.

1.7.7 Medizin & Medizintechnik

Der gesamte Gesundheitsmarkt ist heute durch tief greifende gesellschaftliche Veränderungen geprägt. Zunehmend vielfältigere Beziehungen zwischen den einzelnen Marktteilnehmern erhöhen die Komplexität. Fortschritte in der Medizin, Globalisierung und eine Fragmentierung des Wettbewerbsumfelds, die demographische Entwicklung und die stete Veränderung der regulatorischen Rahmenbedingungen sowie die erschwerte Finanzierbarkeit der wachsenden Ansprüche erhöhen die Dynamik auf dem Markt.

Operative Fragestellungen

- Welche regulativen Einschränkungen existieren für unsere Produktpalette im skandinavischen Markt?
- Welche Vertriebskanäle verwenden die Mitbewerber?
- Welchen Hintergrund hat der Zusammenschluss von ehemaligen Konkurrenten im Bereich der Kardiologie?

Strategische Fragestellungen

- Wie wird sich die medizinische Versorgung in den nächsten Jahren entwickeln?
- Welche Unternehmen kämen als potentielle Übernahmekandidaten für unsere Diversifikationsstrategie in Frage?

1.7.8 Öffentlicher Sektor (Städte, Parteien, Verbände und Organisationen)

Auch der gemeinnützige Sektor ist einem tiefer gehenden Wandel unterworfen. Die öffentliche Hand muss zunehmend Kooperationen in Form von Public-Private-Partnerships eingehen. Die Absichten von Unternehmen zur Betriebsansiedlung müssen erkannt werden, um Arbeitsplätze in der Region zu schaffen (und Steuereinnahmen zu erwirtschaften). Auf Spenden angewiesene Organisationen stehen zueinander im harten Wettbewerb. Verbände und Organisationen sowie Kirchen und karitative Organisationen sind darauf angewiesen, konsequent den Wettbewerb und das Marktumfeld zu beobachten.

Operative Fragestellungen

- Warum hat die Stadt XY den Zuschlag für eine Betriebsniederlassung eines großen internationalen Konzerns erhalten?
- Durch welche Maßnahmen kann der Wegzug an jungen Leuten in XY gestoppt werden?
- Welche Fördermöglichkeiten bietet das Nachbarland Unternehmen im Bereich Biotechnologie an?

Strategische Fragestellungen

- Wie können wir die Abwanderung an Arbeitsplätzen stoppen?
- Wie entwickelt sich der Wirtschaftsstandort unseres Mitbewerbers in den nächsten fünf Jahren?

> 🌐 **Praxisbeispiel**
>
> **Stockholm**
> Die schwedische Hauptstadt Stockholm hat seit 1996 eine spezielle Abteilung für „Umfeldanalyse". Anlass war damals eine drohende Gesetzesänderung, die zu sehr hohen finanziellen Belastungen der Stadt geführt hätte. Diese Änderung konnte durch massiven politischen Einsatz in letzter Minute verhindert werden. Um solchen Überraschungen in Zukunft vorzubeugen, entschloss man sich, eine systematische Umweltbeobachtung und -analyse durchzuführen. *Quelle: Heller, W., in Competitive & Business Intelligence Band 2 Information & Management*

1.7.9 Raum- und Luftfahrt, Rüstungsindustrie

Nach dem Konzentrationsprozess in der Raum- und Luftfahrt-Branche blieben neben einer Unzahl an kleinen Zulieferfirmen nur mehr einige wenige große Anbieter wie Boeing, Airbus, Lockheed Martin oder Raytheon übrig. Um in dieser Industrie wettbewerbsfähig zu bleiben, ist es unerlässlich, sich laufend über den Wettbewerb zu informieren. Besonders der internationale Fokus hat in dieser Branche einen besonderen Stellenwert. Es geht um sehr hohe Investitionssummen, politische Entscheidungen usw. Aus diesem Grund müssen technologische Weiterentwicklungen, Budgeterhöhungen oder -kürzungen seitens des Staates, rechtliche Änderungen sowie die Marktbearbeitungsaktivitäten der Konkurrenz ständig beobachtet werden.

Operative Fragestellungen

- Wie sieht die Liquidität, Zuverlässigkeit eines Zulieferers aus?
- Was sind die Erfahrungen bezüglich der Zahlungsmoral des Kunden?
- Warum hat der Konkurrent seine Produktionsstätte geschlossen?
- Welche Informationen zu staatlichen Ausschreibungen benötigen wir noch (Zubehör, Materialien, Standards, Vertragsbedingungen, Zuschlagskriterien, etc.)?

Strategische Fragestellungen

- Wie entwickeln sich die weltweiten Verteidigungsbudgets?
- Welche Patente (Technologien, Materialien, IT-Systeme, Sicherheitssysteme) wurden in unserem Bereich angemeldet? Was plant die Konkurrenz?

1.7.10 Telekommunikation

Wenn sich eine Branche in den letzten 10 Jahren im Umbruch befunden hat, dann ist das im Besonderen die Telekommunikationsbranche. Mit dem Siegeszug der Mobiltelefonie und dem Wegfall des Festnetz-Monopols hat eine Vielzahl an neuen Unternehmen versucht, in der Branche Fuß zu fassen. Entsprechend agressiv war und ist auch der Wettbewerb untereinander.

Operative Fragestellungen

- Welchen Einfluss hat der Bereich WLAN auf unser Geschäftsmodell?
- Wie sieht das Kalkulationsmodell des Hauptkonkurrenten aus?
- Welche Kooperationen existieren zwischen den Konkurrenten und den Hardwareherstellern?
- Wie erfolgreich sind die Kundenbindungsprogramme der Konkurrenz?

Strategische Fragestellungen

- Welchen Stellenwert wird die 3G-Technologie im Jahr 2010 für den Endkonsumenten haben?
- Welche Dienste plant der Mitbewerb im Bereich Videotelefonie anzubieten?
- Welche Konzentrationstendenzen (Aufkäufe, Fusionen) sind in den nächsten drei Jahren in Europa zu erwarten?

🌐 Praxisbeispiele

British Telecom
Das britische Telekommunikationsunternehmen hat die Knowledge-Plattform „Intellact" eingeführt, eine Wissensplattform, auf die alle Unternehmensmitarbeiter Zugriff haben. Ein Teilbereich davon fokussiert sich auf den Bereich der Wettbewerbsbeobachtung. Passender Titel: COMBAT – Competitive and Market Intelligence. Nach einer internen Umfrage bei British Telecom gaben 86 Prozent der befragten Mitarbeiter an, nun ein besseres Verständnis für das Konkurrenzumfeld zu besitzen.

Diese exemplarische Aufzählung soll veranschaulichen, wie wichtig die strategische Wettbewerbsbeobachtung für jeden der dargestellten Funktionsbereiche und Branchen ist. Um sich selbst ein Bild von der eigenen Unternehmenssituation zu machen, finden Sie am Ende dieses Kapitels eine entsprechende Checkliste.

1.8 Ethischer Anspruch und Grenzen

Im Rahmen der Diskussion um Wettbewerbs- und Konkurrenzbeobachtung wird immer der Vorwurf der Wirtschaftsspionage erhoben. Dies rührt zum einen daher, dass die Ursprungsväter der „Competitive Intelligence" in den USA ehemalige Mitarbeiter des CIA waren. Zum anderen gibt es (wie in jedem anderen Bereich) schwarze Schafe, die mit fragwürdigen Mitteln an Informationen gelangen. Da in den Unternehmen die Wettbewerbsbeobachtung aus verständlichen Gründen nicht publik gemacht wird, werden nur die negativen Beispiele veröffentlicht, wodurch ein verzerrtes Gesamtbild entsteht. Um den Vorwürfen den Wind aus den Segeln zu nehmen, hat der weltweite Fachverband der Wettbewerbsforscher SCIP (Society of Competitive Intelligence Professionalists) einen sogenannten „Code of Ethics" für seine Mitglieder erarbeitet. Dabei wird genau festgelegt, was noch ethisch vertretbar ist und was nicht.

Verschiedene Studien belegen, dass 80 bis 95 Prozent der gesuchten Informationen (wissentlich oder unwissentlich) öffentlich zugängig sind. Damit kann ein Großteil des Informationsbedarfs gedeckt werden. Erfahrungsgemäß sind die fehlenden Prozentpunkte die interessantesten für das Management. Letztendlich liegt es im Ermessen jedes Einzelnen, wie weit er bei der Informationsrecherche geht und welche Techniken angewendet werden. Auf jeden Fall sollen die Gesetze des jeweiligen Landes berücksichtigt werden.

SCIP Code of Ethics for CI Professionals

- To continually strive to increase respect and recognition for the profession.
- To pursue one's duties with zeal and diligence while maintaining the highest degree of professionalism and avoiding all unethical practices.
- To faithfully adhere to and abide by one's company's policies, objectives and guidelines.
- To comply with all applicable laws.
- To accurately disclose all relevant information, including one's identity and organization, prior to all interviews.
- To fully respect all requests for confidentiality of information.
- To promote and encourage full compliance with these ethical standards within one's company, with third party contractors, and within the entire profession.

Quelle: SCIP (Society of Competitive Intelligence Professionalists) www.scip.org

Fragwürdige Techniken sind beispielsweise:

- Das verdeckte Ermitteln als Student (Erstellung einer Seminararbeit, Fachartikel zu einem bestimmten Thema)
- Das verdeckte Ermitteln als Journalist
- Bewerben auf Stellenanzeigen oder das Schalten von Stellenanzeigen mit dem alleinigen Hintergrund, an Informationen über den Wettbewerber zu gelangen

„Wir müssen eine klare Grenze zu unethischem Verhalten ziehen –
und uns dieser anschließend so nah als möglich annähern."

anonym

Im Folgenden werden einige bekannt gewordenen Fälle von Wirtschaftsspionage beschrieben. Die Darstellung soll den Leser auch dafür sensibilisieren, womit sein Unternehmen unter Umständen durch den Mitbewerb konfrontiert werden könnte.

Gilette Mach 3 gegen Wilkinson 4

Als Schick-Wilkinson Sword im August 2003 offiziell seinen Vier-Klingen-Rasierer Quattro ankündigte, hatte Wettbewerber Gillette bereits die Klageschrift wegen Patentverletzung in der Schublade. Solide Forschungsarbeit oder Industriespionage? Zwei Wochen nach der Ankündigung legte Gillette dem Gericht die Ergebnisse einer Untersuchung vor, die ein unternehmenseigener Techniker an zehn Quattros durchgeführt hatte – obwohl das Produkt noch gar nicht im Handel war. Gerüchte über den Quattro tauchten erstmals im Mai 2003 auf. Damals bestätigte Schick-Wilkinson Sword, dass man ab

Herbst einen Vier-Klingen-Rasierer verkaufen werde, nannte aber keine weiteren Einzelheiten. Nach Angaben von Schick-Wilkinson Sword wurden Muster des Quattro an einige Journalisten verteilt, sowie an mögliche Kunden, die eine Geheimhaltungsvereinbarung unterschreiben mussten. Wie also ist Gillette an die Quattros gekommen? *Quelle: Financial Times*

Spionageauftrag für Mitarbeiter

Marktforschung der besonderen Art betrieb das regionale Time Warner-Büro in Houston. Den Mitarbeitern des Kabelanbieters wurde mit der Gehaltsabrechnung kostenloser Internetzugang beziehungsweise einhundert Dollar als Barprämie angeboten. Einzige Bedingung: Die Mitarbeiter mussten zunächst beim Time Warner-Konkurrenten Southwestern Bell einen DSL-Zugang bestellen und falls der Auftrag bestätigt werden sollte, umgehend wieder kündigen. „(...) wir müssen die Gebiete innerhalb Houstons lokalisieren, in denen unserer Wettbewerber schnelle Internetzugänge liefern kann beziehungsweise nicht liefern kann". Das Projekt wurde erst eingestellt, als zwei Mitarbeiter Time Warners der Muttergesellschaft von Southwestern Bell, SBC Communications, die entsprechenden Informationsblätter zukommen ließen. Die Time Warner-Konzernleitung entschuldigte sich für das Vorgehen, das nicht in Übereinstimmung mit der Firmenphilosophie und der Firmenethik stehe.

Oracle bespitzelte Microsoft

Im Jahr 2000 wurde Oracle beim versuch ertappt Informationen über den Konkurrenten Microsoft zu besorgen. Sie heuerten ein Detektivbüro an, um zu erfahren, ob und wie Microsoft vor einer bevorstehenden Gerichtserhandlung die Meinungsträger beeinflussen wollte. Konkret wurde dem Reinigungspersonal bei Microsoft Geld für die Überlassung des Abfalls angeboten. Die Reinigungsfirma meldet dies jedoch umgehend an Microsoft, welche vor Gericht gingen.

Boeing wusste zu viel

Der weltgrößte Flugzeughersteller Boeing Co., Chicago, verlor im Jahr 2003 Aufträge der US Air Force im Wert von fast 1 Mrd. US-Dollar. Die US-Regierung hatte herausgefunden, dass Boeing-Mitarbeiter im Besitz von Dokumenten des Konkurrenten Lockheed Martin gewesen waren. Wegen dieses Vorfalls darf sich die Raketen-Sparte von Boeing bis auf weiteres nicht mehr um neue Aufträge des Pentagon bemühen. *Quelle: Frankfurter Allgemeine Zeitung*

Procter & Gamble versus Unilever

2001 wurde bekannt, dass eine von Procter & Gamble (P&G) beauftragte Firma den Müll des Konkurrenten Unilever durchsucht hatte, um die Formel für ein neues Haarwaschmittel herauszubekommen.

📋 Checkliste: Informationsstand über den Wettbewerb

Können Sie beruhigt schlafen? Sind Sie über alle Vorgänge in Ihrem Markt informiert? Beantworten Sie folgende Fragen:

Tabelle 3: Informationsstand über den Wettbewerb

Wo stehen wir? Beurteilen Sie Ihren Informationsstand über den Wettbewerb		
Fragestellungen	**Ja**	**Nein**
1. Sie kennen alle potenziellen Konkurrenten?		
2. Kennen Sie die Produkte/Dienstleistungen Ihrer Konkurrenten?		
3. Kennen Sie Ihre wichtigsten Konkurrenten gut genug, um deren zukünftige Strategien antizipieren zu können?		
4. Wissen Sie, welche Verkaufsargumente die Konkurrenz einsetzt?		
5. Kennen Sie Ihre Vorteile (aus Sicht der Kunden) gegenüber Ihren Konkurrenten?		
6. Kennen Sie Ihre Nachteile (aus Sicht der Kunden) gegenüber Ihren Konkurrenten?		
7. Kennen Sie die zukünftigen Entwicklungen Ihrer Branche? Die Chancen und Risiken?		
8. Wenn die Konkurrenz die Preise massiv senken würde, wären Sie darauf vorbereitet?		
9. Haben Sie Vorkehrungen getroffen, um Schlüsselmitarbeiter vor Abwerbung zu schützen?		
10. Kennen Sie die Preise und die Konditionenpolitik der wichtigsten Konkurrenten?		
11. Wissen Sie, welche Patente der Mitbewerb in den letzten sechs Monaten angemeldet hat?		
12. Ist Ihnen die Finanzkraft der Konkurrenten bekannt? Die Eigentümerstruktur?		
13. Kennen Sie die Kundenstruktur Ihrer Konkurrenz?		
14. Sind Ihnen die Lieferanten des Haupt-Konkurrenten bekannt?		
15. Sind Ihnen die Marketingaktivitäten der Wettbewerber bekannt?		
16. Sind Sie über die internationale Konkurrenz im Bilde?		
17. Wissen Sie, welche Faktoren starke Auswirkungen auf Ihre Branche haben?		
18. Wissen Sie, welche geplanten oder angekündigten Gesetzesänderungen die Geschäftsfelder Ihres Unternehmens direkt betreffen?		
Finden Sie diese Anzahl an „Nein" beunruhigend? Dann sollten Sie unbedingt weiterlesen.		←

Zusammenfassung Kapitel 1

Die strukturierte Analyse des Wettbewerbs wird von den meisten Unternehmen sträflich vernachlässigt. Mittels strategischer Wettbewerbsbeobachtung können Kosten vermieden, Abschlussquoten gesteigert und Unsicherheiten reduziert werden.

Einsatzgebiete von Wettbewerbsbeobachtung im Unternehmen	
■ Einkauf	■ Geschäftsleitung / strategische Planung
■ F&E	■ IT / EDV
■ Vertrieb	■ Marktforschung
■ Marketing	■ Personal
■ Finanzwesen/Controlling	■ Produktion
■ Produktmanagement	■ PR

Branchen für die Wettbewerbsbeobachtung besonders geeignet ist	
■ Pharmazie	■ Automobil
■ IT	■ Telekommunikation
■ Chemie	■ Raumfahrt- und Luftfahrt
■ Elektrotechnik	■ Nahrungs- und Lebensmittel
■ Anlagenbau	■ Konsumgüter
■ Ihre Branche:	

Notizen: Welche Einsatzgebiete/Anwendungsmöglichkeiten habe ich in meiner Branche/Funktion entdeckt?

_____

_____

_____

Laufend aktualisierte Informationen sind unter www.wettbewerbsbeobachtung.com zu finden.

2 Der Wettbewerbsbeobachtungsprozess

Hauptthemen

2.1 Planung

2.2 Datensammlung

2.3 Analyse

2.4 Kommunikation

2.5 Entscheidung und Feedback

2.6 Counter Intelligence – Beobachtung des eigenen Unternehmens durch die Konkurrenz

Zielsetzung

- Sie lernen, wie der Prozess der Wettbewerbsbeobachtung abläuft.
- Sie erfahren, welche wettbewerbsrelevanten Themenbereiche nachgefragt werden.
- Sie lernen, Informationen zu hinterfragen und deren Qualität einzustufen.
- Sie gewinnen einen Überblick über Analyseverfahren.
- Sie erfahren, wie Sie sich selbst vor neugierigen Konkurrenten schützen können.

Damit das Management regelmäßig Gefahren und Chancen, wie neue Konkurrenten, Technologien, Märkte etc. rechtzeitig antizipieren kann, muss im Unternehmen ein Wettbewerbsbeobachtungsprozess eingeführt werden. Er ermöglicht es dem Management agieren zu können und nicht reagieren zu müssen. Ein funktionierendes System der Wettbewerbsbeobachtung kann am besten als ein kontinuierlicher Anwendungs- und Anpassungsprozess beschrieben werden.

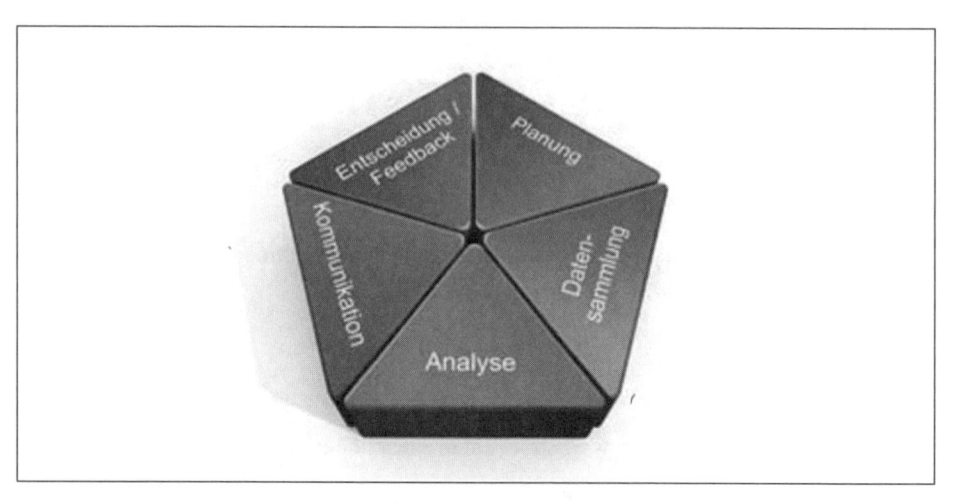

Abbildung 7: Der Wettbewerbsbeobachtungsprozess (CI-Cycle)

Die einzelnen Prozessschritte bauen aufeinander auf. Da es sich um einen fortwährenden Prozess handelt, beginnt nach dem Abschluss der Stufe 5 (Entscheidung/Feedback – die Entscheidungsträger werden informiert) wieder die Stufe 1 (Planung – es werden neue Anforderungen festgelegt). Die einzelnen Prozessschritte sind:

1. Planung
Ein oft vernachlässigter Bereich ist die Planung und Festlegung, welche Informationen das Management benötigt.

2. Datensammlung und Aufbereitung
Dabei werden die für die festgelegten Bereiche bestgeeigneten Informationsquellen ermittelt, die Informationen erhoben, verifiziert und aufbereitet.

3. Analyse und Interpretation
Die ermittelten Informationen werden anschließend mit geeigneten Analysevefahren ausgewertet und aufbereitet.

4. Reporting und Distribution, Kommunikation
Die Ergebnisse der Analyse werden in einem Report oder einem anderen Kommunikationsmittel erfasst und an die Zielgruppe weitergeleitet.

5. Entscheidung, Feedback
Das Management trifft auf Basis der erhaltenen Informationen eine Entscheidung, gibt Feedback über die geleistete Arbeit und formuliert neue Fragestellungen.

2.1 Planung

In der ersten Stufe des Wettbewerbsbeobachtungs-Prozesses geht es darum herauszuarbeiten und sorgfältig zu definieren, welche Informationsbedürfnisse beim Management vorliegen. Diese Informationsbedürfnisse sind in der Regel unterschiedlichster Art – abhängig von der Funktion im Unternehmen oder vom Zeitpunkt der Erhebung der Bedürfnisse. So interessieren den Leiter der Forschungs- und Entwicklungsabteilung eines Anlagenbauers andere Themen als den Marketingleiter eines Getränkeherstellers.

Gemeinsam muss erarbeitet werden welche Informationen dem Unternehmen helfen, die bestmöglichen Entscheidungen zu treffen und die Chancen für die Zukunft zu optimieren. Eine direkte Kommunikation mit und zwischen Führungskräften und Entscheidungsträgern ist in dieser Phase sehr wichtig. An einmal definierte Informationsanforderungen sollte man sich in weiterer Folge streng halten.

"Wer das Ziel kennt, kann entscheiden. Wer entscheidet, findet Ruhe. Wer Ruhe findet, ist sicher. Wer sicher ist, kann überlegen. Wer überlegt, kann verbessern."
Konfuzius

Problem Information Overload

Diese Phase des Prozesses ist extrem wichtig, da sie sicherstellt, dass nur die relevanten Informationen, die für die Entscheidungsfindung gebraucht werden, erhoben werden. Ist der Themenbereich oder sind die Fragestellungen zu allgemein formuliert, haben auch die nachfolgenden Prozessschritte wenig Chancen auf Erfolg und der Ressourcenaufwand ufert aus. Durch die gewaltige Anzahl an verfügbaren Informationen wird man leicht dazu verleitet, sich zu verzetteln und den sprichwörtlichen roten Faden zu verlieren. Durch die Definitionsphase und die Formulierung von sogenannten Key Intelligence Topics und Key Intelligence Questions wird der Fokus eingeschränkt. Ein Information Overload wird damit verhindert.

Festlegung der wichtigsten Themenfelder/Informationsbereiche

Der Entscheider legt am Anfang des Prozesses die einzuschlagende Richtung fest in dem er seine Bedürfnisse formuliert. Gemeinsam mit dem Management werden, ausgehend von der Bedürfnisanalyse, Themenbereiche festgelegt (sogenannte Key Intelligence Topics – KITs). Daraus werden dann Thesen oder Fragestellungen abgeleitet – die Schlüsselfragen (sogenannte Key Intelligence Questions – KIQs). Die Informationsbereiche können zur Absicherung von strategischen und taktischen Entscheidungen dienen, zur Entdeckung von Frühwarnsignalen oder zur Darstellung der Hauptakteure des Marktes eingesetzt werden. Darüber hinaus existieren je nach interner Zielgruppe weitere unterschiedliche Bedürfnisse die ebenfalls berücksichtigt werden müssen.

A. Strategische und taktische Entscheidungen

Seitens des Auftraggebers besteht Informationsbedarf hinsichtlich der geplanten und zukünftigen Entscheidungen und Aktionen. Für die Strategieformulierung, die strategischen Pläne und entsprechende Umsetzung sind noch Fragen offen.

Tabelle 4: Beispiele für den Informationsbedarf bei strategischen und taktischen Entscheidungen. Quelle: Herring, J.P., Key Intelligence Topics: A Process to Identify and Define Intelligence Needs

Strategische und taktische Entscheidungen			
1.	Erarbeiten von Entscheidungsgrundlagen, um für das Unternehmen strategische Pläne zur Schaffung des zukünftigen Wettbewerbsumfeldes (wo wollen wir agieren?) zu erhalten.	2.	Sollen die bestehenden Produktionskapazitäten erweitert werden, oder der Aufbau eines neuen kostengünstigeren Produktionsprozesses vorzuziehen?
3.	Formulierung der globalen Wettbewerbsstrategie des Unternehmens: Beurteilung der Konkurrenz in Hinblick auf die eigenen Ziele.	4.	Produktentwicklungsprogramme: Identifikation und Beurteilung der Technologieprogramme der Hauptkonkurrenten und Bewertung von anderen konkurrierenden Technologien.
5.	Globalisierung der Branche: Wie und mit wem sollte man sich zusammenschließen? Wie verhält sich der Wettbewerber? Schließt er entsprechende Kooperationen?	6.	Neuproduktentwicklung und Markteinführung: Wann und in welcher Form werden die Konkurrenten reagieren?
7.	Internationale Marktentwicklung: Beschreibung der aktuellen Konkurrenzsituation und der wahrscheinlichen Entwicklung.	8.	Wie wird unsere neue Marketingstrategie von der Branche, den Konkurrenten, den Lieferanten beurteilt?
9.	Strategische Investitionsentscheidungen: Identifikation und Beurteilung von Änderungen des Wettbewerbsumfeldes.	10.	Sind die Konkurrenz oder andere an unseren Firmengeheimnissen oder Entwicklungen interessiert? Welche Maßnahmen setzen sie?
11.	Welche Pläne und Maßnahmen müssen ergriffen werden, um die technologische Wettbewerbsfähigkeit zu behaupten?	12.	Personalrelevante Aufgaben, wie z.B. Personalrekrutierung von Schlüsselpersonal.

B. Frühwarnsignale

In jedem Unternehmen existieren Beispiele aus der Vergangenheit, bei denen man von geschäftlichen Ereignissen „überrascht" wurde. Leider ist ein Großteil dieser „Überraschungen" negativer Art. Damit dies nicht mehr vorkommt und um Frühwarnsignale rechtzeitig zu orten, werden Fragen im Zusammenhang mit dem Unternehmen, der Branche, möglichen Einflussfaktoren auf die Branche gestellt. Zudem werden auch die Absichten und Aktionen der Wettbewerber hinterfragt.

Tabelle 5: Beispiele für Frühwarnsignale. Quelle: Herring, J.P., Key Intelligence Topics: A Process to Identify and Define Intelligence Needs

Frühwarnsignale	
1. Neue Technologien, Materialien etc. welche die Wettbewerbsfähigkeit dramatisch beeinflussen könnten.	2. Technologische Entwicklungen, welche die Produktionsmöglichkeiten oder die Produktentwicklung beeinflussen könnten.
3. Aktueller Status und Entwicklung von Hauptlieferanten. - Wie sieht die finanzielle Situation aus? - Gibt es Anzeichen von Kosten- oder Qualitätsproblemen? - Hat das Unternehmen vor, Akquisitionen zu tätigen oder Allianzen zu bilden (die mittelfristig dazu führen könnten, dass wir einen neuen Konkurrenten bekommen)?	4. Eingegangene Allianzen, Akquisitionen der Konkurrenz, der Kunden oder der Lieferanten: Beweggründe und Ziele der abgeschlossenen Allianzen oder Firmenaufkäufe.
5. Veränderungen in der Lieferantenstruktur der Industrie.	6. Gesetzliche Themen, die das Geschäftsfeld des Unternehmens betreffen.
7. Eventuelle Energie oder Lieferanten-Engpässe.	8. Unternehmen, die neu in unseren Markt eindringen wollen.
9. Politische, soziale, ökonomische, rechtliche Veränderungen die unsere Wettbewerbsfähigkeit beeinflussen könnten.	10. Änderung der Wahrnehmung über unser Unternehmen, unsere Dienstleistungen oder unsere Produkte aus Kundensicht.
11. Finanzaktivitäten des Hauptkonkurrenten: Änderung der aktuellen Finanzstrategie, Allianzen, Akquisitionen etc.	12. Interesse oder Bestrebungen, von anderen das Unternehmen zu erwerben/übernehmen (z.B. in Form einer feindlichen Übernahme).

C. Hauptakteure im Markt: Kunden, Konkurrenten, Lieferanten, Regierung etc.

Von welchen Marktteilnehmern geht die größte Gefahr aus? Welche Arten von entscheidungsunterstützender Information werden benötigt? Welche Vorteile könnte man aus den erhaltenen Informationen ziehen?

Tabelle 6: Beispiele für Hauptakteure im Markt. Quelle: Herring, J.P., Key Intelligence Topics: A Process to Identify and Define Intelligence Needs

Hauptakteure im Markt	
1. Erstellung von Konkurrenzprofilen inklusive der strategischen Pläne, Wettbewerbsstrategien, Finanzkennzahlen, Organisationsstruktur, Schlüsselpersonal etc.	2. Erstellung von fundierten Analysen über die Hauptkonkurrenten, deren Ziele, Strategien und Internationalisierungsbestrebungen.
3. Identifikation von neuen Konkurrenten, insbesondere aus anderen Industriezweigen oder Geschäftsfeldern	4. Beschreibung des aktuellen und zukünftigen Wettbewerbsumfeldes (inkl. Konkurrenten, Lieferanten, Kunden, Einflussgruppen, Technologien, politische und ökologische Rahmenbedingungen etc.)
5. Die Bedürfnisse und Interessen von neuen Kunden. Wie versucht die Konkurrenz, diese Kundengruppe anzusprechen? Welche Argumente setzt sie ein?	6. Identifikation und Bewertung von neuen Marktteilnehmern, wie Kunden, Lieferanten, Konkurrenten etc.
7. Neue Technologien/Produktentwicklungen: Welche Pläne und Strategien hat die Konkurrenz im Hinblick auf den Markt des Unternehmens?	8. Das Management benötigt zur Planungs- und Entscheidungsfindung weiterführende Informationen zu gesetzlichen und ökologischen Themenstellungen der Branche.
9. Wie schätzen Finanzanalysten die aktuelle und zukünftige Entwicklung unseres Unternehmens und der gesamten Branche ein?	10. Was ist der Hintergrund dafür, dass verschiedene Lieferanten Informationen über das Unternehmen erhoben haben?

In der Studie von Pfaff/Altensen/Glasbrenner wurden die Unternehmen auch über die Zielsetzungen der Wettbewerbsbeobachtung gefragt. Zirka ein Viertel der Befragten gab an, keine festgelegten Untersuchungsziele zu verfolgen, sondern vielmehr spontan, situativ, z.B. als Reaktion auf ein bestimmtes Ereignis zu agieren. Die anderen gaben an, dass im vor hinein präzise Untersuchungsziele definiert wurden, beispielsweise zu:

Nennungen	Untersuchungsziel
76	Stärken und Schwächen
73	Produkten / Dienstleistungen
70	Strategien
63	Unternehmenskennzahlen
56	Preise
50	Innovationen / Technologien

Nennungen	Untersuchungsziel
46	Marktauftritt
44	Zielen
32	Finanzstärke
22	Verhaltens-, Reaktionsmuster / Taktiken
18	Patenten
7	Sonstiges: *Kommunikation*

Bedürfnisse oder Wünsche?

Führungskräfte neigen dazu, möglichst viel wissen zu wollen, auch wenn es für die aktuelle Aufgabenstellung oder für ihren Arbeitsbereich nicht relevant ist. „Besorgen Sie mir alles über unsere Konkurrenz" heißt es da. In der Praxis ist es deshalb besonders wichtig herauszuarbeiten, welche wirklich businessrelevanten Bedürfnisse vorherrschen und dass nicht Themenstellungen vorgegeben werden, weil man etwas einfach gerne wissen möchte (Wunsch). Um nicht in einer gewaltigen Informationsfülle unterzugehen und kostbare Ressourcen zu vergeuden, muss man sich auf das Wesentliche beschränken. Was ist wesentlich? Warum wollen wir das wissen? Diese Fragen muss das Management beantworten können. „Nice to have"-Informationen sind für die strategische Arbeit wertlos, unterstützen auch das Tagesgeschäft nicht und blockieren wichtige Unternehmensressourcen. **Wissen, das nicht in Handeln mündet, ist interessant, aber nicht relevant.**

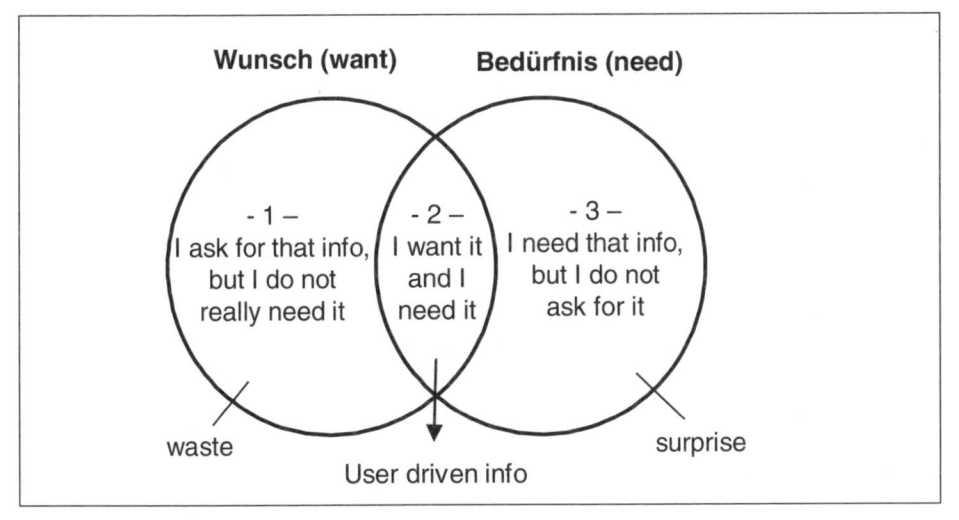

Abbildung 8: Wunsch versus Bedürfnis. Quelle: Marti, Y.-M.; A Typology of Information Needs, Advances in Applied Business Strategy 1996

Der linke Bereich stellt jene Informationen dar, die man haben möchte, aber nicht wirklich braucht. Solche Informationen sind verschwendete Ressourcen. Der mittlere Bereich der Abbildung symbolisiert jene Informationen, die gewünscht und tatsächlich gebraucht werden. Der rechte Bereich der Abbildung stellt jene Informationen dar, die wir zwar benötigen würden, nach denen aber nicht gefragt wurde.

„The essence of management is to make knowledge productive."
Peter F. Drucker

Nach Abschluss des ersten Prozessschrittes sind die Informationsbedürfnisse der unterschiedlichen Zielgruppen ermittelt, die Schlüsselthemen festgelegt und die Schlüsselfragen erarbeitet.

2.2 Datensammlung

Nachdem die Themenbereiche und die Fragestellungen festgelegt sind, geht es im nächsten Schritt um die geeignete Auswahl der effektivsten Informationsquellen, das Sammeln relevanter Informationen um die gewünschten Informationen zu erhalten, sowie die möglichst strukturierte Aufarbeitung und Speicherung der erhaltenen Informationen.

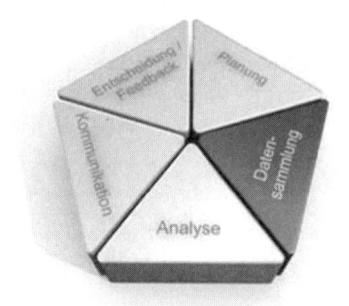

Geeignete Informationsquellen auswählen

Bei der Auswahl der Informationsquellen sollten die geeignetsten zur Verfügung stehenden Informationsquellen ausgewählt werden. Dies sind in erster Linie Informationen die über persönliche Kontaktkanäle gewonnen werden, also Gespräche, Interviews oder Telefonate. Die mit Abstand effektivste und wichtigste Informationsquelle ist das persönliche Gespräch. In der Praxis ist die Hemmschwelle bei den Mitarbeitern der Wettbewerbsbeobachtung sehr groß, zum Telefonhörer zu greifen und eine Person zu kontaktieren. Gezielte Telefonanrufe können jedoch viel bessere Information über einen Konkurrenten liefern als man sie mit einer Suche in elektronischen Medien erhalten würde. Besser einmal zu viel gefragt als einmal zu wenig.

Kontinuierliche Beobachtung des Marktumfeldes und Informationssammlung

Um eine effiziente Wettbewerbsbeobachtung aufzubauen, muss sowohl auf die intern vorhandenen Informationen als auch auf externe Informationen zurückgegriffen werden. Wie bereits eingangs erwähnt, sind menschliche Quellen die wichtigsten Informationsträger für die Wettbewerbsbeobachtung. Das sind zum einen Personen außerhalb des eigenen Unternehmens, wie z.B. ehemalige Mitarbeiter der Wettbewerber, Kunden, Lieferanten und Händler. Aber auch innerhalb des eigenen Unternehmens ist in den einzelnen Abteilungen häufig sehr viel wettbewerbsrelevantes Wissen vorhanden.

Informationsquellen können nach verschiedenen Kriterien differenziert werden:

- Intern versus extern
- Kostenlos versus kostenpflichtig
- Datenträger versus Papierform

Datensammlung

- Primär erhobene versus Sekundärinformationen
- Persönlich versus schriftlich

Im Folgenden werden exemplarisch einige Beispiele für die effiziente Informationssammlung und für geeignete Informationsquellen beschrieben. Eine umfassende Darstellung der externen Informationsquellen findet sich im Kapitel 6 des Buches.

2.2.1 Unternehmensinterne Informationsquellen

Nutzung der im Unternehmen verfügbaren Informationen

Die Quellen und Methoden der Informationsbeschaffung über die Konkurrenz sind vielfältig. Bevor man an den Erwerb von Studien, an die Befragung von externen Experten denkt oder im Internet nach Informationen zu den offenen Fragen sucht, sollte im eigenen Unternehmen mit der Suche begonnen werden. In der Praxis zeigt sich, dass intern sehr viele Informationen vorhanden sind:

- Bestehendes Wissen/Informationsstand der Mitarbeiter
- Eigene Dokumentationen
- Eigene Marktforschungen
- Eigene Mitarbeiter (interdisziplinär)
- E-Mail-Nachrichten
- Interne Datenbanken
- Interne Statistiken (z.B. Anfrage-, Auftrags-, Reklamationsstatistiken)
- Karteien (z.B. Lieferantenkartei, Kundenkartei)
- Partner-Unternehmen
- Persönliche/telefonische Kontakte mit Dritten
- Persönliche Archive der Mitarbeiter
- Schriftverkehr mit Nachfragern, Konkurrenten, öffentlichen Stellen
- Unternehmensarchiv

! Tipp
Zur erstmaligen Erhebung, welche Informationen wo und in welcher Form bereits im Unternehmen vorhanden sind, empfiehlt sich die Durchführung eines Informationsaudits (CI-Audit) im Unternehmen. Dieses Audit zeigt verfügbare interne Quellen und Experten, und damit den internen Wissensstand des Unternehmens auf.

Die eigenen Mitarbeiter – das interne Spezialistenwissen nutzen

Der Großteil der gewünschten Informationen ist bereits im Unternehmen vorhanden, nur nicht offen gelegt und frei zugänglich. Deshalb müssen alle Mitarbeiter in den Prozess der Informationssammlung einbezogen werden. Die Mitarbeiter, die in die Wertschöpfungskette eingebunden sind und Kontakt nach außen haben, sind für die Analyse/Bestandsaufnahme besonders wichtig.

- Techniker lesen Fachzeitschriften.
- Controller die Geschäftsberichte der Konkurrenz.
- Der Einkauf kann Informationen über die Beschaffungsmodalitäten der Konkurrenz haben und erfährt bei seinen Lieferanten Informationen über den Mitbewerb.
- Die Produktentwicklung screent regelmäßig die Fachtagungen, auf denen die Konkurrenz Vorträge hält.
- Die Produktion erfährt über Zulieferfirmen den aktuellen Auslastungsgrad des Konkurrenten.
- Niemand im Unternehmen ist so nahe am Markt und am Kunden wie der Vertrieb. Der Vertrieb kann mit den Verkaufsargumenten der Konkurrenz aufwarten, die vom Außendienst regelmäßig ermittelt werden. Um aktuelle Informationen zu bekommen und die Reaktionen der Konkurrenz und der Kunden auf eigene Produkte oder Dienstleistungenzu zu erfahren, ist der Außendienst von wichtiger Bedeutung. Viele Vertriebsleute haben in Ihrem Bereich/für Ihre Region den Marktüberblick, und (jeder für sich) führt meistens schon Wettbewerbsaktivitäten aus. Erfahrungsgemäß ist der Außendienst über Wettbewerbsinformationen wesentlich auskunftsfreudiger als über seine Kundenkontakte. Das mag daran liegen, dass sein Revier nicht unmittelbar angegriffen wird und er auch nicht unter Rechtfertigungsdruck steht.

! Tipp
Es muss immer ein Geben und Nehmen sein. Deshalb muss der Einzelne auch einen Vorteil durch die Lieferung von Informationen haben, sei es durch die Bewertung des Vorgesetzten oder durch Infos, die ihm selbst nützlich sind (Vertriebsargumente der Konkurrenz etc.).

Errichtung eines Expertennetzwerks

Viele Mitarbeiter in den Unternehmen sind Experten auf einem bestimmten Fachgebiet oder interessieren sich besonders für einen Themenbereich. Unternehmen sollten dieses Wissen nutzen, die Experten und Themenscouts erfassen und das Know-how-Netzwerk den anderen Mitarbeitern zugängig machen. In den meisten Unternehmen existieren im unternehmenseigenen Intranet elektronische Telefonlisten mit Kurzangaben zu den einzelnen Mitarbeitern. Erweitert man diese Basis um Zusatzinformationen zu Qualifikationen und Kenntnissen sowie um eine entsprechende Such-Funktion, so hat man mit einfachen Mitteln ein internes Expertennetzwerk geschaffen.

Datensammlung 65

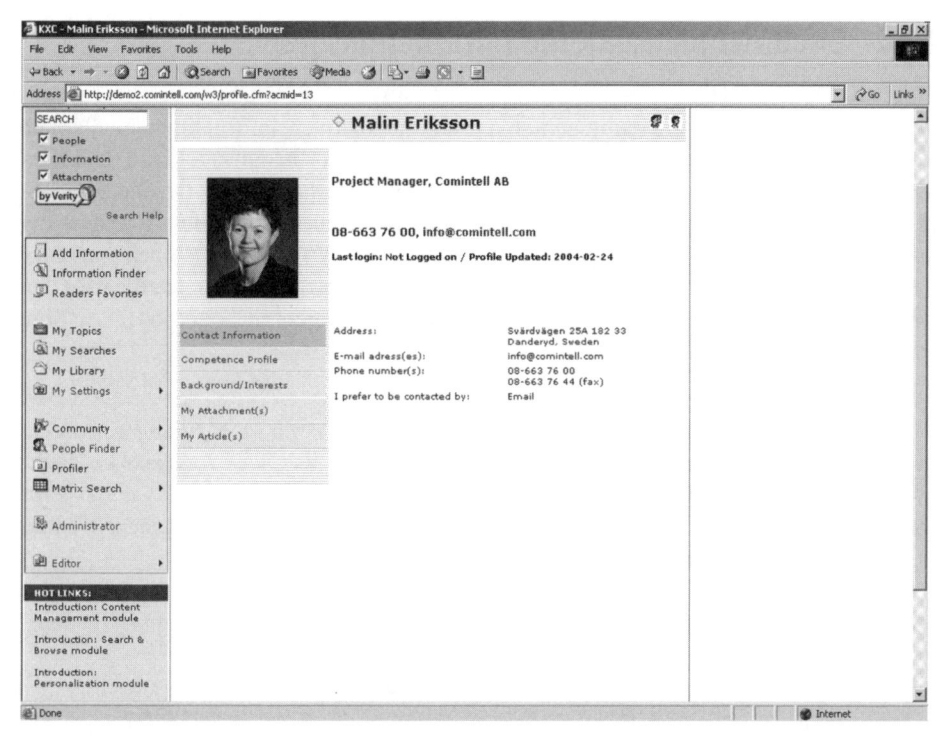

Abbildung 9: Experten-Netzwerk im Intranet. Quelle: Comintell.com

🌐 Praxisbeispiele

Warum Cafeterias in Unternehmen so wichtig sind

Vor Jahren arbeitete der Autor in einer großen deutschen Bank an einem Projekt zur Standortanalyse. Die Berliner Mauer war gefallen, und die Banken drängten mit Filialen in die neue wiedervereinigte Hauptstadt. Nun sollte für eine weitere Filiale ein geeigneter Standort gefunden werden. Dazu war umfangreiche Erhebungs- und Analysearbeit zu leisten. Nach mehrwöchiger mühevoller Recherchearbeit lernte der Autor in der Unternehmens-Cafeteria einen Mitarbeiter kennen. Nach angeregtem Gespräch kam zutage, dass der Mitarbeiter einen Großteil jener Daten, die mühevoll erarbeitet wurden, schon längst für ein anderes Projekt recherchiert hatte.

Personennetzwerk bei Siemens

Bei Siemens Information and Communication Networks wird im Vertrieb Deutschland aktiv auf ein Personennetzwerk gesetzt. System. Dabei werden Berater, Vertriebsmitarbeiter, Servicetechniker und Spezialisten miteinander vernetzt um eine optimale Kundenbetreuung zu ermöglichen (und um Konkurrenzinformationen auszutauschen). *Quelle: Siemens*

2.2.2 Unternehmensexterne Informationsquellen

Für die Suche nach geeigneten quantitativen und qualitativen Informationen außerhalb des Unternehmens existiert eine Vielzahl an möglichen Informationsquellen. Diese können Personen, elektronische Medien oder schriftliche Unterlagen sein. Besonders wichtig ist es, bei der Datenbeschaffung auf die Primärquelle zurückzugreifen, d.h. dass der Ursprungsautor einer Meldung gefunden werden soll. Vom Unternehmen verfasste Pressetexte werden übernommen, geändert und weiterverarbeitet – letztlich ist im schlimmsten Falle die ursprüngliche Kerninformation verloren gegangen oder der Sinn verfremdet.

! Tipp
Ist man bei der Suche nach einer bestimmten Information noch nicht fündig geworden, so empfiehlt sich folgende Vorgangsweise: Wer kann außer mir noch Interesse an dieser Information haben? Öffentliche Stellen? Verbände? Lieferanten? Auf Basis dieser Fragestellung sollte man geeignete Informationsquellen ausfindig machen können. Wichtig zu wissen: Nicht alle benötigten Informationen können gefunden werden.

Tabelle 7: Informationsbedarf und mögliche unternehmensexterne Informationsquellen (Auszug)

Informationsbedarf und mögliche unternehmensexterne Informationsquellen	
Informationsquelle	**Informationsbedarf**
■ Experten	■ Innovationen, Entwicklungen, Finanzen
■ Händler	■ Provisionssätze, verkaufsfördernde Tätigkeiten
■ Konkurrenten	■ Produkte, Dienstleistungen, Referenzen Unternehmensinformationen, Marktauftritt etc.
■ Kunden	■ Verkaufsargumentarien, Konditionen
■ Lieferanten	■ Rohmaterialien, Bedarf
■ Staatliche Stellen	■ Normen, Verordnungen, allgemeine Statistiken, Branchenübersichten und -vergleiche
■ Universitäten und Fachhochschulen	■ Expansionspläne, neue Ansätze

! Tipp
Um die ermittelten Informationsquellen nicht ständig neu suchen zu müssen, empfiehlt sich das Anlegen eines internen Quellenverzeichnisses. Bei Informationsquellen im Internet können kostengünstige Tools zur Überwachung von Websites eingesetzt werden. Ändern sich Inhalte auf den beobachteten Seiten, so wird man per E-Mail oder SMS darüber informiert.

Datensammlung

Tabelle 8: Mögliche Problemfelder bei der Informationssammlung

\multicolumn{2}{c}{Mögliche Problemfelder bei der Informationssammlung}	
Problem	**Lösungsvorschlag**
Keine internen Informationen vorhanden	Es existiert eine Vielzahl an kostenfreien und kostenpflichtigen externen Informationsquellen. Der Informationsbedarf kann auch durch externe Quellen abgedeckt werden.
Keine interne Unterstützung bei der Informationssuche	Einen ersten Schritt setzen und Mitarbeiter mit Informationen versorgen. Kooperationen sind immer von Geben und Nehmen geprägt.
Zu viele Informationsquellen	Fokussieren auf die relevanten Themenbereiche und Fragestellungen. Welche Informationsquellen bilden originäre Informationen ab und welche „reproduzieren" die Informationen anderer?
Keine Ressourcen zur Informationssuche	Unterstützung des Managements einfordern. Entweder das Management steht hinter der Wettbewerbsbeobachtung oder nicht.
Keine Anhaltspunkte, wo mit der Suche begonnen werden soll	Fragen Sie sich, wer noch Interesse an den gesuchten Informationen haben könnte.

2.2.3 Beurteilung der Informationsqualität

Die Qualität der ermittelten Informationen ist von enormer Bedeutung, da die darauf aufbauenden Analysen nur von Wert sind, wenn die zugrunde liegende Datenbasis fundiert und abgesichert ist. Die Informationsqualität hängt von einigen entscheidenden Kriterien ab. Hierzu gehören:

- **Aktualität**

  Gerade bei Konkurrenzinformationen können veraltete Daten zu falschen Rückschlüssen führen. Wichtig ist, dass nicht nur laufend neue Dokumente und Informationen hinzugefügt werden, sondern auch die bestehenden Daten überprüft und nötigenfalls aktualisiert werden.

- **Relevanz (Wichtigkeit) der Informationen**

  Bei der Recherche nach den gesuchten Informationen stößt man auf eine Vielzahl an interessanten Informationen. Um nicht in einer Informationsflut unterzugehen, müssen alle Daten auch auf ihre Relevanz hinsichtlich der ursprünglichen Aufgabenstellung beurteilt werden.

■ **Vergleichbarkeit**

Dies betrifft vor allem Unternehmensvergleiche (Benchmarking etc.). Wichtig ist ein gleichartiger Aufbau der Informationen.

■ **Vollständigkeit**

Durch systematische Suche und automatisches Verfolgen von Querverweisen kann zuverlässig die zu einem Thema vorhandene Information in ihrer ganzen Breite ausgewertet werden. Dies gilt über Ländergrenzen hinweg; Information ist ein internationales Gut geworden. Außerdem wird es leichter möglich, über die engen Fachgrenzen hinaus aus angrenzenden Wissenschaften Beiträge zu einem bestimmten Thema aufzufinden.

Tabelle 9: Daten-Klassifizierungssystem. Quelle: McGonagle, J.J./Vella, C.M.; Outsmarting

Daten-Klassifizierungssystem	
Verlässlichkeit der Quelle	**Geschätzter Wahrheitsgehalt früherer Daten (%)**
Vollkommen glaubwürdig	100
Meistens glaubwürdig	80
Ziemlich glaubwürdig	60
In der Regel nicht glaubwürdig	40
Unglaubwürdig	20
Genauigkeit der Daten	**Wahrscheinlichkeit der Genauigkeit (%)**
Bestätigt durch andere verlässliche Quellen	100
Vermutlich zutreffend	80
Möglicherweise zutreffend	60
Genauigkeit fraglich	40
Unwahrscheinlich	20

■ **Zuverlässigkeit und Richtigkeit (Validität) der Daten**

Nachdem die notwendigen Konkurrenzinformationen von den verschiedenen Informationsquellen gesammelt und zusammengestellt wurden, erfolgt anschließend die Hierarchisierung dieser Daten. Diese bezieht sich insbesondere auf die Authentizität (Echtheit und Glaubwürdigkeit) und Validität (Unverzerrtheit; korrekte Wiedergabe des zu messenden Sachverhaltes) der Informationen sowie auf die Zuverlässigkeit der Informationsquellen. Generell kann nicht davon ausgegangen werden, dass die erhobenen Konkurrenzinformationen immer der Realität entsprechen. Bewusste und unbewusste Fehlinformationen müssen eingeplant und deshalb aus den gesammelten Informationen selektiert werden. Weil auch dies nicht vollständig gelingt, wird versucht, mittels einer Hierarchisierung der gewonnenen Informationen die Fehlergröße so gering wie möglich zu halten.

2.2.4 Aufbereitung der Informationen

Aufbau und Pflege des Expertennetzwerks

Das Expertennetzwerk muss regelmäßig gewartet und betreut werden. Nur durch aktuelle und richtige Informationen wird das Netzwerk von den Mitarbeitern in Anspruch genommen.

Übersetzungen

In Abhängigkeit vom Sprachraum der Mitbewerber und von den eigenen Sprachkenntnissen müssen Dokumente ggf. extern übersetzt werden. Fallen solche Texte regelmäßig an, so sollte hierfür ein eigenes Budget geplant und ein Prozess etabliert werden, damit die Informationen immer zeitnah in verständlicher Form zur Verfügung stehen.

Vereinheitlichung und Normierung

Es kann sinnvoll sein, eingehende Informationen in eine einheitliche Form zu bringen, um die Vergleichbarkeit zu verbessern und die Auswertung zu vereinfachen. Das ist von besonderer Bedeutung, da oft eine Flut von Einzelinformationen auf verschiedenen Medien vorliegt, beispielsweise handschriftliche Interviewnotizen, Papierdokumente, elektronische Dokumente, Schaubilder und technische Zeichnungen, Fotos usw. Geht der Überblick verloren, so besteht die Gefahr, dass wertvolle Informationen nicht ausgewertet werden. Das betrifft auch Zahlenmaterial, das evtl. auf gleiche Perioden usw. normiert werden sollte. Dabei ist darauf zu achten, dass kein wesentlicher Informationsverlust auftritt.

Verwalten der Informationsquellen

Um die Informationsquellen nicht bei jeder Recherche der Aufgabenstellung neu definieren zu müssen sind sie einfach zugängig und logisch strukturiert abzulegen.

2.2.5 Speicherung der Informationen

Die erhobenen Informationen und Informationsquellen werden gespeichert, damit sie auch für spätere Auswertungen zur Verfügung stehen. Mit der Aufbewahrung sind auch Vergleiche alt-neu möglich, die Veränderungen beim Mitbewerber erkennen lassen, z.B. Wandlungen in Aussagen zu Unternehmenszielen, Produkten usw. Es empfiehlt sich, Dokumente, die nur in Papierform vorliegen, auch immer elektronisch zu erfassen, also einzuscannen. Dadurch haben alle Mitarbeiter Zugriff auf diese Informationen und sie können bei Suchanfragen auch gefunden werden. Auch die Inhalte von Websites der Mitbewerber sollten regelmäßig gesichert werden, denn sie können sich ohne Vorankündigung ändern. Für die Archivierung eignen sich Systeme, die die Rohinformationen mit Metadaten zu versehen und damit in eine einheitliche Struktur bringen. Mit den Metadaten werden den bestehenden Informationen weitere Attribute hinzufügt, welche die Wiederauffindbarkeit verbessern und das Sichten bzw. Suchen nach bestimmten Kriterien erlauben.

2.2.6 Einsatz von Textmining-Technologien in der Informationsanalyse

Um eine effektive Wettbewerbsbeobachtung durchführen zu können, hat sich der Schwerpunkt zunehmend von der eigentlichen Beschaffung von Informationen zu deren Bewertung verlagert. Die relevanten Informationen verbergen sich oft in großen Datenmassen. In dieser Form sind sie als Entscheidungshilfe ungeeignet. Zur Extraktion der Informationen scheint der Mensch unersetzlich. Erst der Mensch mit seiner Fähigkeit des Schlussfolgerns und des Zusammenführens unterschiedlicher Teilinformationen ist in der Lage, Wissen aus großen Datenmassen herausfiltern zu können.

Will man den Prozess der Analyse großer Datenmengen im Team betreiben, so müssen entweder wenige Personen daran beteiligt sein, oder es muss eine hervorragende Kommunikation bei größeren Teams sichergestellt werden. In jedem Fall stellt sich der Prozess als extrem zeit- und kostenintensiv heraus. Zur Erhöhung der Effizienz kann dieser Vorgang mit Hilfe von Textmining teilweise automatisiert werden.

Was ist Textmining?

Textmining ist eine computergestützte Textanalyse, die darauf abzielt, den Inhalt oder die Aussage eines Dokumentes maschinell erfass- und verarbeitbar zu machen. Dies geschieht u.a. durch die Extraktion von sogenannten „Named Entities" – im Text enthaltene Eigenschaftswörter/-wortgruppen, die eindeutig zu Typen wie „Person", „Organisation", „Datum", „Preis", „Adresse", „Ort" etc. zugeordnet werden können und den eigentlichen Inhalt des Textes bestmöglich repräsentieren.

Zum einen werden Named Entities durch statistische Auswertung erkannt. Die Grundlage sind hier sowohl orthographische („Features") als auch grammatikalische Merkmale („Part-Of-Speech").

Zum anderen können Eigenschaftswörter durch Abgleich des Textes mit Heuristiken (Schlagwortlisten) erkannt werden. Statistisch basierte Methoden werden zur Verbesserung der Treffergenauigkeit trainiert – Textmining kann also lernfähig sein.

Innerhalb des Prozesses der Wettbewerbsbeobachtung können Textmining-Algorithmen die vielfältigsten Aufgaben erfüllen. Basierend auf Art und Anzahl der im Text vorkommenden Named Entities, können Dokumente nach Relevanz oder nach inhaltlichen Gesichtspunkten bewertet und damit vor- oder aussortiert werden. Es können inhaltliche Verbindungen zwischen Teilinformationen erkannt werden und kurze aussagefähige Zusammenfassungen von einzelnen Dokumenten oder ganzen Dokumentengruppen erfolgen.

Welche praktischen Anwendungsfälle ergeben sich daraus?

Gesuchte Ergebnisse liegen häufig schon vor – wenn auch nicht ohne weiteres lesbar, sondern als scheinbar zusammenhanglose Information verstreut in riesigen Unternehmensnetzwerken, in unstrukturierten Texten von Homepages und Userforen, in elektronischen Bibliotheken und Spezialdatenbanken.

- Klassifizierung
- Clustering
- Topicmap-Erstellung
- Inhaltliche Verbindungen
- Zusammenfassungen
- Frühwarnung

Durch Textklassifizierung erfolgt eine thematische Sortierung von Informationen. Inhaltlich ähnliche Texte können in vorgegebene Ordnerstrukturen einsortiert werden. Clustering-Funktionen verhalten sich ähnlich. Auch hier werden Dokumente themenspezifischen Ordnern zugewiesen. Bei dieser Methode erstellt das System die Ordnerstrukturen und Bezeichnungen allerdings abhängig vom Inhalt der Dokumente selbst.

Zudem können inhaltliche Verbindungen zwischen mehreren Textdokumenten aufgedeckt werden. Hier wird davon ausgegangen, dass Dokumente dann einander ähnlich sind, wenn sie eine große Überschneidung der jeweils den Inhalt präsentierenden Schlagwörter aufweisen.

Generierte Zusammenfassungen erlauben eine schnelle inhaltliche Übersicht. Die Wichtung der aussagekräftigsten Sätze kann entweder vollautomatisiert oder manuell im jeweiligen Interessenfokus des Nutzers erfolgen.

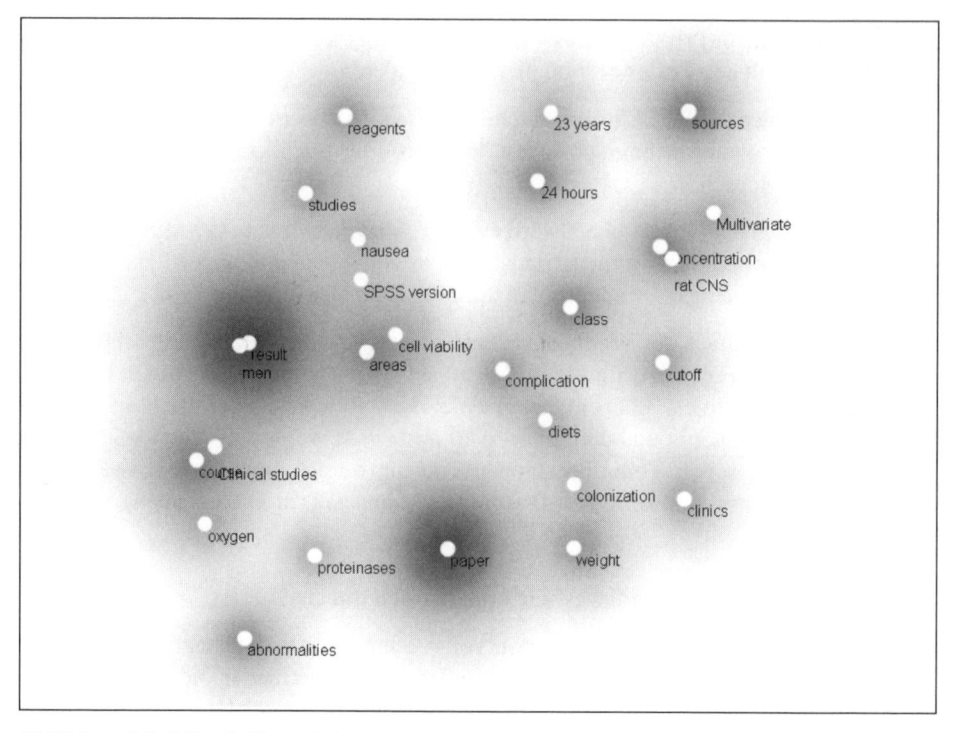

Abbildung 10: Mittels Textmining generierte Topicmap

Auch die Generierung von systemübergreifenden Topicmaps zählt zu den Anwendungsbereichen der Textmining-Funktionen. Topicmaps sind Wissenslandkarten, die das Wissen einzelner Ordner oder des gesamten Systems grafisch darstellen können. Sie visualisieren die Verwandtschaften einzelner Themen zueinander, deren Bedeutung im Gesamtkontext und deren Wachstumsraten. Außerdem stellen sie das enthaltene Wissen „interaktiv begehbar" und dauerhaft zur Verfügung.

Auch Frühwarnungen werden von Textmining-Funktionen unterstützt. E-Mail-Benachrichtigungen (Alerts) werden ausgelöst, wenn sich bestimmte vordefinierte Informationen in einem Dokument wiederfinden.

Worin liegen die Vorteile von Textmining?

Textmining-Algorithmen zeichnen sich aufgrund der Automatisierung vieler Vorgänge, durch eine hohe Effektivität aus. Dies führt zu einer drastischen Kostenreduzierung des Prozessschritts der Informationsanalyse. Dabei kann die Technologie durch ihre Lernfähigkeit eine hohe Qualität (ca. 90 Prozent im Vergleich zum Menschen) und eine lückenlose Analyse sichern.

Im zweiten Prozessschritt wurden für die gewünschten Informationen geeignete Informationsquellen lokalisiert, die Informationen erhoben und hinsichtlich ihrer Validität und Relevanz bewertet.

2.3 Analyse

Während der Analysephase geschieht ein sehr wichtiger Schritt: die gesammelten Daten und Informationen aus externen und internen Informationsquellen werden in den Unternehmenskontext gestellt. Das Resultat sind die wertvollen Informationen, die den formulierten Bedürfnissen entsprechen und somit die Entscheidungen maßgebend unterstützen.

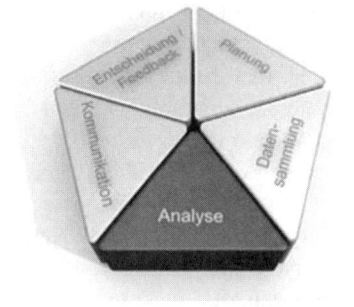

Diese Phase ist die „wertvollste" des gesamten Prozesses. Für sie sollte am meisten Zeit aufgewendet werden. Gute Analysen sind zeit- und personalressourcenintensiv. Abhängig von der Frage- und Aufgabenstellung werden dabei unterschiedliche Analyseverfahren angewendet.

Unter Analyse ist in diesem Zusammenhang

- die Untersuchung, Beurteilung und Interpretation der gesammelten Informationen,
- das Hinterfragung von Ereignissen,
- die Suche nach Mustern,
- die Umwandlung von Informationen in anwendbares Wissen (in Entscheidungshilfen)

zu verstehen.

Warum Analyse so wichtig ist

Die ermittelten „Rohinformationen" haben für sich gesehen noch keine Aussagekraft und keinen Wert für das Management. Diese Informationen können genauso gut von externen Informationsbrokern oder Bibliothekaren recherchiert und gesammelt werden. Nun geht es aber darum, die Informationen zu interpretieren, miteinander in Beziehung zu setzen und daraus Schlussfolgerungen zu ziehen. Für diese Aufgabe sind eine wirtschaftliche oder technische Ausbildung, spezifische Branchenerfahrung und ein Einblick in das Unternehmen notwendig. Optimalerweise existiert auch eine enge Verbindung zu den Entscheidungsträgern.

Stellt man sich beispielsweise folgende Fragen, so kommt man mit der reinen Datensammlung nicht weit:

- Warum hat der Konkurrent X seine Produktion ausgelagert? Was wissen sie, was das Unternehmen nicht weiß?
- Warum hat Konkurrent Y so einen hohen Preis für den Konkurrenten Z bezahlt?
- Warum hat Konkurrent Y seine Werbeausgaben drastisch reduziert?

Die Antwort auf diese Fragen findet man (normalerweise) nicht im Internet, in Datenbanken etc. Hier muss vielmehr auf Basis vorhandener Informationen viel Zeit auf die Analyse verwandt werden. Die Analyse und Interpretation der Daten bietet den Value-Added, den Zusatznutzen, um die Informationen in Entscheidungsgrundlagen zu transformieren. Um obige Fragen beantworten zu können, müssen der Gesamtmarkt dargestellt und die einzelnen Bezugsgrößen zueinander analysiert werden. Auf Basis der Analyse lassen sich dann auch weitere strategische Fragestellungen durchspielen, z.B.: Was passiert, wenn wir unsere Werbeausgaben erhöhen, welche Auswirkungen hat das auf unseren Gesamtmarkt? Natürlich gibt es im „Tagesgeschäft" eine Fülle von Ad-hoc-Anfragen, die ohne eine detaillierte Analyse oder die aufwändige Modellierung von Marktszenarien auskommen.

Nach Studien von Pfaff/Altensen/Glasbrenner in Deutschland, Vries in Holland und mehreren amerikanischen Untersuchungen setzen Unternehmen bei der klassischen Wettbewerbsbeobachtung besonders auf die **SWOT-Analyse** sowie auf die Aufarbeitung und Erstellung von **Konkurrenzprofilen**.

Tabelle 10: Welche der folgenden Analysekonzepte sind Ihnen bekannt bzw. nutzen Sie? Quelle: Studie Pfaff/Altensen/Glasbrenner

Analysekonzepte	bekannt	für CI genutzt (1=sehr oft, 5=nie)
Benchmarking	104	2,17
SWOT-Analyse (Stärken/Schwächen, Chancen/Risiken)	96	2,20
Wettbewerberprofilierung	94	2,21
Key Success Factors/Key Intelligence Topics	58	2,48
5-Kräfte-Industrieanalyse	21	2,50
Technologiebewertung	59	2,53
Finanzanalysen	89	2,76
Win/Loss-Analysen (Kundenanalysen)	63	2,76
Szenarioanalysen	53	3,09
Risiko- und Entscheidungsanalyse	41	3,09
Conjoint-Analysen	30	3,50

Analyse

Regelmäßige Trendworkshops mit Experten	42	3,65
Simulationsmodelle	28	3,71
War Gaming	16	3,79

Je nach Aufgabenstellung der Führungskraft an das Wettbewerbsbeobachtungsteam werden die erhobenen Informationen mit den dafür geeigneten Verfahren analysiert. Im Wesentlichen geht es darum, sich die Informationsbedürfnisse des Managements noch einmal vor Augen zu führen:

- Liegen taktische oder strategische Anforderungen vor?
- Sind die Konkurrenten das Hauptinteresse, oder geht es um die Einführung eines Frühwarnsystems?
- Sollen die Produkte/Services der Konkurrenten besonders durchleuchtet werden?

Abgeleitet aus diesen Fragestellungen wird das geeignete Analyseverfahren ausgewählt. Nachfolgend sind die wichtigsten kurz beschrieben, für eine ausführliche Darstellung wird auf die Fachliteratur verwiesen. Bei den präsentierten Analysevarianten wird in diesem Buch grob zwischen folgenden Bereichen unterschieden:

1. Unternehmensexterne Analysen (engere, die nur das Wettbewerberumfeld umfassen und weitere die auf das Unternehmen beeinflussende Faktoren abzielen)
2. Unternehmensinterne Analysen
3. Sonderanalysen, wie Persönlichkeitsprofile (Profiling)
4. Technische Analysen für die Wettbewerbsbeobachtung

Bei unternehmensexternen Analysen liegt der Schwerpunkt auf der Analyse von Faktoren, die vom Unternehmen selbst nicht oder eingeschränkt beeinflusst werden können. Die globale Umwelt kann den Handlungsspielraum des Unternehmens direkt und indirekt beeinflussen. Dies betrifft beispielsweise weltweite Veränderungen im Verbraucherverhalten, technologische Innovationen, das Agieren bestimmter Einflussgruppen etc.

Tabelle 11: Unternehmensexterne Analysen

Unternehmensexterne Analysen	
Makroumwelt	**Mikroumwelt**
Umweltanalyse (PESTE-Analyse)	Branchenanalyse
Stakeholderanalyse (Einflussgruppen)	

In diesen Analysen werden die Chancen und Risiken der Umwelt identifiziert und bewertet. Weiter wird die Dringlichkeit der Aktion/des Reagierens festgelegt. Die Zielsetzung der unternehmensexternen Analysen ist es für das Unternehmen betreffende relevante Veränderungen zu erkennen, und die Konsequenzen für das Unternehmen aufzuzeigen.

Bei **unternehmensinternen Analysen** liegt der Untersuchungsfokus auf dem eigenen Unternehmen. Es werden die Stärken und Schwächen des Unternehmens ermittelt, die Wertschöpfungskette analysiert oder das eigene Unternehmen gegen andere gebenchmarkt. Diese Analysen gelten der Identifikation und Reduktion von Schwächen sowie dem Ausbau von eigenen Stärken. Zudem können durch eine interne Ressourcen-Analyse die Ressourcen besser gesteuert werden.

2.3.1 Umweltanalyse

Mit der Umweltanalyse (PESTE-Analyse) wird das weitere Wettbewerbsumfeld analysiert. Dieses Analyseverfahren untersucht die politisch-rechtlichen, sozio-kulturellen, ökonomischen, technologischen und ökologischen externen Unternehmensbedingungen. (PESTE steht dabei für die Bereiche political, economical, social, technical, ecological). Die Unternehmensumwelt auf Makroebene wird in einzelne Bereiche aufgeschlüsselt. Für jeden dieser Bereiche werden Veränderungen analysiert. Es erfolgt eine Abschätzung der Auswirkungen dieser Veränderungen auf das Unternehmen. Die Umweltanalyse wird zur **Früherkennung von Diskontinuitäten** eingesetzt. Die Identifikation von schwachen Signalen führt zu einer verstärkten Sensibilisierung des Unternehmens.

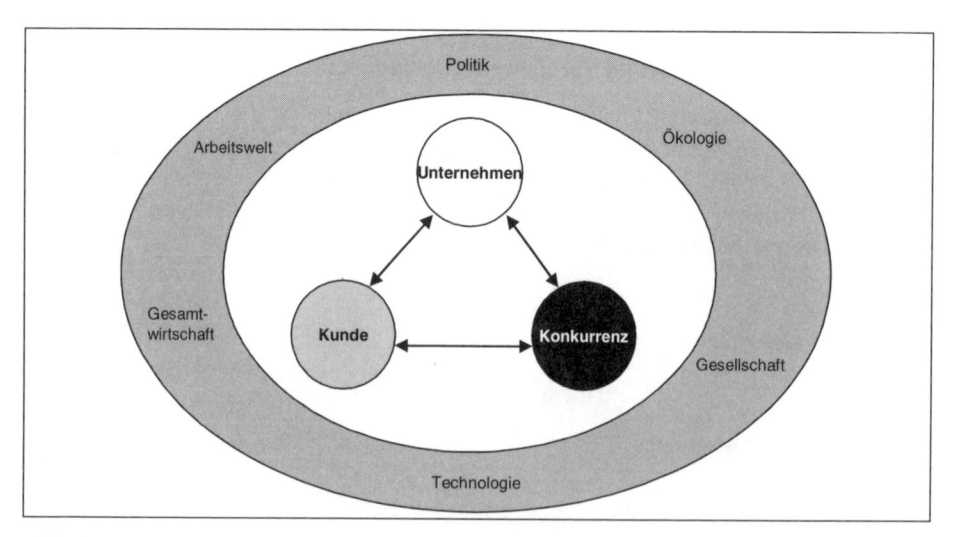

Abbildung 11: Umweltanalyse – Analyse der externen Umwelt des Unternehmens

Mit der Analyse des globalen Umfelds wird versucht, die relevanten Entwicklungstrends in den nächsten Jahren zu erfassen.

Die globale Umwelt kann folgendermaßen abgebildet werden:

1. Ökonomisch

- Auswirkungen von nationaler, supranationaler und internationaler Wirtschaftsentwicklung, Globalisierung etc.
- Einkommensverteilung
- Höhe des verfügbaren Einkommens
- Internationale wirtschaftliche Entwicklung
- Konsumverhalten
- Pro-Kopf-Einkommen
- Wirtschaftliche Entwicklung

2. Technologisch

- Auswirkungen der wissenschaftlich-technischen Entwicklung
- Erfindungen/Patente
- Informatik und Telekommunikation
- Technische Entwicklungen in alternativen Industriezweigen
- Technische Entwicklungen in der Industrie

3. Soziokuturell

- Arbeitseinstellung
- Berücksichtigung soziokultureller, ethnischer, religiöser, sprachlicher, mentaler und historischer Besonderheiten
- Demografie und Bevölkerung
- Gesellschaftliche Normen
- Lebensstil und Bevölkerungsmix
- Religion/Tradition
- Status-Symbole
- Werte und Einstellungen der Bevölkerung

4. Politisch-rechtlich

- Auswirkungen der Rechtssysteme und der Rechtssprechung
- Auswirkungen politischer Entwicklungen auf nationalen und internationalen Märkten
- Gesetzgebung
- Handlungsfreiheit der Unternehmen
- Politische Ideologie der Regierung
- Stärke der Gewerkschaften

5. Ökologisch

- Auswirkungen ökologischer Systeme (gesellschaftliches Bewusstsein, Politik, Technik, Recht)
- Berücksichtigung internationaler und interkontinentaler medizinischer Entwicklungen
- Nachhaltigkeit
- Strömungen Im Umweltschutz
- Umweltschutzbestimmungen
- Verfügbarkeit von Ressourcen (Energie, Rohstoffe etc.)

Analyse der Auswirkungen

Bei der Analyse des Impacts werden die Auswirkungen der in der Umweltanalyse ermittelten Umweltveränderungen auf das Unternehmen beurteilt. Durch einen Gewichtungsfaktor, der die Wichtigkeit des Bereiches für das Unternehmen darstellt erfolgt mehr oder weniger Impact auf das Unternehmen. Beispiele: Welche Auswirkung hat ein sinkendes Bruttoinlandsprodukt auf unser Unternehmen? Welche der Wertewandel? Welche die zunehmende Digitalisierung?

Chancen

Chancen für ein Unternehmen ergeben sich nur auf dem Markt (nur auf dem Markt besteht die Möglichkeit zu wachsen). Beispiele für Chancen sind neue Bedürfnisse, neue Kundenstrukturen, Deregulierung, Patente, steigende Kaufkraft, Innovationen.

Risiken

Gefahren für ein Unternehmen stellen folgende Umweltveränderungen dar: Entstehung preiswerter Technologien, Einführung neuerer/besserer Profukte durch den Wettbewerb,

Analyse

neue Gesetze, Verordnungen, Steuern, Richtlinien, Normen, Zins- oder Steuererhöhungen, Wechselkurse, feindliche Übernahmen, politische Instabilität.

Tabelle 12: Umweltanalyse von Citicorp auf Konzernebene; Quelle: Auszug aus Hax, A. C./Majluf, N. S. Strategisches Management. Ein integratives Konzept aus dem MIT, Frankfurt/New York 1991

Faktoren	Vergangenheit	Zukunft	Chancen und Risiken
Wirtschaftlicher Überblick	Hohe Inflation, mäßige Arbeitslosigkeit und hohe Zinsen, weltweite Rezession	Mäßiger Aufschwung in den USA vorausgesagt; weiterhin hohe Arbeitslosigkeit erwartet	Rückstellungen für Verluste aus Kreditgewährung nehmen zu
Wichtigste Marktsegmente Ausländische Regierungen Inländische internationale Konzerne und Finanzinstitute	Liquiditätsprobleme des Auslands, wegen politischer und wirtschaftlicher Verhältnisse	Aufschwung in den USA sollte dazu beitragen, das Wirtschaftswachstum im Ausland anzuregen	Unterstützung des Auslands durch den Internationalen Währungsfonds
Privatkundengeschäft	Steigerung des Marktanteils im In- und im Ausland	Wirtschaftsaufschwung fördert die Nachfrage nach finanziellen Dienstleistungen	Positive Reaktion des Publikums auf finanztechnologische Neuerungen
Technologische Trends	Computertechnologie steigerte die Effizienz bei repetitiven Verwaltungsfunktionen	Technologie wird sich auf Datenverarbeitung und Kommunikationswege konzentrieren	Geringere Kosten für Zweigstellennetze
Politische/soziale Faktoren	Politischer Trend zur Lockerung von Vorschriften	Weiterhin aufmerksam bleiben für Gesetzesreform	Lobbybemühungen werden wichtige Rolle spielen
Gesetzliche Faktoren	Beschränkungen für das Angebot unfassender Finanzpakete an alle Marktsegmente	Völlige Freiheit von Vorschriften nicht zu erwarten	Reaktion auf Wettbewerbskräfte mit beschränktem Freiraum bleibt bedeutende Aufgabe
Personalangebot	Wachsend; aggressiver Stil in Verbindung mit gutem Firmenimage führt zur Attraktivität für höchst kompetente Kräfte	Der Vorrat an talentierten Leuten wird weiter bestehen, doch der Wettbewerb wird sich verschärfen	Citicorps Image und die weltweite Verbreitung erfordern eine sehr vielseitige, hochwertige Qualifikation

Die für die Umweltanalyse erhobenen Auswirkungen (Impacts) dienen als Basis für weiterführende Analysemethoden oder die Entwicklung von Marktmodellen. Darauf aufbauend werden Planspiele, Szenariotechniken oder Wargames entwickelt.

Einsatz als Frühwarnungs-/Früherkennungstool

In der Frühwarnung werden entweder vorab definierte Umweltbereiche laufend überwacht (Monitoring), oder es erfolgt eine ungerichtete Suche nach Umweltveränderungen (Scanning). Die festgestellten Veränderungen werden auf ihre Ursache hin analysiert, und die Dringlichkeit einer Reaktion wird bewertet. Sie dient dem Aufspüren von Trends, welche die Unternehmenssituation grundlegend verändern und somit zu neuen Markt- und Branchenstrukturen führen können.

„Je planmäßiger die Menschen vorgehen,
desto mühsamer vermag sie der Zufall zu treffen."

Friedrich Dürrenmatt

Tabelle 13: Erfassung eines Früherkennungsindikators bei Hewlett-Packard.
Quelle: Zimmermann, T., Vernetztes Denken und Frühwarnung.
Dissertation Universität St. Gallen, Bamberg 1992

Beobachtungsfaktor: Konkurrenz und strategische Allianzen	
Beeinflussung durch Wirkung auf	Umfang des Betätigungsfeldes und Wettbewerb, Wettbewerbsposition, Investitionen, Wachstum, Kosten, Marktkompetenz, Rabatte und Preise
Zeitliche Dynamik	Mittel- bis langfristige Änderung des nationalen und internationalen HP-Umfeldes
Messung, Beobachtung:	
Was?	Veröffentlichungen in der Presse und in Geschäftsberichten /Bulletins
Wie?	Systematische Sammlung; internen Informationsdienst (Daily Bulletin) sensibilisieren; externe Informationsdienste nutzen; Bilanzanalyse der Konkurrenz-Geschäftsberichte; Kennzahlenanalyse
Wann?	Laufend
Wer?	Commercial Services, Presseabteilung

🌐 Praxisbeispiel

Frühwarnsystem bei Infineon

Infineon, ein deutscher Hersteller von Computerchips, setzt auf ein Frühwarnsystem, welches die für das Unternehmen wichtigsten Bereiche laufend überwacht. Das Market Analysis & Research System (MARS) basiert unter anderem auf einigen volkswirtschaftliche Faktoren, wie beispielsweise dem Verhalten des Endkonsumenten. Infineon wertet täglich 1.500 Dokumente aus, darunter Analystenreports, Infos von Informationsprovidern, Trends etc. Mit dem Frühwarnsystem MARS sollen nicht nur Krisenanzeichen, sondern auch neue Geschäftsfelder erkannt werden.
Quelle: Weißbach, C.; Markt&Technik, Ausgabe 39, 2002.

2.3.2 Stakeholderanalyse

Bei der Stakeholderanalyse werden die wichtigsten Anspruchs- und Beeinflussergruppen (die sogenannten Stakeholder) sowie deren Hauptanliegen und Einflussmöglichkeiten auf das Unternehmen analysiert. Diese Einflussgruppen gehören nicht zur Branche des Unternehmens, üben aber auf das Unternehmen einen direkten oder indirekten (regulierenden) Einfluss aus. Im Zusammenhang mit der Wettbewerbsbeobachtung ist es wichtig, die eigenen und die Netzwerke der Konkurrenz zu kennen und potenzielle Gefahrenquellen für das Unternehmen zu ermitteln.

Stakeholder sind beispielsweise:

- Bürgerbewegungen
- Kapitalgeber (Banken)
- Parteien, Gewerkschaften
- Rechtsanwaltskanzleien
- Staatliche Einrichtungen
- Umweltschutzgruppen
- Verbände

Vorgehensweise

Zunächst werden die für den Markt bedeutsamen externen Beeinflusser ermittelt (Wer ist von uns betroffen, und wer kann uns beeinflussen? Wer sind die wichtigen Einflussgruppen?). Anschließend wird die Art und Relevanz des Einflusses beschrieben (Wie können die Anspruchsgruppen auf uns Einfluss nehmen und wie stark ist ihre Machtposition?). Die Einflussgruppen werden visualisiert und können unterschiedlich kategorisiert werden (nach Risiko, Machtpotenzial etc.). Abschließend legt man die Einstellung der Beeinflusser zum eigenen Unternehmen fest (positiv, neutral, negativ eingestellt). Diese Analyseform dient dazu, die Relevanz der unterschiedlichen Stakeholder zu beurteilen, eine mögliche Einflussnahme auf das Unternehmen einzuschätzen und zu erkennen sowie proaktiv gegenzusteuern (Welche Möglichkeiten gibt es, für die wichtigsten Anspruchsgruppen Nutzen zu stiften?).

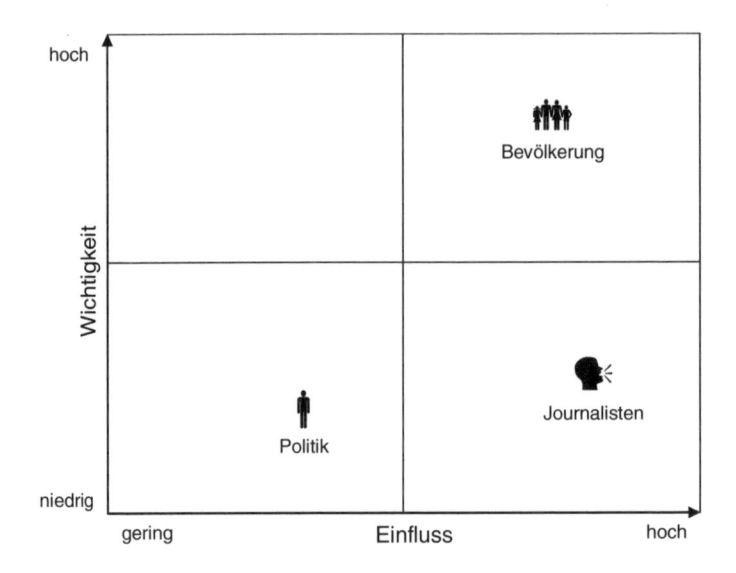

Abbildung 12: Stakeholder-Analyse – Einfluss und Beziehung des Unternehmens zu verschiedenen Meinungsgruppen

Praxisbeispiele

Ein amerikanisches Pharmaunternehmen möchte ein neues Produkt im europäischen Raum einführen. Neben dem engen Kontakt zu den regulativen Stellen wurden auch die für das Unternehmen/für den Produktbereich relevanten Stakeholder (Verbraucherschutzgruppen, Journalisten, Politiker etc.) ermittelt. Bei der Analyse der Relevanz und auch des Einflusses auf den Produktbereich zeigt sich, dass bei Verbrauchergruppen und Journalisten noch Aufklärungsarbeit zu leisten ist. Das Unternehmen geht proaktiv auf diese „Beeinflusser" zu und hat von diesen Gruppen keine negativen Auswirkungen auf die Markteinführung zu befürchten.

2.3.3 Branchen-/Industrieanalyse

Ein wichtiges von Porter entwickeltes Modell der Konkurrenz- und Wettbewerbsforschung ist die Industrie-Attraktivitäts-Analyse (5 Forces). Dabei werden alle Kräfte (=Forces), die in einer oder auf eine Branche einwirken, definiert und deren Auswirkungen auf den Markt beurteilt. Die Darstellung der 5 Kräfte (Five Forces) sieht folgendermaßen aus:

Analyse

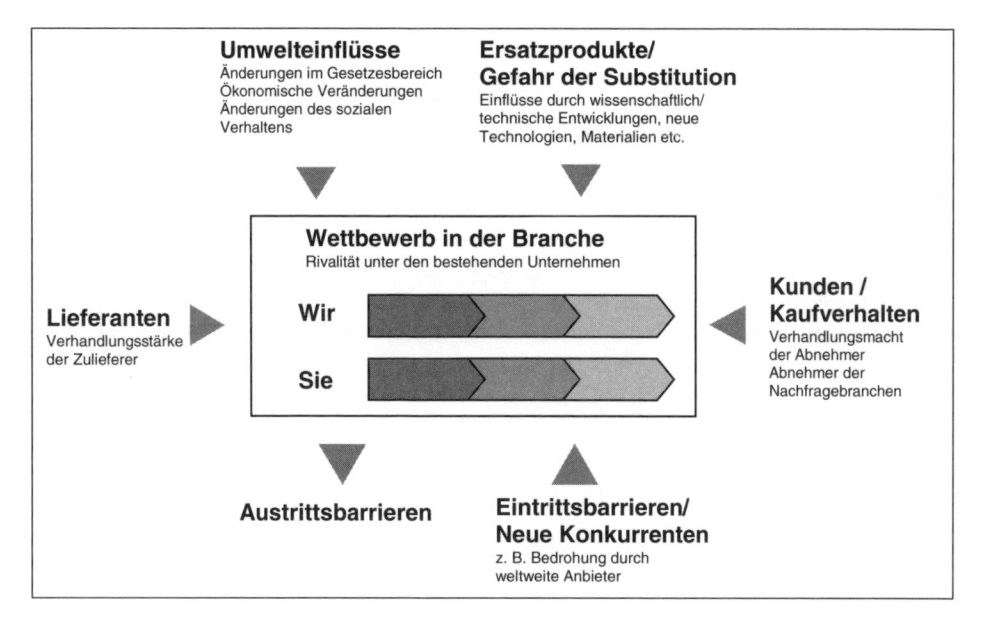

Abbildung 13: 5-Forces Industrieattraktivitätsanalyse nach Porter. Quelle: Porter, M.; Wettbewerbsstrategie

Lieferantenstärke (Supplier Force)

In manchen Industrien haben Zulieferfirmen/Lieferanten eine derartige Macht, dass der ganze Markt davon beeinflusst wird. Klassisches Beispiel dafür sind die beiden IT-Unternehmen Intel und Microsoft.

Die Ausprägung der Verhandlungsmacht von Lieferanten beeinflusst die Attraktivität von Branchen durch:

- Preiserhöhungen
- Qualitätsminderungen
- Serviceminderung (z. B. Wartung, Kundendienst)

Die Verhandlungsmacht der Lieferanten ist dabei abhängig von:

- Konzentration auf Zuliefermarkt (höher oder geringer als auf betrachtetem Markt?)
- Substitutionsprodukte vorhanden?
- Bedeutung der Branche als Kunde der Lieferanten
- Wichtigkeit des betrachteten Inputfaktors an sich

- switching costs bei Lieferantenwechsel vorhanden? (Grad der Differenziertheit der Produkte)
- Gefahr von Vorwärtsintegration durch Lieferanten gegeben?

Käuferstärke (Buyers Force)

Es wird beurteilt, welche Marktmacht der Kunde gegenüber dem Markt hat. Ein Aspekt dieser „Machtstellung" ist der Faktor, wie einfach es für den Käufer ist das Produkt/die Dienstleistung zu wechseln. So ist der Spielraum mancher durch langfristige Verträge oder aufgrund mangelnder Alternativen entsprechend eingeschränkt (Beispiele Müllabfuhr, Wasser etc.).

Die Stärke dieser Gruppe schmälert die Profitabilität des liefernden Unternehmens durch Forderung nach: **Preissenkungen** oder einer **Serviceerhöhung**.

Die Verhandlungsmacht ist abhängig von:

- Konzentration der Abnehmer (Kaum Alternativen bei der Kundenauswahl)
- Substitutionsprodukte
- Umstellungskosten
- Rückwärtsintegration (make or buy?)
- benötigtes Produkt ist unerheblich
- Vollständige Information über Preise und Absatzmengen

In den letzten Jahren hat die Kundenmacht im Bereich der Telekommunikation stark zugenommen, der Kunde kann einfach wechseln und entscheidet sich oft für das kostengünstigste Angebot. Um dem Kunden den objektiven Vergleich zu erschweren, entwickeln die Telekommunikationsanbieter unterschiedliche Preismodelle. In Industrien mit vielen Anbietern und wenigen Kunden ist die Käuferstärke sehr stark ausgeprägt, z.B. in der Rüstungsindustrie, dem Lebensmitteleinzelhandel etc.

🌐 Praxisbeispiele

Lebensmitteldiskonter (Aldi, Lidl etc.)
Durch die Konzentration im Lebensmitteleinzelhandel sind in Deutschland nur noch wenige Big Player übrig geblieben. Diese geringe Anzahl bewirkt für die Nahrungs- und Genussmittelindustrie einen gewaltigen Preisdruck, da es sich kein Unternehmen leisten kann, nicht in einer der großen Ketten gelistet zu sein. Darüber hinaus werden die Unternehmen auch durch den steigenden Anteil von Eigenmarken der Diskonter geschwächt. Der Kunde wird in diesem Fall auch zum direkten Konkurrenten.

Gefahr der Substitution durch Ersatzprodukte (Threat of substitute products)

Bei dieser Einflussgröße geht es um die Anfälligkeit des Marktes/der Industrie auf neue technologische Errungenschaften oder einfach um die Substitution der eigenen durch andere Produkte oder Dienstleistungen. Beispiele dafür in den letzten Jahren sind sehr stark mit der Digitalisierung und der zunehmenden weltweiten Vernetzung verbunden. So haben Reisebüros durch Direktbuchungen der Kunden, Musiktonträgerhersteller durch die Online-Verfügbarkeit von Musiktiteln oder beispielsweise Handheld-PCs (PDAs) durch die funktionale Erweiterung von Mobiltelefonen empfindliche Einbußen erlitten.

Substitutionsprodukte beeinflussen Gewinne einer Branche durch Setzen von Preisobergrenzen für betrachtete Produkte.

Zu berücksichtigende Faktoren sind:

- Substitute überhaupt vorhanden?
- Preis-Leistungs-Verhältnis dieser
- Preiselastizität der Nachfrage
- Kreuzpreiselastizität der Nachfrage

Bedrohung durch Ersatzprodukte hängt ab von den Einstellungen der Käufer zu Ersatzprodukten und vom Preis-/Leistungsverhältnis der Ersatzprodukte relativ zum Preis-/Leistungsverhältnis der eigenen Produkte.

🌐 Praxisbeispiel

Siegeszug der E-Mail als Bedrohung für die Post
Wie wichtig die Beschäftigung mit möglichen Substitutionsprodukten ist, sieht man an der rasanten Entwicklung des weltweiten E-Mail-Verkehrs. Nach dem Faxgerät war es für die Postgesellschaften die zweite noch größere Bedrohung. Die klassische Dienstleistung der „Briefzustellung" wird immer unrentabler, und es müssen zusätzliche Ertragsquellen erarbeitet werden. Die Postgesellschaften haben entsprechend reagiert (manche früher, manche später) und setzen auf neue (auch elektronische) Dienstleistungen.

Neue Konkurrenten (New Entrants)

Diese Einflussgröße auf die Marktattraktivität setzt sich mit damit auseinander, wie einfach andere Unternehmen in diesen Markt dringen können (Wie leicht ist Brancheneintritt?) und wie die absehbare Reaktion der Marktteilnehmer aussieht. Neue Marktteilnehmer schmälern die Gewinne der etablierten Unternehmen, da sich die Nachfrage auf mehr Anbieter aufteilt.

Mögliche Einstiegsbarrieren können sein: kein (räumlicher) Platz, Patente, hoher Investitionsbedarf, durch Erfahrungskurve kann das Unternehmen deutlich kostengünstiger produzieren (dies ist beim Eintritt in neue Märkte zu berücksichtigen). Industrien mit hohen Eintrittsbarrieren sind beispielsweise die Pharma- oder die Autoindustrie, also Bereiche mit hohem monetärem und technologischem Aufwand.

Wie schnell sich diese „geschützten" Bereiche aber öffnen können, hat man im Bereich der Telekommunikationsindustrie gesehen, wo in den letzten Jahren eine Vielzahl an Gesellschaften entstanden und die Eintrittsbarrieren jetzt sehr gering sind.

Bestehende Konkurrenten (Rivalry among industry competitors)

Hierbei geht es um die Intensität des Wettbewerbs innerhalb des Marktes. Dabei unterschiedet man Industrien, in denen Unternehmen eher harmonisch und ohne Untergriffe agieren (z.B. Energiesektor), oder Bereiche, wo sehr hart gekämpft wird (IT, Automobilsektor – Fall Lopez). Entscheidend ist, wie „zufrieden" die einzelnen Marktteilnehmer mit ihrer momentanen Position sind. Die Rivalität in der Branche hat entsprechende Auswirkungen auf den Markt. So kann durch einen harten Preiswettkampf die Rentabilität der gesamten Branche gesenkt werden.

- Interne Rivalität bedeutet Preiswettbewerb, Werbeschlachten, Einführung neuer Produkte, verbesserte Service- und Garantieleistungen
- Sämtliche anderen forces haben Einfluss auf Rivalität innerhalb der Branche
- Zusammenspiel von Aktion und Reaktion der Marktteilnehmer

Voraussetzungen für Rivalität sind:

- Anzahl und Größe derzeitiger Wettbewerber (Konzentration)
- Austrittsbarrieren (rechtliche oder moralische Verpflichtungen, geringer Liquidationswert)
- Branchenwachstum
- Differenzierung/Umstellungskosten
- Höhe der Fix- und Lagerkosten

„We will blow them out of the market."
Larry Elliot, CEO Oracle über einen Mitbewerber

Die Attraktivität der Industrie/des Marktes lässt sich auch vereinfacht und übersichtlich in Form eines Spinnendiagramms darstellen. Jedes Merkmal wird dabei auf einer Skala von 1 (gering) bis 5 (sehr hoch) bewertet. Industrie-Bereiche mit einer geringen Attraktivität gelten in der Regel als weniger ertragsstark. Doch auch in Industrien mit hoher Attraktivität kann der Ertrag durch intensive Wettbewerbsaktivitäten geschmälert werden. Auf jeden Fall ist es wichtig beim Eintritt in neue Märkte/Industrien die Industrieattraktivität vorab zu beurteilen und die Marktkräfte zu kennen. Die Wettbewerbsstrategie leitet sich aus der genauen Kenntnis der Wettbewerbsregeln ab, welche die Attraktivität einer Branche bestimmen.

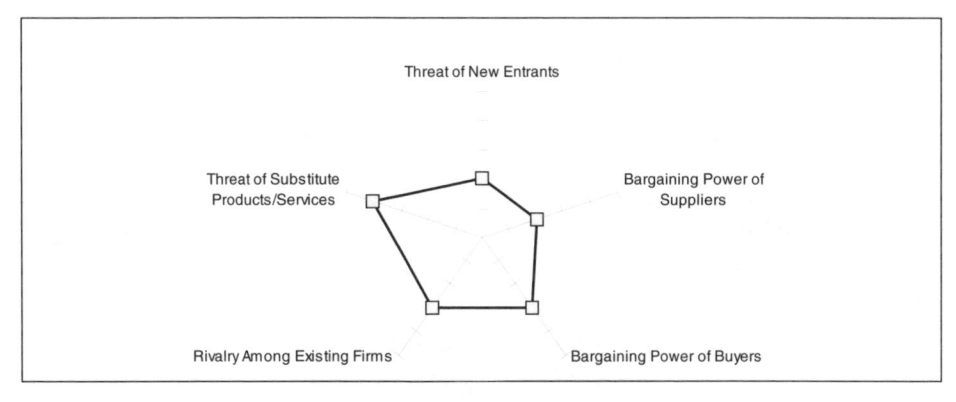

Abbildung 14: Visuelle Darstellung der Industrieattraktivität

Von der taktischen zur strategischen Betrachtungsweise

Durch die Analyse der eigenen Branche auf Basis der vorab ermittelten Informationen erhält das Management ein anschauliches und geeignetes Instrument, um die aktuelle Marktsituation abschätzen und beurteilen zu können. Daraus abgeleitet setzt man für weiterführende strategische Überlegungen die Konkurrentenanalyse, ebenfalls von Porter entwickelt, ein.

2.3.4 Konkurrentenanalyse

Bevor die einzelnen Elemente des Modells beschrieben und untersucht werdenm, gilt es festzulegen, welche Unternehmen untersucht werden sollen. Dies sind einerseits die großen bestimmenden Konkurrenten im Markt, können aber auch potenzielle Mitbewerber sein, von denen unter Umständen Gefahr droht. Es ist zu erkennen, dass von einem als potenziellern Wettbewerber eingestuftem Unternehmen keine Gefahr droht, als ein Unternehmen zu übersehen und überrascht zu werden. Die Konkurrentenanalyse legt den Schwerpunkt auf die Analyse der Konkurrenten eines Unternehmens, macht eine Bestandsaufnahme der vorhanden Ressourcen und Marktstellungen der Konkurrenten inklusive Angaben über die von ihnen verfolgten Ziele und Strategien.

„Das Geheimnis des Erfolges ist,
den Standpunkt des anderen zu verstehen."

Henry Ford

Bei der Konkurrentenanalyse werden die wichtigsten Konkurrenzunternehmen hinsichtlich ihres Entscheidungsverhaltens im Markt untersucht. Mit Hilfe dieses Analyseverfahrens soll die langfristige strategische Ausrichtung der Konkurrenzunternehmen beurteilt werden. Um das Verhalten der Konkurrenten abschätzen zu können, wird ein Reaktionsprofil anhand folgender Methode erstellt:

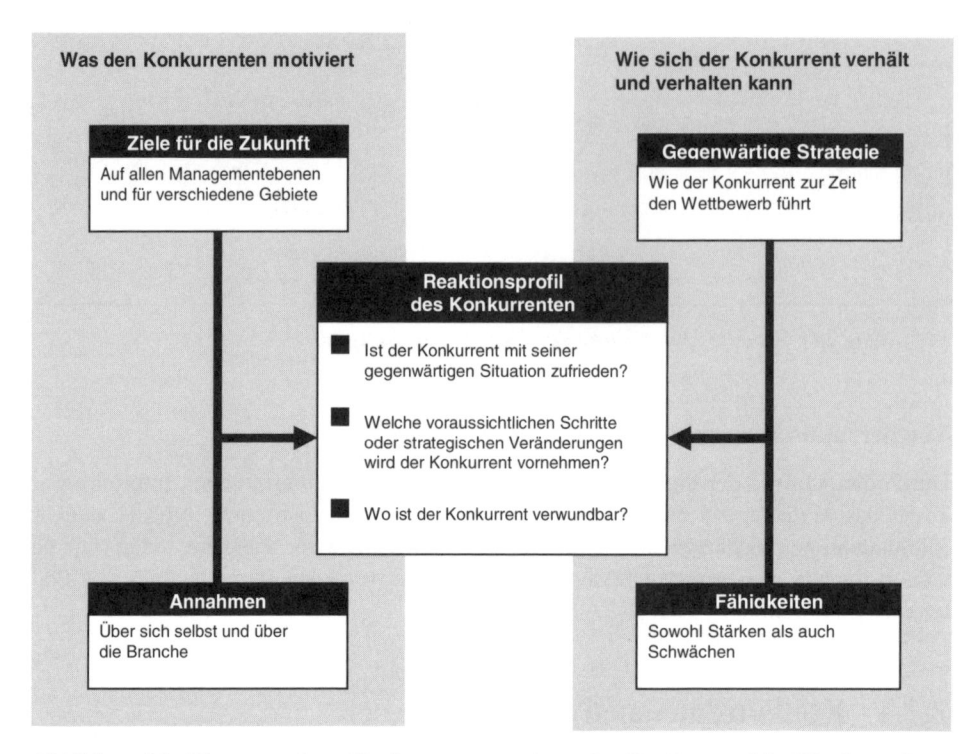

```
Was den Konkurrenten motiviert          Wie sich der Konkurrent verhält
                                        und verhalten kann

  Ziele für die Zukunft                   Gegenwärtige Strategie
  Auf allen Managementebenen              Wie der Konkurrent zur Zeit
  und für verschiedene Gebiete            den Wettbewerb führt

              Reaktionsprofil
              des Konkurrenten

              ■ Ist der Konkurrent mit seiner
                gegenwärtigen Situation zufrieden?
              ■ Welche voraussichtlichen Schritte
                oder strategischen Veränderungen
                wird der Konkurrent vornehmen?
              ■ Wo ist der Konkurrent verwundbar?

  Annahmen                                Fähigkeiten
  Über sich selbst und über               Sowohl Stärken als auch
  die Branche                             Schwächen
```

Abbildung 15: Elemente einer Konkurrentenanalyse. Quelle: Porter, M.; Wettbewerbsstrategie

1. Analyse der Ziele des Konkurrenten (Drivers) – wie verhält er sich künftig im Wettbewerb?

Die Ziele der Konkurrenz werden stark von der Unternehmensphilosophie, der Unternehmenskultur und den Unternehmensgrundsätzen geprägt. Die Kenntnis der Ziele erlaubt eine Aussage darüber, ob ein Unternehmen mit seiner aktuellen Situation zufrieden ist, oder ein Strategiewechsel vorherzusehen ist. Bei der Definition der Ziele geht es sowohl um die quantitativen Ziele als auch um qualitative Faktoren, wie die technologische Position, soziale Ziele etc. Die Diagnose der Ziele der Konkurrenz dient insbesondere der Kontrolle, ob ein Konkurrent mit seiner gegenwärtigen Situation zufrieden ist und wie wahrscheinlich ein eventueller Strategiewechsel des Konkurrenten ist. Daraus können Annahmen getroffen werden, wie der Konkurrent auf äußere Ereignisse oder auf die Maßnahmen anderer Unternehmen reagieren wird. So ist es beispielsweise möglich, dass ein Konkurrent verzweifelt auf den Brancheneintritt eines neuen Konkurrenten mit Dumping-Preisen reagiert, was wiederum unsere Position gefährden kann. Es ist folglich wichtig, daß auch die potenzielle Konkurrenz in die Konkurrenzanalyse einbezogen und ihre Ziele, Annahmen, Strategien und Fähigkeiten diagnostiziert werden.

2. Annahmen (Assumptions) über den Markt und über sich selbst – wie schätzt er sich selbst und die Branche ein?

Das zweite Element der Konkurrentenanalyse ist die Identifizierung der Annahmen eines jeden Konkurrenten. Diese Annahmen lassen sich in zwei Gruppen aufteilen:

- Die Annahmen des Wettbewerbers über sich selbst
- Die Annahmen des Wettbewerbers über die Branche und die anderen Unternehmen

Die Annahmen über das eigenen Unternehmen und über die Konkurrenz bilden in jeder Unternehmung die Grundlage für Entscheidungen und Aktionen. Sie stehen in enger Beziehung zu den Zielen und bilden die Grundlage für die gewählte Strategie. Ziel ist dabei auch zu untersuchen, welche falschen Annahmen der Konkurrent über sich und über die Branche hat. Diese sogenannten blinden Flecken („**blind spots**") des Konkurrenten werden ermittelt und in die eigenen strategischen Überlegungen einbezogen.

3. Gegenwärtige Strategie (Current Strategy) – wie verhält sich der Konkurrent gegenwärtig im Wettbewerb?

Das dritte Element der Konkurrentenanalyse ist die Entwicklung von Aussagen über die gegenwärtige Strategie eines Konkurrenten. Die Strategien der Konkurrenz stehen, wie bereits erwähnt, in engen Beziehungen zu deren Zielen und Annahmen. Sie äußern sich in den Entscheidungen über die Marktwahl/Marktbearbeitung und stellen dahingehend Verhaltenspläne für die strategischen Geschäftsfelder der (Konkurrenz-) Unternehmungen dar.

4. Fähigkeiten (Capabilities) – wie werden die Stärken und Schwächen des Konkurrenten eingeschätzt?

Die realistische Einschätzung der Fähigkeiten eines jeden Konkurrenten bildet den Abschluss der Wettbewerberanalyse. Ziele, Annahmen und gegenwärtige Strategie beeinflussen die Wahrscheinlichkeit, Wahl des Zeitpunkts, Art und Intensität seiner Reaktionen. Die Stärken und Schwächen eines Wettbewerbers sind ausschlaggebend für seine Fähigkeit strategische Schritte zu ergreifen bzw. mit Ereignissen in der Branche fertig zu werden. Zu den Fähigkeiten zählen:

- Anpassungsfähigkeit
- Durchhaltevermögen
- Fähigkeit zur schnellen Reaktion

- Kernfähigkeiten
- Wachstumsfähigkeiten

Die Synthese der Elemente – Das Reaktionsprofil der Konkurrenz

Die Zusammenfassung der vier Bereiche ermöglicht es nun, ein Reaktionsprofil der Konkurrenten zu erstellen. Damit kann man die offensiven und die defensiven Schritte des Konkurrenten in Bezug auf strategische Schritte des eigenen Unternehmens oder gegenüber Umweltveränderungen sehr gut antizipieren. Aus den gewonnenen Informationen über die Ziele, Annahmen, Strategien und Fähigkeiten der Konkurrenz lässt sich nun ein Reaktionsprofil über die Konkurrenz erstellen.

- **Ist der Konkurrent mit seiner gegenwärtigen Strategie und Situation zufrieden?**
  Durch die Analyse der gegenwärtigen Strategie und der Ziele für die Zukunft lassen sich strategische Initiativen des Konkurrenten vorhersagen.

- **Welche voraussichtlichen Schritte oder strategischen Veränderungen kann man für den Konkurrenten prognostizieren?**
  Vergleicht man die zukünftigen Ziele, die Annahmen und die Fähigkeiten des Konkurrenten mit seiner jetzigen Position, so lässt sich ermitteln, welche Schritte der Konkurrent unternehmen wird bzw. welche Veränderungen in seiner Strategie am wahrscheinlichsten sind. Auch lässt sich erahnen in welcher Intensität diese Schritte erfolgen.

- **Wo ist der Konkurrent verwundbar?**
  Ermittelt man die Stärken und Schwächen des eigenen Unternehmens und die der Konkurrenz, so lässt sich schnell ausmachen, welche Geschäftsfelder des Konkurrenten für uns attraktiv und voraussichtlich leicht zu „erobern" sind, in welchen Marktsegmenten der Konkurrent schlecht vorbereitet oder wenig motiviert ist. Dabei darf man nie die Unternehmensphilosophie, die Unternehmenskultur und die Unternehmensgrundsätze der Konkurrenz außer Acht lassen, da sich insbesondere hieraus die einzelnen Reaktionen der Konkurrenten auf unsere Maßnahmen ergeben werden.

- **Welche Reaktionen werden unsere Maßnahmen beim Konkurrenten hervorrufen?**
  Wie bereits erwähnt fließt in diese Überlegung die Mentalität der Konkurrenz ein. Aus ihr ergeben sich auch in der Regel die einzelnen Reaktionen des Konkurrenten. Zu hinterfragen ist in diesem Zusammenhang auch die Wirksamkeit der Vergeltungsmaßnahmen der Konkurrenz.

2.3.5 Stärken-Schwächenanalyse

Die Analyse und Bewertung der Ressourcenpotenziale im Unternehmen erfolgt mittels der Stärken-Schwächenanalyse. Sie stellt eine strukturierte Analyse der kritischen Erfolgsfaktoren dar. Die Unternehmensführung wird zu einer systematischen Analyse und Bewertung der Ressourcen „gezwungen".

In einem ersten Schritt erfolgt die **Identifikation der kritischen Erfolgsfaktoren** des Unternehmens. Die Bestimmung der Erfolgsfaktoren ist eine zentrale Aufgabe der Führung, denn sie beeinflusst unmittelbar die Strategiewahl. Die Erfolgsfaktoren können je nach Branche verschieden sein oder im Laufe der Zeit stark variieren.

Im Anschluss an die Identifikation der kritischen Erfolgsfaktoren werden durch einen Vergleich der eigenen Daten mit denen der Konkurrenz **Stärken-Schwächenprofile** entwickelt. Erst die relative Betrachtung der eigenen Potenziale im Vergleich zur Konkurrenz ermöglicht sinnvolle Aussagen über die Wettbewerbssituation und über die Erfolgspotenziale.

Identifizierung von Stärken

Eine Stärke ist etwas, worin das Unternehmen besonders gut ist und wofür es die Kunden gerne in Anspruch nehmen. Beispielsweise bedeutendes Know-how, nützliche Fähigkeiten, wertvolle Ressourcen, gefragte Erzeugnisse, effiziente Prozesse etc. Stärken sind wesentlich für die Strategiebildung weil sie Eckpunkte für eine neue Strategie und Grundlage für Wettbewerbsvorteile sein können. Übrigens: Ein wachsender Markt oder neue Produkte sind *keine* Stärken. Welche herausragenden Fähigkeiten hat das eigene Unternehmen? Kann es von einer erfahrenen Verkaufsmannschaft profitieren oder ist der Zugang zu Rohstoffen besonders einfach? Kaufen die Kunden die Produkte aufgrund der Marke?

Identifizierung von Schwächen

Eine Schwäche bezeichnet etwas das fehlt um vom Kunden in Anspruch genommen zu werden, beispielsweise nicht erfüllte Kundenerwartungen, Qualitätsmängel, fehlende Kompetenz, fehlende Liquidität, ungeeignete Mitarbeiter etc. Schwächen sind die Basis für Wettbewerbsnachteile und müssen abgebaut werden, um eine strategische Verwundbarkeit zu verhindern. Eine fehlende Stärke bedeutet nicht automatisch, dass es sich hierbei um eine Schwäche handeln muss, wenn (potenzielle) Konkurrenten die betreffende Stärke ebenfalls nicht besitzen.

Instrument/ Maßnahme	Hauptkonkurrent	eigenes Unternehmen	+			Profil			-
			3	2	1		-1	-2	-3
Produktqualität	Hohe Qualität	Gleicher Stand wie Konkurrenz							
Preis	Kompetitiv	Teurer als Konkurrent							
Verkaufs-förderung	Eigenes Schulungsprogramm für Einzelhandel	Unzureichende Betreuung							
Distribution	Großhandel, Einzelhandel	Sehr stark im Direktvertrieb							

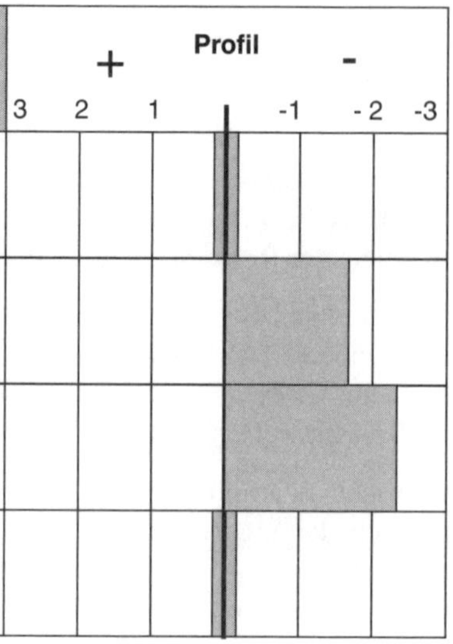

Abbildung 16: Stärken-Schwächen-Analyse in Bezug auf den Marketingmix

In der Abbildung 16 wird anhand des Marketingmix für ein bestimmtes Produkte ein Stärken-/Schwächen-Vergleich eines Unternehmens mit seinem Haupkonkurrenten durchgeführt. Während sich das Produkt hinsichtlich der Produktqualität nicht unterscheidet, so gibt es doch im Bereich der Verkaufsförderung und des Preises erhebliche Defizite gegenüber der Konkurrenz.

2.3.6 SWOT-Analyse

SWOT ist eine Abkürzung für Stärken, Schwächen, Geschäftschancen und Risiken. Diese Analysemethode wird angewandt, um Unternehmensstrategien und unternehmensinterne Fähigkeiten an die externen Gegebenheiten (Geschäftschancen und bedrohende Situationen) anzupassen.

SWOT steht für: **Strengths und Weaknesses** sowie **Opportunities und Threats**. In der Unternehmensanalyse werden die Stärken (Strengths) und Schwächen (Weaknesses) des Unternehmens möglichst objektiv identifiziert und systematisiert. In der Umweltanalyse werden die Chancen (Opportunities) und Risiken (Threats) des Unternehmensumfeldes analysiert und deren Veränderungen abgeschätzt.

Analyse

	Chancen (O)	Risiken (T)
Stärken (S)	**SO-Strategien** Setzen auf Stärken, um Chancen zu nutzen	**ST-Strategien** Stärken nutzen, um Risiken zu vermeiden
Schwächen (W)	**WO-Strategien** Schwächen überwinden, um Chancen zu nutzen	**WT-Strategien** Schwächen minimieren und Risiken vermeiden

Abbildung 17: Ausprägungen der SWOT-Strategien

Die SWOT-Analyse stellt nun die wichtigsten Einflussfaktoren und die Verknüpfung der Unternehmens und Umweltanalyse komprimiert und im Überblick dar. Aus dieser Gegenüberstellung kann eine Vielzahl strategischer Handlungsoptionen gewonnen werden. Sie beantwortet folgende für die Strategiebildung wichtige Fragen:

- Hat das Unternehmen interne Stärken, auf die eine wirksame Strategie aufgebaut werden kann?
- Welche Schwächen müssen für eine neue Strategie abgebaut werden?
- Halten bestimmte Schwächen das Unternehmen von der Wahrnehmung von Chancen ab?
- Gegen welche Gefahren sollte sich das Unternehmen vorbereiten?

Erläuterung der Strategien

Hat das Unternehmen besondere Stärken, um Chancen zu nutzen? Welche sind das? Bei **SO-Strategien** (Stärken/Geschäftschancen) werden die Stärken des Unternehmens eingesetzt, um die Chancen im Umfeld des Unternehmens zu nutzen. Gezielte Nutzung eigener Stärken zur erfolgreichen Nutzung von Chancen.

Besitzt das Unternehmen Stärken, um die absehbaren Gefahren besser zu bewältigen als der Mitbewerb? **ST-Strategien** (Stärken/Risiken) zielen darauf ab, durch den Einsatz der internen Stärken externe Bedrohungen zu neutralisieren oder zumindest abzuschwächen. Gezielte Nutzung eigener Stärken zur Abwehr von Bedrohungen und zum Aufbau von Vorteilen.

Welche Chancen verpasst das Unternehmen aufgrund seiner Schwächen? **WO-Strategien** (Schwächen/Geschäftschancen) versuchen, an Chancen zu partizipieren, um dadurch Schwächen zu beseitigen oder zu mildern. Überwindung eigener Schwächen, um die sich bietenden Chancen rechtzeitig zu nutzen.

Welchen Risken/Gefahren ist das Unternehmen aufgrund seiner Schwäche ausgesetzt? **WT-Strategien** (Schwächen/Risiken) bemühen sich, durch den Abbau interner Schwächen die Gefahren des Umfelds zu reduzieren. Es können Maßnahmen zur Überwindung der bestehenden Schwächen und zur Vermeidung von Bedrohungen getroffen werden.

Umweltfaktoren / Unternehmensfaktoren	Opportunities (Chancen)	Threats (Risiken)
	1. Fortschritte in F&E 2. Genetik 3. Biotechnologie 4. Expansion in neue Märkte 5. Lizenzvergabe 6. Zunehmendes Gesundheitsbewusstsein 7. Älter werdende Bevölkerung 8. Zunehmende Anspruchshaltung 9. Cross-selling-Potential 10. Fortschritte im IT-Bereich	1. Druck auf Margen durch Kostenreduktion und Preiskontrolle 2. Eindämmung der landwirtschaftlichen Überschussproduktion 3. Nachahmerprodukte/Generika 4. Fluktuation von Wissenschaftlern 5. Konzentration/Konsolidierung 6. Zunehmende Marktdynamik 7. Abnehmende Kundenloyalität 8. Steigende Kundenmacht 9. Zunehmendes Preisbewusstsein 10. Wertewandel/Umweltbewusstsein 11. Zunehmende Anzahl Entscheider 12. Einfluss von Interessengruppen 13. Sinkende Markteintrittsbarrieren
Strengths (Stärken) 1. Skalenvorteile 2. Distributionskanäle 3. Weltweite F&E 4. Volle F&E-Pipeline 5. Hohe Liquidität 6. Patente 7. Know-how	**SO-Strategien** Differenzierung durch Markennamen und Patente Implementierung eines KM-Systems Gesundheitsmodul-/Gesundheitssystemlieferant werden Horizontale Strukturen/Projektteams Partnerschaften mit Patienten, Regierungen, Gesundheitsträgern Proaktives Management des Geschäftsportfolios Patientenorientiertes Health-Management Health Nutrition	**ST-Strategien** Diversifikation in Generika Angebot einer differenzierten Gesamtlösung Direktmarketing unter Einsatz des Internet Virtuelle Unternehmen Förderung einer kreativen und innovativen Unternehmenskultur
Weaknesses (Schwächen) 1. Hohe Fixkostenbasis 2. Steigende F&E-Kosten 3. Niedrige effektive Patentnutzungszeit 4. „Innovationsdefizit"	**WO-Strategien** Schnellere Markteinführung von Medikamenten Allianzen/Akquisitionen/Fusionen Implementierung eines strategischen Beschaffungsprogramms	**WT-Strategien** Implementierung eines Risikomanagementsystems Rationalisierung der Kostenbasis Ausgliederung von Servicedienstleistungen (z.B. an Vertragsforschungsorganisationen) Vertikale/horizontale Integration

Abbildung 18: SWOT-Analyse eines Schweizer Pharmakonzerns. Quelle: Jorge, W.; Strategische Positionierung eines Pharmakonzerns, Diplomarbeit, Hochschule St. Gallen 2000

Analyse 95

2.3.7 Wertkettenanalyse

Ziel dieser wettbewerbs- und kundennutzenorientierten Unternehmensanalyse ist die Gestaltung der Organisation nach strategischen Gesichtspunkten. Bei der Wertkettenanalyse (oder auch Wertschöpfungsanalyse) wird die Unternehmensaufgabe in strategisch relevante Aktivitäten zerlegt. Dabei erfolgt die Unterteilung und Ausrichtung der Unternehmensaktivitäten im Hinblick auf ihren Beitrag zur Befriedigung und Erhöhung des Kundennutzens. Durch die Wertschöpfungskette entstehen Einsichten in:

- bestehende und potenzielle Quellen der Differenzierung und deren Ausbau zu Wettbewerbsvorteilen.

- das Kostenverhalten: Stehen Kosten und Kundennutzenbeitrag in einem adäquaten Verhältnis?

- die sinnvolle Verwendung von Technologie.

Die Wertschöpfungsanalyse untersucht die Entwicklung der Differenz zwischen den Kosten des gekauften Inputs und dem Verkaufserlös des produzierten Outputs. Die einzelnen Wertschöpfungsaktivitäten sind die Bausteine von Wettbewerbsvorteilen. Die Wertschöpfungsanalyse gibt anhand der Darstellung des Betriebsprozesses Auskunft über die im Betriebsverlauf erarbeiteten Wertzuwächse und inwieweit die einzelnen primären und unterstützenden Aktivitäten (Funktionsbereiche) des Unternehmens dazu beigetragen haben. Es erfolgt die Ermittlung, welche Wettbewerbsvor- und Nachteile gegenüber den Konkurrenten bestehen und in welchen Unternehmensbereichen Werte in welcher Höhe entstehen.

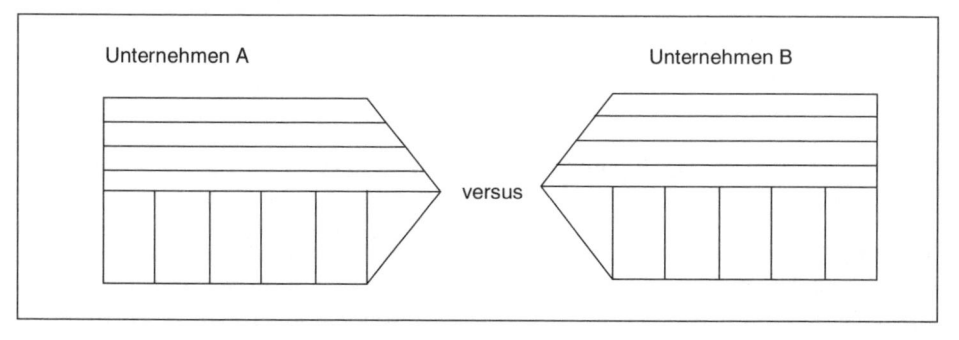

Abbildung 19: Vergleich von Wettbewerbsstärken anhand der Wertschöpfungsketten der Unternehmen

Primäre und unterstützende Aktivitäten

Dabei wird das Unternehmen in zwei Bereiche eingeteilt: zum einen in primäre Aktivitäten, wie Beschaffungs- und Absatzlogistik, Produktion, Marketing und Vertrieb, Kundendienst und Recycling. Zum anderen in unterstützende Aktivitäten, zu denen Beschaffung, Technologieentwicklung, Personal und Unternehmensinfrastruktur gehören. Zusätzlich zu den Werteaktivitäten ist die Gewinnspanne (= Margin) Teil der Wertschöpfungskette.

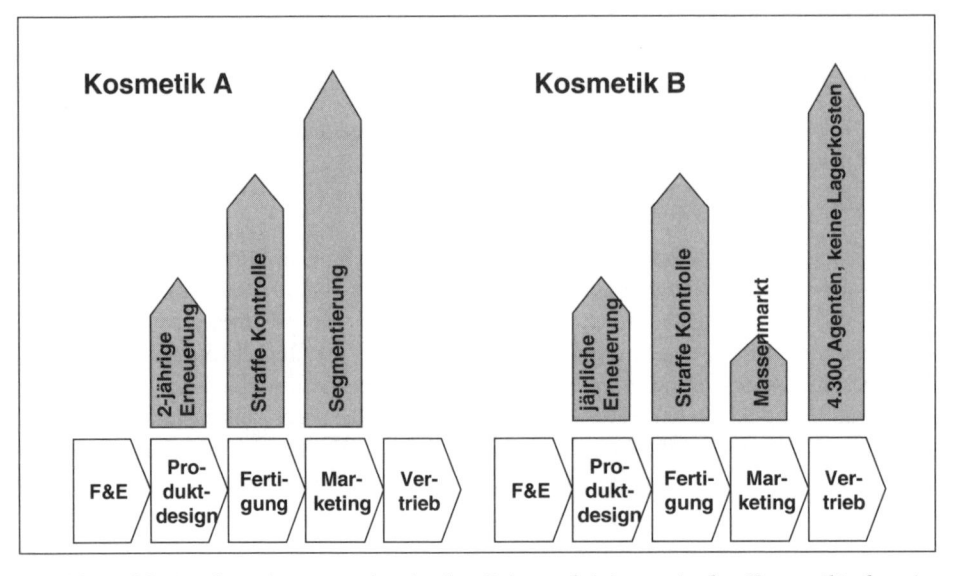

Abbildung 20: Analyse der wertschöpfenden Primäraktivitäten in der Kosmetikindustrie. Quelle: Grimm, U., Vortrag Strategisches Management, Hochschule ebs

2.3.8 Strategische Kostenanalyse

Strategische Kostenanalyse ist der Vergleich der relativen Kostenposition des Unternehmens zu den Hauptwettbewerbern. Dabei wird auf die einzelnen Stufen des Wertschöpfungsprozess heruntergebrochen, sozusagen von der Rohmaterialbeschaffung bis zur Warenauslieferung. Ähnlich wie beim Reverse Engineering wird entlang der Wertschöpfungskette analysiert, welche Kostentreiber auf das Produkt einwirken. Nur werden hier nicht Produkte, sondern Kosten „zerlegt". Es erfolgt die Zerlegung der Gesamtkosten und eine Gegenüberstellung mit der der eigenen Kalkulation.

Analyse

Warum kann der Konkurrent das Produkt zu diesem Preis anbieten?

Mögliche Faktoren für Kostenunterschiede zwischen Wettbewerbern:

- Basis-Technologien, Alter der Fabrik bzw. Anlagen
- Erfahrungskurve, Skaleneffekte
- Inflation, Wechselkurse, Steuerquote, Zinssätze
- Logistik- und Distributionskosten
- Produktivitätsniveau, Entlohnungssysteme (Niedriglohnländer!)
- Rohmaterialpreise, Komponenten, Energie oder andere Ressourcen

Strukturelle Kostentreiber

- Erfahrungskurveneffekte
- Kapitalintensität
- Komplexität und Rigidität der Produktion
- Skaleneffekte
- Technologische Anforderungen

Umsetzungsbezogene Kostentreiber

- Bestmögliche Ausnutzung bestehender Ressourcen und Anlagen
- Grad der Effizienz in der Zusammenarbeit mit Kunden und Lieferanten
- Innovationszyklen

Preisfestlegung

Die richtige Preisfestsetzung ist auf eine fundierte Analyse der Marktpreise und auf die Validität der Daten angewiesen. Erst mit Hilfe der richtigen Datenbasis können Preismodelle „durchgespielt" und Preise festgesetzt werden. Das Monitoring und die Umsetzung von Preis- und Konditionsänderungen, auch Reactive Pricing genannt, ist für Märkte mit starken Preisschwankungen unverzichtbar. Durch verfügbare Tools können Konkurrenzpreise erfasst und deren Änderungen in real-time verfolgt werden.

> 🌐 **Praxisbeispiele**
>
> **Reactive Pricing in der Luftfahrt**
> Im zunehmend preisgetriebenen Wettbewerb der Reise- und Transportindustrie ist es für die beteiligten Fluggesellschaften von essenzieller Bedeutung, über sämtliche Preisänderungen der Mitbewerber umfassend informiert zu sein. Vor allem die schnelle und adäquate Reaktion (Matching) auf kurzfristige Preismaßnahmen un-

mittelbarer Konkurrenten trägt wesentlich dazu bei, wertvolle Marktanteile zu wahren. Mit Einsatz eines Monitoringtools wird täglich das kurz- und langfristige Preisverhalten ausgewählter Wettbewerber beobachtet und analysiert. *Quelle: Lufthansa Systems*

Konkurrenzpreise auf Knopfdruck bei Reifenhersteller
Durch die Erschließung der Preisinhalte und Produktinformationen von 14 Online-Marktplätzen mittels eines technologischen Systems kann ein führender europäischer Reifenhersteller in Echtzeit beobachten, wie die Preisentwicklung im Reifenmarkt aussieht und rechtzeitig reagieren. *Quelle: Lixto*

2.3.9 Benchmarking

Benchmarking wird am besten als Rahmen für die strategische Planung verstanden, bei dem Vergleichsgrößen zu den Schlüsselfaktoren der Industrie oder zu branchenfremden Best-in-class-Unternehmen gezogen werden. Diese Vergleichgrößen oder Benchmarks werden dazu verwendet, um die eigene Wettbewerbsposition zu verbessern. Dabei werden konkrete Produkte und Prozesse analysiert und verglichen. Die ausgewählten Unternehmen sind jene, die besonders günstig produzieren, eine hohe Kundenzufriedenheit aufweisen etc.

„Auch vom Gegner kommt häufig ein guter Rat."

Aristophanes

Tabelle 14: Arten von Benchmarking. Quelle: Pieske, R.; Benchmarking: das Lernen von anderen und seine Begrenzungen. In io Management, Nr. 6, 1994

Art	Vorteile	Nachteile
Internes Benchmarking	■ Datenerfassung relativ einfach ■ Gute Ergebnisse für diversifizierte „herausragende" Unternehmen	■ Begrenzter Blickwinkel ■ interne Vorurteile
Wettbewerbs-orientiertes Benchmarking	■ Geschäftsrelevante Infos ■ Produkte/Prozesse vergleichbar ■ Relativ hohe Akzeptanz ■ Eindeutige Positionierung im Wettbewerb	■ Schwierige Datenerfassung ■ Gefahr branchenorientierter „Kopien"
Funktionales Benchmarking	■ Relativ hohes Potenzial zum Finden innovativer Lösungen ■ Vergrösserung des Ideenspektrums	■ Relativ schwierige Transformation von „Anderem" in ein betriebliches Umfeld ■ Gegenargument: Vergleichbarkeit ■ Zeitaufwändige Analyse

Beim Benchmarking existieren verschiedene Typen, die sich folgendermaßen charakterisieren lassen:

Das **interne Benchmarking** geschieht unternehmensintern und beinhaltet die Möglichkeit, die eigenen Unternehmen oder Produktionsstätten im Hinblick auf Unterschiede (z.B. in den Fertigungsprozessen) zu vergleichen. Diese so verlockend einfache Möglichkeit scheitert jedoch recht häufig an internen Widerständen (Angst vor der Stilllegung weniger produktiver Standorte).

Das **branchenbezogenes Benchmarking** kann sowohl als partnerschaftliches Benchmarking gemeinsam mit dem Konkurrenten, oder als Wettbewerbsbenchmarking, (ohne aktives Mitwirken des Konkurrenten) durchgeführt werden. Gerade diese zweite Variante ist heute noch die meistgenützte der Anwendungen.

Das **branchenfremde Benchmarking,** auch funktionales Benchmarking genannt, beinhaltet die Öffnung auf Abläufe auch in anderen Branchen und wird oft als das eigentliche Benchmarking betrachtet. Diese Art von Benchmarking ist immer partnerschaftlich ausgerichtet.

„Das Vergleichen ist das Ende des Glücks und der Anfang der Unzufriedenheit."
Sören Kierkegaard

Ablauf eines Benchmarking

Planung und Identifizierung
Diese Phase beinhaltet die Auswahl oder die Identifizierung der zu vergleichenden Produkte oder Prozesse.

Datenerhebung
Die Datenerhebung gliedert sich in zwei Teilabschnitte. Im ersten Teilabschnitt erfolgt die Auswahl des oder der Vergleichspartner. Im zweiten Teilabschnitt werden die eigenen Produkte oder Prozesse gemessen und dann die Daten des Vergleichspartners.

Datenauswertung
Das Ziel der Analyse ist es, die „Lücke" zwischen den eigenen Produkt- oder Prozesseigenschaften und denen des Vergleichspartners zu identifizieren, zu bewerten und die Ursachen zu erkennen.

Umsetzung
Entwicklung von geeigneten Strategien um die notwendigen Veränderungen im Unternehmen umzusetzen. Aus den Strategien sind dann klare, operationale Ziele zur Umsetzung zu bilden und Maßnahmen zur Zielüberwachung zu beschließen.

> **Praxisbeispiel**
>
> **Die Praline lernt von der Platine**
> Ein häufig zitiertes Benchmarkingbeispiel ist der Vergleich bei der Herstellung von Schokoladepralinen und elektronischen Platinen. Die beiden Produkte, die auf den ersten Blick nicht viel gemeinsam haben, sind beide klein und empfindlich, werden automatisch bestückt, in großer Stückzahl hergestellt und müssen strenge Hygienebestimmungen erfüllen. Das Ergebnis der Benchmarkingstudie war erstaunlich. Das Lebensmittelunternehmen profitierte im Herstellungsprozess vom Vergleich mit dem Spitzenreiter der Elektronikbranche gleich mehrfach: Bestückungsfehler wurden minimiert, die Produktion wurde beschleunigt, und die Ausschussquoten wurden reduziert.

2.3.10 Szenariotechnik

Mit Szenarioanalysen werden mögliche zukünftige Entwicklungen des Umfelds bzw. Reaktionen der Branche und der Konkurrenten erarbeitet. Dazu werden zunächst die relevanten Einflussfaktoren identifiziert sowie ihr Wirkungsgefüge untereinander bestimmt. Aus den möglichen Ausprägungen werden die konsistenten und wahrscheinlichsten Kombinationen gebildet. Jede Gruppe von möglichst gleichartigen Kombinationen wird dann als ein mögliches Modell der Zukunft (als alternative Vision) betrachtet. Die Methode wird vor allem für komplexe Problemkreise eingesetzt. Sie erfordert die Fähigkeit, Dinge anders als gewohnt zu betrachten, und kann damit zu neuen Erkenntnissen und unkonventionellen Lösungsansätzen und somit zu markanten Wettbewerbsvorteilen gegenüber der Konkurrenz führen. Szenarien können eingesetzt werden, um herauszufinden, welche Strategie die Konkurrenz verfolgen oder welche Reaktionen sie auf die Aktionen des Unternehmens setzen könnte.

„One must always look ahead,
but it is difficult to look further than one can see."

Winston Churchill

Die Szenariotechnik basiert auf kritischen Annahmen über die langfristige Branchen- und Technologieentwicklung und bezweckt eine gemeinsam geteilte Basis für strategisches Denken. Mittels dieses Werkzeuges können Umweltanalysen erstellt, Trends und Muster isoliert und blinden Flecken („blindspots") im Unternehmen entgegenwirkt werden.

Einzusetzen bei folgenden Fragestellungen:

- Wie wird sich der Gesamtmarkt/die Branche in den nächsten 5, 10, 15 Jahren entwickeln?
- Welche potenziellen Bedrohungen könnten dabei auf uns zu kommen?

Ablauf für die Durchführung von Szenarien

Der nutzbringende Einsatz der Szenariotechnik erfordert ein strukturiertes Vorgehen.

Phase 1: Problemanalyse und Zieldefinition

Möglichst genaue Beschreibung des Problems. Dieses muss klar eingegrenzt werden, um eine Verzettelung in den weiteren Phasen zu vermeiden. Ziele: Wie viele und welche Szenarien sollen erarbeitet werden? Je nach Problemstellung bieten sich folgende Varianten an:

1. Extremszenarien: Dabei wird ein Extremszenario positiv (best case) und ein Extremszenario negativ (worst case) erarbeitet. Die zusätzliche Erarbeitung eines sogenannten Trend-Szenarios (Fortschreibung der heutigen Situation in die Zukunft) kann sinnvoll sein, um die Abweichung zu den Extremen beurteilen zu können.

2. Alternative Szenarien: Dabei werden Szenarien für alle denkbaren Entwicklungsmöglichkeiten erarbeitet. Die alternativen Szenarien werden dann in einer späteren Phase nach Wahrscheinlichkeit des Eintretens sortiert und entsprechend gewichtet.

Phase 2: Einflussfaktoren bestimmen

Was wirkt auf unser System ein? Auflistung aller möglichen Einflussfaktoren, die unmittelbar auf das System einwirken können und werden. Anschließend müssen alle relevanten Einflussfaktoren „messbar gemacht werden". Dazu werden sogenannte Deskriptoren (quantitative und qualitative) für jeden Faktor bestimmt.

Phase 3: Trendprojektion und gegenseitige Beeinflussung

Wie werden sich nun die einzelnen Faktoren entwickeln? Für jeden Einflussfaktor werden anhand der Deskriptoren Trendprojektionen pro analysiertem Zeitschritt erarbeitet. Die meisten Faktoren werden sich gegenseitig beeinflussen (Effekte der Rückkoppelung). Es gilt nun festzustellen, welche Faktoren sich wie und wie stark beeinflussen.

Phase 4: Szenarioentwicklung und -Interpretation

Die Szenarioentwicklung geschieht unter Einbeziehung aller bisher gewonnenen Erkenntnisse. Es werden nun sozusagen die „fertigen" Szenarien zusammengesetzt. Der Interpretation der Szenarien kommt eine sehr große Bedeutung zu. Wie sind die erstellten Zukunftsbilder zu deuten? Wie groß ist die Wahrscheinlichkeit des Eintretens der einzelnen Szenarien? Was sind die Konsequenzen?

Phase 5: Strategie- und Maßnahmenentwicklung
Entwicklung von Strategien und von möglichen Maßnahmen bzw. Gegenmaßnahmen aufgrund der wahrscheinlichsten Szenarien:

- Wie können gewünschte Entwicklungen begünstigt oder gar ausgelöst werden?
- Wie können unerwünschte Entwicklungen verhindert werden?
- Wer kann oder muss was tun?
- Welche Maßnahmen müssen sofort eingeleitet werden?

Phase 6: Erfolgskontrolle
Laufender Soll-Ist-Vergleich und Überprüfung des tatsächlichen Eintretens eines Szenarios.

Red/Blue-Team-Methode

Diese Methode setzt auf der Szenariotechnik auf und eignet sich besonders zur Erkennung von möglichen Strategien der Konkurrenz. Es werden zwei Teams gebildet, wobei das „rote" Team die eigene Firma verkörpert und das „blaue" Team den direkten Konkurrenten.

🌐 Praxisbeispiel

Projekt Luftverkehr 2015
Im damaligen Daimler-Benz-Konzern organisierte der Bereich „Forschung, Gesellschaft und Technik" für die Konzernbereiche Szenario-Prozesse als „Zukunftslabors". Mit der Daimler-Benz Aerospace AG (heute EADS) wurde ein konzernübergreifendes Team gebildet, um das „Zukunftslabor Luftverkehr 2015" durchzuführen. Organisationsbereiche, die mit Entwicklung, Produktion und Vertrieb von Flugzeugen verbunden sind, wurden zusammengebracht, um Wissen aus unterschiedlichen Perspektiven einzubringen. Ziel des Prozesses war eine ganzheitliche Beschreibung des Luftverkehrs: Einflussfaktoren des Systems Luftverkehr, Zusammenhänge und Wirkungen des Umfeldes du schließlich die Erstellung von Zukunftsbildern des Luftverkehrs im Jahr 2015, aus denen sich strategische Implikationen ableiten lassen. *Quelle: Probst, G./Raub, S./Romhardt, K.; Wissen managen; Wiesbaden 2003*

2.3.11 Wargaming

Beim „Wargaming" (auf deutsch „Kriegsspiel") handelt es sich um dynamische strategische Simulationen, bei denen eigene und gegnerische Aktionen simuliert werden und aus denen Erkenntnisse für die Umsetzung in der Realität gewonnen werden können. Man lernt zu verstehen, wo mögliche Gefahren und Chancen liegen. Der martialische Name dieser Methode ist auf ihre ursprüngliche Anwendung in der Militärplanung zurückzuführen. Liberalisierte Märkte, wachsender Konkurrenzdruck und emanzipierte Kunden erschweren es Führungskräften zunehmend, eine schlüssige und langfristige Strategie für ihr Unternehmen zu entwickeln. Wargaming ist ein geeignetes Instrument, um die Entwicklung von Märkten und Branchen besser abzuschätzen. In einem Wargaming wird typischerweise ein Zeitraum von zehn oder mehr Jahren über drei Spielrunden simuliert, wobei jeweils nur die Ausgangslage vorgegeben wird. Die Teilnehmer (Vertreter des Unternehmens) werden aufgeteilt und bereiten sich anhand ausführlicher sogenannter Gamebooks (detaillierte Profile der einzelnen Akteure) auf ihre Rollen als Unternehmen, Konkurrent oder Marktbeeinflusser vor.

Sie simulieren über mehrere Tage, sich gegenseitig Marktanteile wegzunehmen und Vorteile gegenüber der Konkurrenz zu verschaffen. Der Verlauf der Simulation wird letztlich durch die Reaktionen der Teilnehmer in ihren Rollen bestimmt. Ein Kontrollteam führt Regie, speist unvorhergesehene Ereignisse ein um für zusätzliche Dynamik zu sorgen (Eingriffe eines Regulierers, verändertes Konsumentenverhalten), und konsolidiert laufend die gewonnenen Erkenntnisse. Am Ende der Simulation verstehen die Teilnehmer in der Regel die kompetitiven Kräfte und Verhaltensmuster in einer Branche oder einem Markt besser. Dass sie dieses Verständnis gemeinsam gewonnen haben, stärkt die Identifikation mit der anschließend überarbeiteten Unternehmensstrategie.

Vorteile

Die kommunikativen Vorteile des Wargamings liegen in der Effizienz und der Handlungsorientierung: Top-Manager diskutieren über mehrere Tage hinweg ausschließlich über im Vorfeld präzise aufbereitete strategische Themen. Sie tun dies jedoch nicht nur verbal, sondern über (simulierte) unternehmerische Handlungen, was einen wesentlich höheren Commitment- und Lerneffekt hat. Am Ende identifizieren sich die Teilnehmer mit dem verabschiedeten Plan – die beste Voraussetzung für die Umsetzung des Strategieprojekts (Aufbau der Führungskoalition – eine ansonsten mitunter zähe Angelegenheit). Schließlich diskutieren die Teilnehmer in den weiteren, „echten" Strategiemeetings wesentlich fokussierter und auf einer solideren sachlicheren Basis.

Diese Vorteile gelten vor allem gegenüber der Szenariotechnik, da Szenarien im Wesentlichen auf Erfahrungen der Vergangenheit basieren, statischer Natur sind und wesentlich von den Erfahrungen der Szenarienersteller abhängen. Ohne Szenarien kommt jedoch auch das Wargaming nicht aus, denn die Komplexität der Simulation muss im Vorfeld

auf ein annehmbares Maß reduziert werden. So werden zunächst mehrere große Ausgangsszenarien entworfen, welche die Manager dann im Spiel ausloten können.
Quelle in Anlehnung an Oriesek, D. F./Friedrich, R.; Blick in die Zukunft, Harvard Business Manager, Hamburg, Mai 2003

> 🌐 **Praxisbeispiel**
>
> **Unilever**
> Ende der 90er Jahre fand das Management des Konsumgüterunternehmens Unilever per Wargame heraus, dass das Internet das klassische Konsumgütergeschäft weniger stark bedroht als allgemein im E-Commerce-Hype angenommen. Entsprechend entschied sich der Konzern für dezentrale Internetaktivitäten in Ergänzung zur herkömmlichen Marketingstrategie. Aus heutiger Sicht banal, aus damaliger Sicht geradezu weise.

2.3.12 Manageranalysen mittels Profiling

Unternehmen ändern oft ihre strategische Ausrichtung, wenn neue Führungskräfte oder eine neue Geschäftsführung ins Unternehmen kommen. Bestehende Geschäftspraktiken werden hinterfragt, Projekte und Initiativen der Vorgänger gestoppt. Der Grund dafür ist einleuchtend: Die neue Geschäftsführung möchte dem Unternehmen ihren Stempel aufdrücken. Mit Hilfe der Profiling-Analyse kann festgestellt werden, in welche Richtung sich das Unternehmen entwickeln wird. Die Erstellung von Persönlichkeitsprofilen (Personality-Profiles), auch Manager-Analysen genannt, dienen in erster Linie der Analyse der Entscheidungsprozesse der Konkurrenz. Diese sind bekanntlich stark vom oberen Management geprägt und beeinflusst. Beim Profiling geht es darum, Verhaltensmuster im Management der Wettbewerber zu erforschen. Berücksichtigt werden unter anderem Charaktereigenschaften, prägende Erlebnisse, Bildung, sozialer Status, Umgang und soziale Netzwerke, Freizeitbeschäftigungen u.v.m. Auf dieser Basis können Thesen über mögliche Konflikte und Spannungen im Management erarbeitet, Prognosen für Reaktionen auf bestimmte Ereignisse erstellet werden usw. Eine Manageranalyse in der Wettbewerbsbeobachtung wird beispielsweise bei folgenden Fragestellungen benötigt:

- Wie wird der CEO des Konkurrenzunternehmens in einer bestimmten Situation entscheiden?
- Wie wird das Management der Konkurrenz auf unsere Aktion reagieren?
- Welche Art der Verhandlungsführung können wir erwarten?

Analyse 105

Informationen über das Management

Bei den Manageranalysen werden folgende Bereiche untersucht:

1. Karriere (Herkunft, Ausbildung, Laufbahn, Erfahrung, Auslandserfahrung etc.)
2. Charakter (Selbsteinschätzung und Aussagen Dritter), Entscheidungsverhalten, Mitarbeiterführung, Philosophie der Manager)
3. Umgebung (Personen im Unternehmensumfeld, Verbindungen etc.)
4. Hobbies, soziale Verpflichtungen

Analyse des Persönlichkeitsprofils

Der in der Praxis am häufigsten verwendete Test für die Durchführung einer Manager-Analyse ist der Myers-Briggs-Test, der seit Jahrzehnten eingesetzt wird.

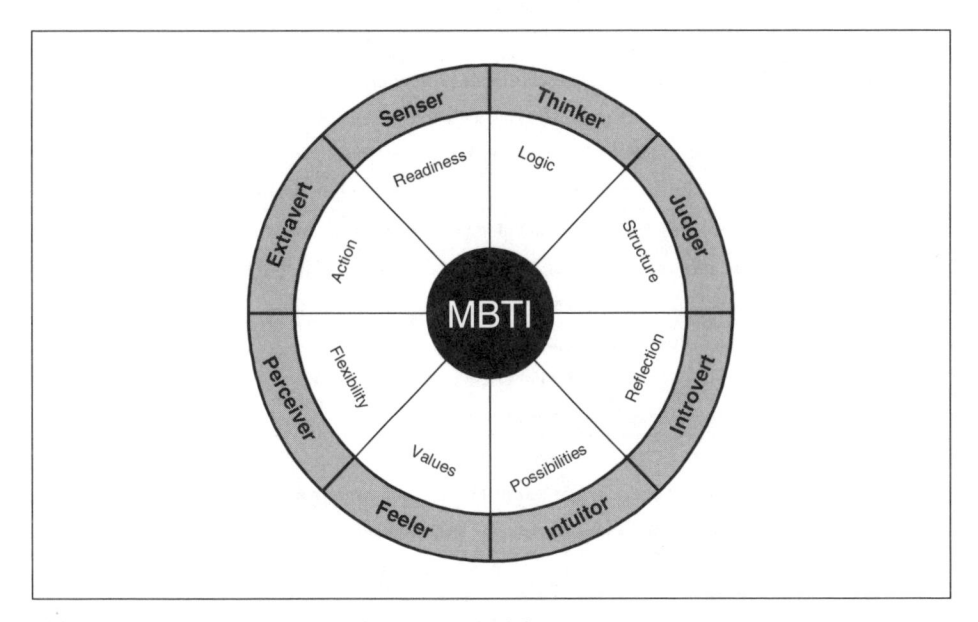

Abbildung 21: Typenspektrum des MBTI-Verfahrens

Beim **Myers-Briggs-Typen-Indikator** (Myers-Briggs Type Indicator – MBTI) wird der geeignete Typ durch einen umfassenden Fragenkatalog (bei einer bewussten und offenen Beurteilung) und anhand wichtiger Eckpunkte und verfügbarer Informationen (bei einer verdeckten Beurteilung der Konkurrenz) festgestellt.

Die Vorteile des MBTI-Verfahrens für die Wettbewerbsbeobachtung sind:

- Valide und nachvollziehbar
- Fördert das Verständnis des Kommunikationsverhaltens
- Fördert das Verständnis des Entscheidungsverhaltens
- Unterstützt bei der Abschätzung von zukünftigem Verhalten, Entscheidungspräferenzen und praktiziertem Managementstil

Die unterschiedlichen Ausprägungen der Persönlichkeitstypen sind in der folgenden Tabelle ersichtlich:

Tabelle 15: Managertypen nach Myers-Briggs-Typen-Indikator (MBTI)

Managertypen	
Bezeichnung	**Eigenschaften**
Thinker	■ liest gerne, bevorzugt schriftliche Kommunikation
	■ möchte Informationen logisch aufbereitet bekommen
	■ möchte greifbare Fakten, analysiert gerne Zahlen
	■ Informationen aus zweiter und dritter Hand sind für ihn okay
Feeler	■ bevorzugt persönliche und mündliche Kommunikation
	■ Körpersprache und das Auftreten sind unter Umständen wichtiger als das Gesagte
	■ das Emotionale ist sehr wichtig
Intuitor	■ mag abstrakte Konzepte
	■ spricht gerne über Möglichkeiten und Vor-/Nachteile
	■ zeigt gerne das „Big Picture" auf
Senser	■ bevorzugt Informationen aus erster Hand
	■ entscheidet rasch, gibt Schritt-für-Schritt-Anweisungen
	■ Fakten und Spezifikationen sind ihm wichtig
	■ mag keine Überraschungen, ist praktisch veranlagt

Das MBTI-Verfahren ist der erste Schritt zur Einstufung des Managements und kann bereits signifikante Einblicke geben. Weitere und neuere Analyseverfahren sind unter Umständen noch anzuwenden, um ein abgerundetes Bild von der Persönlichkeit zu erhalten.

Die bisher präsentierten Analyseverfahren sind eher für die Geschäftsleitung, Marketing, Vertrieb oder strategische Planungsaufgaben relevant. Auf den folgenden Seiten werden Analyseverfahren vorgestellt, die mehr Relevanz für die Bereiche Technik, F&E, Produktentwicklung oder Innovationsmanagement haben (Analyseverfahren für Technical Intelligence).

2.3.13 Patentanalyse

Jedes Unternehmen, das Entwicklung betreibt, sollte sich über das Geschehen auf seinem Tätigkeitsgebiet mit Hilfe einer permanenten Patentüberwachung auf dem Laufenden halten. Neben der technischen Entwicklung können damit auch das Marktgeschehen und die Wettbewerberaktivität beobachtet werden.

Fragestellungen, die mit Hilfe von Patentdatenbanken beantwortet werden:

- Existieren neue Mitbewerber in meinem Bereich?
- Wann wird eine bestimmte Patentanmeldung zum erteilten Patent?
- Was sind die generellen trends in der Industrie, im Technologiesegment?
- Welche Neuanmeldungen hat ein Mitbewerber getätigt?
- Welche neuen Produkte oder Verfahren gibt es auf einem Sachgebiet?
- Welche neuen Produkte plant die Konkurrenz einzusetzen?
- Wer der Konkurrent kann als Innovator , und wer als Imitator bezeichnet werden?
- Wer sind meine Konkurrenten in einem bestimmten Technologiebereich, und wie liegen wir im Vergleich?
- Wie diversifiziert die Konkurrenz?
- Wie lange sind die Technologiezyklen der Mitbewerber?

Quantitativ: Die Anzahl der Patente liefert die **Patentaktivität** der Wettbewerber in den relevanten Technologiebereichen. Die Anzahl der Zitate der eigenen Patente (Patentzitierungen) in Prüfberichten von Wettbewerbern und die Anzahl der Einsprüche durch Wettbewerber gegen eigene Patente liefert ein Maß für die **Wettbewerbsintensität** (Ausmaß der „Bedrohung" durch den Wettbewerber).

Qualitativ: Der Mittelwert aus: der Anzahl der geschützten Länder bzw. dem Anteil der Patente mit Schutz/Benennung bei mehr als einer Patentorganisation, dem Anteil der erteilten Patente (bei wichtigen Patentorganisationen) und der Häufigkeit der Zitierungen in Prüfberichten anderer Firmen liefert eine Kennzahl für die **Qualität** der Schutzrechte.

Zeitlich, dynamisch: Der Verlauf der Anzahl der prioritätsbegründenden Erstanmeldungen pro Jahr gibt Aufschluss über die **Dynamik** eines Wettbewerbers in der jeweiligen Technologie. Aggregierte Vergleiche (z.B. 1991-1995 versus 1996-2000) lassen **Strategien wie einen Rückzug oder ein Neuauftreten** erkennen.

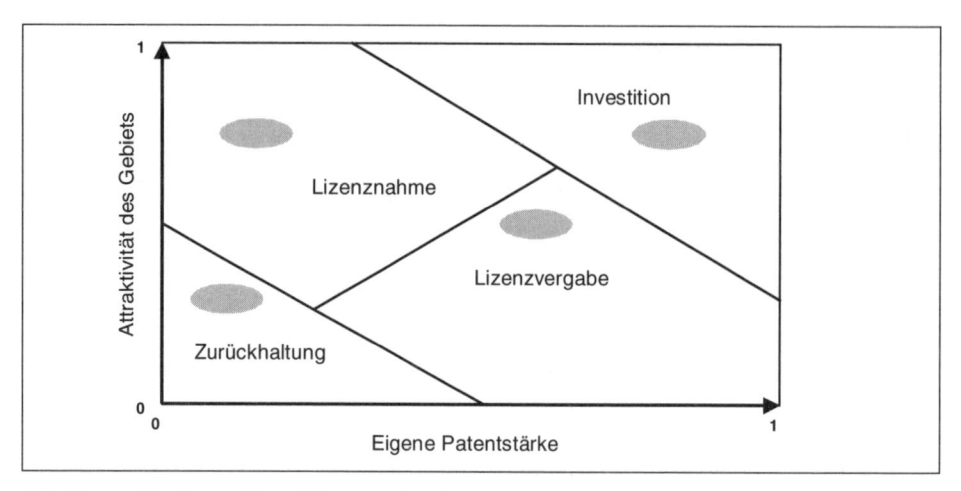

Abbildung 22: Patentklassifikation. Quelle: STN-Beispielsammlung, FIZ Karlsruhe, www.fiz-karlsruhe.de

Die Relation zwischen den im Besitz des eigenen Unternehmens befindlichen Patentschriften und der Gesamtzahl bzw. der Zahl der Konkurrenzpatente kann Hinweise für die Einschätzung der eigenen Technologie- und Wettbewerbspositionen geben. Augenblickliche F&E-Schwerpunkte einzelner Unternehmen können aus der Zahl der Anmeldungen in einzelnen Patentklassen gewonnen werden.

2.3.14 Produktanalyse, Reverse-Engineering

Bei der Produktanalyse werden Produkte oder Leistungen der Konkurrenz erworben und auf ihre Zusammensetzung bzw. Eigenarten untersucht. Die Zielsetzung ist, unter der Berücksichtigung der Ergebnisse eigene, bessere oder kostengünstigere Produkte oder Leistungen anzubieten. Ausgehend vom fertigen Produkt werden durch die Analyse der einzelnen Komponenten Rückschlüsse auf die verwendeten Verfahren und Rohstoffe, die Produktionsverfahren, die Kapazität der eingesetzten Maschinen, den Innovationsgrad oder Informationen über die Infrastruktur des Produktionsstandorts gezogen. Weitere Daten wie der Rohstoff- und Energiebedarf der einzelnen Produktionen, Anlagenauslastungen, der Umfang von Instandhaltung und Ersatzinvestitionen, Vertriebskosten und F&E-Aufwand können durch verfahrenstechnische Berechnungen oder Informationsrecherche gewonnen werden. Letztlich werden so alle Informationen zur Ermittlung der Herstellkosten und der Hauptkonkurrenten zugänglich.

Analyse

Diese Methode ist bei folgenden Fragestellungen anzuwenden:
- Wie sieht der aktuelle technische Entwicklungsstand bei der Konkurrenz aus?
- Mit welchen Kostenanteilen müssen sie kalkulieren?
- Auf welche Lösungsansätze setzt die Konkurrenz bei einem uns bekannten Problem?

Beim **Reverse-Engineering** werden die Konkurrenzprodukte zerlegt und funktional überprüft. Alle Teile werden danach vermessen, gewogen, kalkuliert und mit Hinweisen bezüglich Kosten, Gewicht, Material, Toleranzen, etc. versehen. In gleicher Form werden weitere Fremdprodukte sowie eventuell existierende Eigenerzeugnisse behandelt. Anhand der Analyse werden nun Vergleiche in Bezug auf die ausgewählte Materialart, das Bearbeitungsverfahren etc. angestellt. Lassen sich zwischen den zu vergleichenden Produkten wesentliche funktionale Unterschiede feststellen, so ist abzuklären, ob ein dadurch entstehender Mehraufwand angemessene Funktionsverbesserungen erzeugt oder ein Minderaufwand keine übermäßige Verschlechterung mit sich bringt.

Tabelle 16: Vor- und Nachteile des Reverse Engineerings

Reverse Engineering	
Vorteile	**Nachteile**
■ erhebliche Einsparung eigener Entwicklungsarbeit	■ zu starker Fokus auf Wettbewerberprodukte schränkt die Kreativität der Ideenfindung ein
■ genaue Kenntnis des Marktes und des Abstandes zu Konkurrenten	■ je nach Produkt und Prüfanforderung teilweise erheblicher Aufwand
■ Entwicklung neuer Ideen durch geschickte Kombination und Variation bekannter Lösungsansätze	
■ Aufdecken und Überwinden von Informationsdefiziten	
■ Einsparung eigener Entwicklungsarbeit	

🎯 Praxisbeispiel

Reverse-Engineering in der Automobilindustrie
Der DaimlerChrysler-Konzern hat beispielsweise – wie alle anderen Automobilhersteller auch – eine eigene Abteilung, die Fahrzeuge von Konkurrenten analysiert. Dabei werden die Fahrzeuge in ihre Bestandteile zerlegt, die Bestandteile Produzenten zugeordnet, etc. Auf diese Weise ist es mit vergleichsweise geringem Aufwand möglich, genau über die eingesetzten Technologien, Bauteile, Produktstrategien und die Vorgehensweise eines Konkurrenten Bescheid zu wissen.

Weitere Analysemethoden

Je nach Informationsbedürfnis des Managements soll für die Analyse der ermittelten Informationen das geeignetste Analyseverfahren ausgewählt werden. Neben den beschriebenen Analyseverfahren gibt es noch eine Vielzahl an weiteren Methoden, die den Rahmen des Buches sprengen würden. Dies sind beispielsweise Finanz- & Bilanzanalysen, Portfolioanalysen, die Analyse und Darstellung von Entscheidungsprozessen, Standortanalysen, Beteiligungscluster quantitative Analysen usw. In diesem Zusammenhang sei auf die umfangreiche Fachliteratur (siehe auch Literaturverzeichnis des Buches) verwiesen. Die Mustervorlage eines Konkurrenz- oder Wettbewerbsprofils finden Sie ist als Checkliste am Ende des Kapitels 2 (S. 122).

2.4 Kommunikation

Das im Analyseprozess erarbeitete Wissen (die Entscheidungsgrundlagen) muss, um auch effektiv verwertet werden zu können, den Führungskräften und allen Entscheidungsträgern in ansprechender Form zur Verfügung gestellt werden. Dabei stellt sich die Frage, wie der Austausch der bewerteten Informationen an den Mann/die Frau erfolgen kann. Je nach Zielgruppe existieren dabei unterschiedliche Anforderungen.

Die Ergebnisse der Recherchen und Analysen müssen

- zur richtigen Zeit,
- in dem richtigen Format,
- entscheidungsunterstützend

aufbereitet sein.

Der richtige Zeitpunkt

Bei der Erstellung der Kommunikationsmittel ist immer die Arbeitsweise der Empfänger zu berücksichtigen. So macht es wenig Sinn, den Vertriebsmitarbeitern, die von Montag bis Donnerstag beim Kunden unterwegs sind, zu Beginn jeder Woche einen aktuellen Konkurrenzreport zuzusenden. Wenn sie ihn erhalten, ist er meist schon wieder veraltet. Die Kundenbedürfnisse (in diesem Fall die Mitarbeiterbedürfnisse) und die Arbeitsweise der Mitarbeiter ändern sich auch über die Zeit. Daher muss der richtige Zeitpunkt ständig angepasst werden.

Das richtige Kommunikationsformat

Mitarbeiter, die von Meeting zu Meeting hetzen und nur wenige Ruhepausen haben, müssen anders erreicht werden als Mitarbeiter mit vorwiegend Desktop-fokussierten Tätigkeiten. Kommunikation mit dem CIO erfordert eine andere Aufbereitung der Inhalte als mit dem Leiter der F&E-Abteilung.

Die Ergebnisse der Wettbewerbsbeobachtungsabteilung müssen nach innen verkauft werden. Darunter sind nicht aufwändig kreierte Broschüren zu verstehen (unter dem Motto „wunderschön aber nutzlos"), sondern das Hervorheben von Erfolgen durch die Wettbewerbsbeobachtung. Gutes Design/gute Aufmachung ist nur dann sinnvoll, wenn es dabei unterstützt, die wichtigsten Erkenntnisse effektiv zu vermitteln.

Die Kommunikation sollte aus Kundensicht und in Hinblick auf die Arbeitsweise des Kunden hinterfragt werden:

- Ist die Nachricht einfach und verständlich formuliert?
- Wurden die richtigen Fragestellungen beantwortet?
- Wie lange benötigen wir, um die Nachricht zu vermitteln?

Es ist wichtig herauszuarbeiten welche Personen die Informationen wofür nutzen, um einen „Baukasten" der wichtigsten Report- und Analysetools zu entwickeln. Das Format ist manchmal genauso wichtig wie der Inhalt. So möchte das Topmanagement anders informiert werden als die Forschungs- und Entwicklungsabteilung. Während es dem einen nicht detailliert genug sein kann, reicht dem anderen ein kurzes Statement. Das gleiche gilt für die Präsentationsauswahl. Manchen genügt ein regelmäßiger Newsletter per E-Mail, andere Personen wollen eine persönliche Präsentation. Um die Zielgruppen auch wirklich zu erreichen, macht es Sinn, die gleiche Information über verschiedene Kommunikationskanäle an die „Empfänger" zu senden. Manche Mitarbeiter sind bereits so resistent gegen E-Mails oder schriftliche Rundschreiben, dass sie nur durch eine mehrkanalige Ansprache erreicht werden können.

Tabelle 17: Zielgruppenspezifische Kommunikationsbedürfnisse

Zielgruppenspezifische Kommunikationsbedürfnisse	
Zielgruppe im Unternehmen	**Spezifische Ansprache**
■ Vorstand, Geschäftsführung, Top-Management	■ Persönliche Ansprache, Kurzinfos über den Wettbewerber
■ Multiplikatoren, Heavy-User	■ Konkurrenzprofile
■ Management, Führungskräfte	■ Wettbewerbsprofile, Marktanalysen
■ Mitarbeiter	■ Newsletter, unternehmensweites Intranet

Tabelle 18: Reporting-Formate

Reporting-Formate	
Format	**Anmerkungen**
■ Community	Regelmäßigen Competitor Circle im Unternehmen
■ E-Mail Newsletter	Regelmäßig in vertrautem Layout, diverse Formen für Adressaten verschiedener Hierarchieebenen
■ Executive Intelligence Briefings	Strategische Bewertungen für das Top-Management
■ Formale Reports	Konkurrenzprofile, M&A-Reports (auf Basis vordefinierter Templates)
■ Informelle Meetings	„Gang"-Konversation
■ Intranet Sites	Eigener Bereich Wettbewerbsbeobachtung, kontinuierliche Updates, meist für alle Mitarbeiter – je nach Zugangsberechtigung
■ Mündliche Präsentationen, Executive Meetings	Bei Top-Management, auf Nachfrage bei anderen Entscheidungsträgern
■ News Alerts	Meldungen die unmittelbar an die Entscheidungsträger weitergeleitet werden (per E-Mail, SMS)
■ Regular Briefings	Regelmäßige (vierteljährliche) Markt-Updates
■ Training	Kommunikation von wettbewerbsrelevanten Informationen bei z. B. Sales Trainings

! **Tipp**
Vermeiden Sie Abkürzungen und firmenspezifische Ausdrücke und denken Sie bei der Analysephase bereits an eine lesergerechte Aufbereitung der Infos.

Entscheidungsunterstützung

Was wird kommuniziert? In erster Linie werden genau die Informationen kommuniziert, zu denen ein Bedürfnis formuliert wurde, d.h. mit denen ein Entscheid getroffen werden kann. Bei einigen Informationen ist es sogar sinnvoll, proaktiv zu kommunizieren und die Informationen zu ‚pushen'. Die Aufbereitung der Entscheidungsgrundlagen und Weiterleitung an die Zielperson bedeutet noch nicht, dass diese die Information lesen, verstehen oder eine Entscheidung herbeiführen wird. Es ist eine Frage des internen Verkaufs und der (positiven) Erfahrungen des Managements, ob die Entscheidungsgrundlage wirklich für Entscheidungen berücksichtigt wird.

Anforderungen an die Kommunikation

- ■ Das Design des Reports ist den Wünschen des Managements anzupassen.
- ■ Der Umfang variiert je nach Zielgruppe und Zweck. Generell sollten der Report immer so kurz wie möglich gehalten sein (One Page Management).

- Die Berichte sind in einer einfachen, leicht verständlichen Sprache zu verfassen.
- Generell sind die Ergebnisse objektiv und ohne persönliche Beeinflussung darzustellen. Die Entscheidung fällt allein der Auftraggeber, das Management. Wird der Bericht als zu subjektiv empfunden, kann sich das Management in seiner Entscheidungsautorität untergraben fühlen.
- Sachverhalte sollten unter Verwendung von Tabellen und Grafiken möglichst visualisiert werden.
- Um die Zielgruppen nicht zu verwirren, sollte sich ein gleich bleibendes Format der Berichterstattung durchsetzen.
- Zu detaillierte Zahlenwuste sind zu vermeiden (abhängig von der Zielgruppe).

2.4.1 Pull- und Push-Kommunikation

In der Kommunikation mit den unterschiedlichen Zielgruppen unterscheidet man zwischen der Pull- und Push-Kommunikation. Bei der Pull-Kommunikation („ziehen" oder „sich selbst holen") muss die Information selbst angefordert oder recherchiert werden. So erhält das Management auf Anfrage die gewünschten Informationen, recherchieren Multiplikatoren eigenständig in bestehenden Reports oder suchen im unternehmenseigenen Intranet-System nach den neuesten Informationen zum Wettbewerb.

Bei der Push-Kommunikation („drücken" oder erhalten) liefert der Wettbewerbsbeobachtungs-Verantwortliche automatisch und regelmäßig die gewünschten Informationen an die Zielgruppen. Beispiele sind E-Mails, regelmäßige Newsletter oder persönliche Präsentationen. Die Push-Kommunikation basiert dabei auf Interessensprofilen, die der Mitarbeiter/Entscheider für sich definiert. Die Benachrichtigungsart kann der Entscheidungsträger ebenfalls selbst definieren (per SMS, E-Mail etc.).

Instrumente zur Pull-Kommunikation

- Aktive Recherche der Zielgruppe über Suchfunktionalitäten, vorgefertigte Reports und Schlüsselfragen (KIQs)
- Intranet
- Konkurrenzbericht

Instrumente zur Push-Kommunikation

- Alert-Service: automatische Benachrichtigung bei Eintreten eines vordefinierten Ereignisses
- Laufende Lieferung von Wettbewerbsinformationen per E-Mail, SMS

- Newsletter
- Persönliche Präsentationen

2.4.2 Visualisierungstools

Tabelle 19: Vor- und Nachteile von Visualisierungstools

Vorteile	Nachteile
■ Übersichtliche Darstellung und Erklärung komplexer Daten	■ Zu starke Reduktion der Informationen
■ Einfacher zu erfassen als Texte und Zahlenkolonnen	■ Teilweise schlecht weiterverarbeitbar (Programm oder Datenbasis nicht vorhanden)
■ Regt zur Kommunikation und Diskussion an	■ Anlernzeit für das neue Programm
■ Spart Zeit	■ Zusammenarbeit schwer möglich (andere Mitarbeiter verfügen nicht über das Programm)

Neben den bekannten Präsentationstools, wie Powerpoint oder Visio, existieren noch weitere Tools zur Visualisierungsunterstützung.

Zeitreihen

Bei der Zeitreihendarstellung werden die erhobenen Informationsbestandteile anhand eines für sie relevanten Datums auf einer Zeitachse dargestellt und in Beziehung zueinander gesetzt. Bei dieser Darstellungsform lassen sich zeitliche Entwicklungen und eventuelle Querverbindungen zwischen einzelnen Konkurrenten sehr gut analysieren.

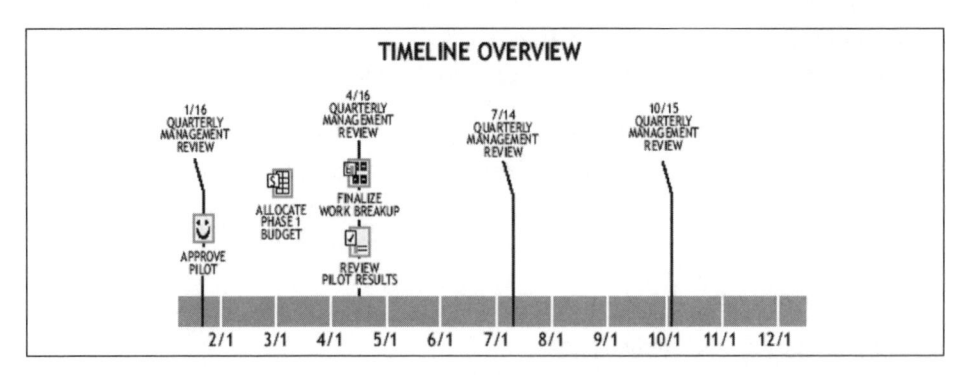

Abbildung 23: Zeitreihenanalyse. Quelle: Caper eBook Software´s timeline

Kommunikation 115

Beziehungsnetzwerke

Die visuelle Aufbereitung von Beziehungen zwischen Personen, Unternehmen, Organisationen usw. kann komplexe Strukturen einfach darstellen.

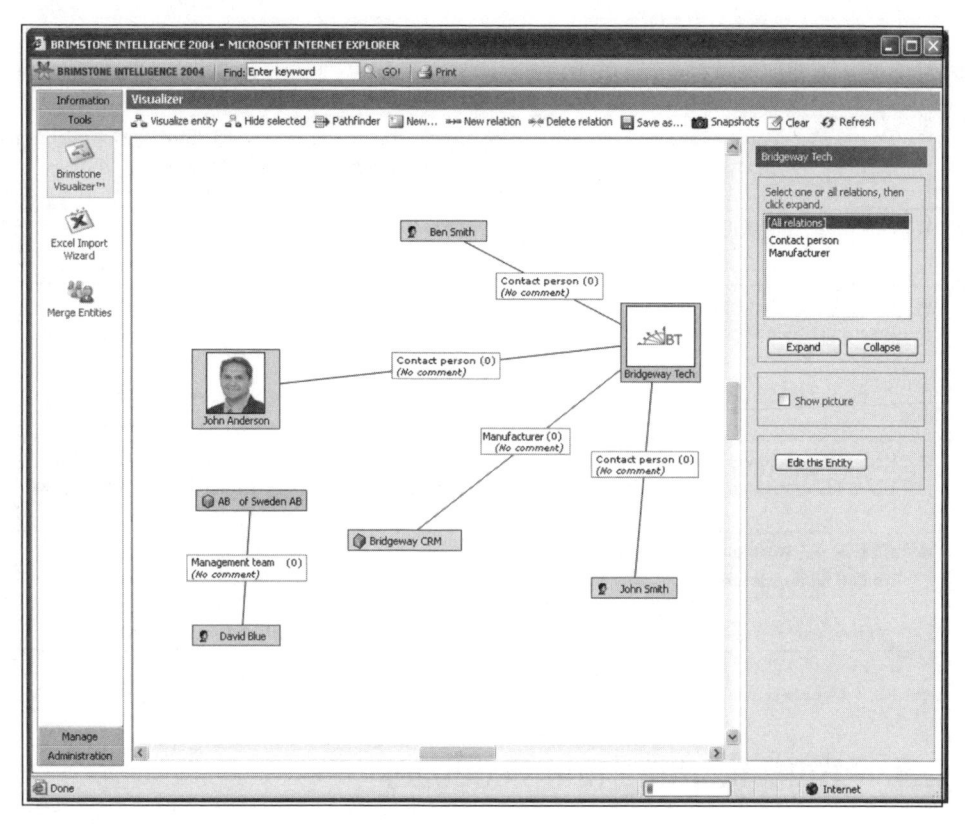

Abbildung 24: Beziehungsnetzwerke. Quelle: Brimstone Intelligence

Strategieraum („Warroom")

Unter einem Strategieraum versteht man eine Methode zur Visualisierung sämtlicher wettbewerbsrelevanter Zusammenhänge eines Unternehmens. Dabei werden in einem Besprechungsraum alle wettbewerbsrelevanten Informationen auf Schautafeln groß und übersichtlich visualisiert.

Mittels Metaplantechnik werden Portfolios, Branchenstrukturen, Branchenentwicklungen, Kundeninformationen, Projekte übersichtlich und anschaulich dargestellt. Diese interaktive Gesamt-Übersicht ist für die Entscheidungsfindung in Teams besonders geeignet, da alle Teilnehmer gleichzeitig alle Daten und Schaubilder vor Augen haben. Die

Methode eignet sich deshalb beispielsweise für strategische Planungssitzungen, Produktentwicklungsprozesse u.a.

Tabelle 20: Lösungsvorschläge für Probleme in der Kommunikationsphase

Lösungsvorschläge für Probleme in der Kommunikationsphase	
Problemstellung	Lösungsvorschlag
■ Vorstand/Geschäftsführung hat keine Zeit	■ Kurznotiz anfertigen, die rasch überflogen werden kann. Bei Interesse wird Vorstand Zusatzinformationen, den Bericht sehen wollen
■ Reporterstellung erfordert zu viel Zeit	■ Definition von Report-Templates (Vorlagen) ■ Unterstützung durch angebotene Software-Tools
■ Keine aktive Nachfrage nach Informationen seitens der Führungskräfte	■ Führungskräfte regelmäßig mit Wettbewerbsinformationen versorgen (Push-Prinzip) z.B. durch regelmäßig erscheinenden Newsletter ■ Analyseergebnisse der Wettbewerbsbeobachtung müssen dem Management „verkauft" werden
■ Keine Rückmeldung über die Qualität der Berichte durch die Führungskräfte	■ Feedbackmöglichkeiten bei allen Kommunikationsmitteln vorsehen (Relevanz des Reports, zusätzliche benötigte Informationen etc.)
■ E-Mails mit Wettbewerbsinformationen werden nicht gelesen	■ Einheitliches Layout und eindeutige Bezeichnung des Inhalts in der Betreff-Zeile; verhindert ein Untergehen in der alltäglichen E-Mail-Flut, Fokussierung des Inhalts auf das Wesentliche

2.5 Entscheidung und Feedback

Der fünfte Schritt des Prozesses beinhaltet die Entscheidung des Managements auf Grundlage der präsentierten Informationen, des weiteren das Feedback an die dafür zuständigen Personen und den Input von neuen Fragestellungen (Bedürfnissen) für den ersten Schritt des Wettbewerbsbeobachtungsprozesses.

Entscheidungen

Der Entscheidungsträger, das Management trifft aufgrund der von der Wettbewerbsbeobachtungsstelle aufbereiteten Informationen seine Entscheidungen. Die entsprechenden Maßnahmen im Unternehmen werden eingeleitet.

Entscheidung und Feedback 117

„Der Schwache zweifelt vor der Entscheidung; der Starke danach."

Karl Kraus

Feedback/Erfolgskontrolle

Durch regelmäßiges Feedback der Entscheidungsträger soll die Leistung der mit der Wettbewerbsbeobachtung beauftragten Personen beurteilt werden. Auch dient es als laufende Rückkopplung zur Verbesserung des Prozesses. Es muss geprüft werden, ob die erhaltenen Daten wirklich als Basis für Geschäftsentscheidungen verwendet wurden und damit ein Wettbewerbsvorteil zu erzielen war. Die Wettbewerbsbeobachtung darf nie zum Selbstzweck werden. Für das Management müssen Feedbackmechanismen eingebaut werden, die leicht verständlich und rasch auszuführen sind. Lange Beurteilungsbögen werden in der betrieblichen Praxis ungern ausgefüllt. Eine ständige Verbesserung der Wettbewerbsbeobachtung ist nur durch Rückmeldungen der (internen) Kunden möglich.

Anonymes Feedback vermeiden

Die Möglichkeit, anonyme Feedbacks zu geben, sollte, wenn möglich, nicht in Betracht gezogen werden. Zum einen ist ein elektronisches Feedback nicht wirklich anonym und kann zurückverfolgt werden. Das wissen auch viele Mitarbeiter. Zum anderen ist es wichtig zu wissen, wer warum unzufrieden ist, um gezielt eine Verbesserung anbieten zu können.

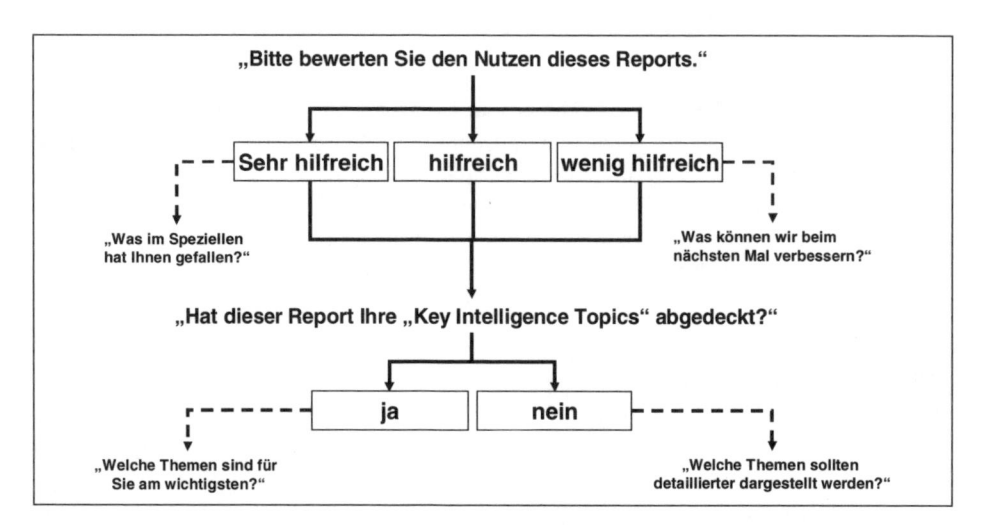

Abbildung 25: Feedbackvariante eines Reports; Quelle: Sperger, M.; IBM Global Services; Managing the Message: Communicating Intelligence that Makes a Difference, 2003

Erfolgsmessung – Lohnt sich der Aufwand?
- Hatte die Aktion den gewünschten Effekt?
- Hätten wir eine bessere Entscheidung treffen können?
- Sind die antizipierten Entwicklungen tatsächlich eingetreten?
- Was passiert, wenn ich die Informationen nicht habe?
- Welche Art von Informationen oder Analysen hätte uns zu einer besseren Entscheidung geführt?
- Wie können wir den Prozess verbessern?
- Wie reagierten die Mitbewerber auf unsere Handlungen?

Neue Aufgabenstellungen

Die Entscheidungen und damit verbundene Handlungen geben häufig Anlass für neue Fragestellungen. Die Prozessschritte Entscheidung und Planung liegen zeitlich dicht nebeneinander, der Kreislauf der Wettbewerbsbeobachtung beginnt von neuem.

2.6 Counter Intelligence – Beobachtung des eigenen Unternehmens durch die Konkurrenz

Die Konkurrenz schläft nicht. Während ein Unternehmen die Konkurrenzinformationen analysiert, geschieht auf den Schreibtischen des Wettbewerbs genau das Gleiche. Als Unternehmen ist man somit „Angreifer" und „Verteidiger" gleichzeitig. Genau wie man selbst ist auch die Konkurrenz daran interessiert, möglichst viel zu erfahren. Deshalb sollte neben dem Fokus auf den Wettbewerb auch die eigene Informationspolitik kritisch hinterfragt werden.

„Die ganze Kunst des Redens besteht darin
zu wissen, was man nicht sagen darf."

George Canning

Parallel zum im vorigen Kapitel beschriebenen Prozess der Wettbewerbsbeobachtung sollte man sich daher auch immer fragen: „Ich möchte xy über meinen Konkurrenten wissen, kann man das auch über mein Unternehmen in Erfahrung bringen?"

Nicht für die Öffentlichkeit bestimmt – potenzielle Schwachpunkte in Unternehmen sind:

- Biografien von leitenden Mitarbeitern
- Eigene Homepage
- Fachdiskussionen in Newsgroups: Gerade im technischen Bereich tauschen sich Mitarbeiter gerne über das Netz aus. So wurde schon manches Entwicklungsprojekt heftig im Netz diskutiert
- Führungen durch das Werksgelände, Betriebsführungen
- Gebäudesicherungen
- Gebrauchsanweisungen, Produktbeschreibungen
- Gespräche über Firmeninterna in öffentlichen Bereichen
- Partner oder Lieferanten
- Präsentationen bei Konferenzen
- Presseaussendungen
- Stellenanzeigen (nicht zu viel verraten)
- Vorträge und Interviews (auch die Fragen aus dem Publikum)

! Tipp
Was erfahren Sie über Ihr Unternehmen? Lassen Sie einen Praktikanten/oder eine Studentengruppe im Rahmen einer Facharbeit an der Universität einen Report über Ihr Unternehmen anfertigen. Welche Informationen dürften darin gar nicht enthalten sein?

Die im angloamerikanischen Raum auch als **„Counter Intelligence"** bezeichneten organisatorischen und technischen Vorkehrungen dienen dem Eigenschutz vor legalen oder illegalen Wettbewerbsattacken.

Prävention: Treffen von Vorkehrungen, um nicht selbst „Opfer" von Wettbewerbsbeobachtung zu werden

Ziel ist dabei die Vermeidung oder zumindest Eingrenzung „undichter Stellen" im Unternehmen, über die potenziell wettbewerbsrelevante Informationen ungewollt zur Konkurrenz gelangen könnten. Die Veröffentlichung bestimmter Informationen sollte nicht unbewusst erfolgen.

Maßnahmen

- Schulung (Sensibilisierung) der Mitarbeiter und des Managements
- Durchführung von Sicherheitsaudits
- Begutachtung von Presseerklärungen, Referaten und anderen Veröffentlichungen
- Verzicht auf freiwillige Zusatzinformationen bei gesetzlichen Veröffentlichungspflichten

Diese Aktivitäten sind immer auch im Zusammenhang mit dem generellen Schutz vor Industriespionage zu sehen. Der Bereich Sicherheit (Spionage, Terrorbekämpfung, ...) ist nicht Bestandteil des Buches und gehört eher zu dem seit dem 11. September 2001 boomenden Markt von Risikomanagement-Dienstleistungen. Aus diesem Grund wird er hier nicht ausführlicher behandelt.

Checkliste Informationsbedürfnisse

Tabelle 21: Checkliste Informationsbedürfnisse

1. Strategische und taktische Entscheidungen

Welche Entscheidungen und/oder Aktionen werden Sie in den nächsten Monaten treffen, von welcher Stelle Sie noch zusätzliche Informationen benötigen?

In welcher Form werden Sie diese Informationen einsetzen?

Wann benötigen Sie diese Informationen?

2. Frühwarnsignale

Überlegen Sie sich, welche „Überraschungen" Sie in der Vergangenheit in Ihrem Markt, Ihrem Unternehmen, Ihrem Geschäftsfeld erlebt haben.

In welchen Themenbereichen möchten Sie in Zukunft nicht „überrascht" werden (z.B. neue Konkurrenten, Technologien, Allianzen, Übernahmen etc.)?

3. Hauptakteure in ihrem Markt: Kunden, Konkurrenten, Lieferanten, Regierung etc.

Identifizieren Sie jene Hauptakteure, die Ihr Unternehmen noch besser kennen sollte. Welche sind das?

Was speziell wollen Sie über diese Hauptakteure wissen?

Musterbeispiel Konkurrenzprofil

Tabelle 22: Musterbeispiel eines Konkurrenzprofils

Musterbeispiel eines Konkurrenzprofils	
1. Allgemeine Unternehmensdaten	**2. Finanzdaten**
Firma Mustermann Adresse: Musterstrasse 13 10111 Stadt Tel./Fax.: 000/ 111 222 www.mustermann.com ■ **Kennzahlen** Umsatz Mio EUR; Gewinn/Verlust Mio EUR Mitarbeiter (+/- %) ■ **Management** Vorstand/Geschäftsführung Aufsichts-/Verwaltungsrat Leitende Mitarbeiter ■ **Anteilseiger** Eigentümer; Aktionärsstruktur ■ **Geschichte/Unternehmenshistorie** ■ **Produkt/Service-Portfolio**	■ Bilanzdaten ■ Gewinn- und Verlustrechnung ■ Finanzielle Kennzahlen ■ Prognosen zum Geschäftsverlauf ■ Kursentwicklung der Aktie
3. Beteiligungen/Kooperationen	**4. Kunden & Positionierung**
■ Tochtergesellschaften ■ Kooperationen ■ Unternehmensbeteiligungen ■ Konzernzugehörigkeit	■ Größte Kunden; Kundenstruktur ■ Positionierung im Markt ■ Marktanteile ■ Wahrnehmung, Eigendarstellung, Aussagen Dritter
5. Unternehmenskultur/Strategie	**6. F&E, Innovationsfähigkeit**
■ Unternehmenskultur, Philosophie, Werte ■ Strategische Ausrichtung ■ Produkt-/Service-Strategie ■ Internationale Ausrichtung ■ M&A-Strategie	■ Beteiligung an Forschungsprojekten ■ Forschungsvorhaben, F&E-Ausgaben ■ Preise, Auszeichnungen, Innovationsfähigkeit ■ Neue Produkte, Technologien, Anzahl Patente ■ Forschungsarbeiten, Publikationen
7. Stärken & Schwächen	**8. Marktsignale**
■ Stärken ■ Schwächen	■ Meldungen in den letzten Monaten

Zusammenfassung Kapitel 2

- In diesem Kapitel wurde der fünfstufige Prozess der Wettbewerbsbeobachtung erläutert. Im ersten Schritt werden die Zielsetzungen im Zusammenhang mit der Wettbewerbsbeobachtung erarbeitet. Der zweite Schritt umfasst die Auswahl der geeigneten Informationsquellen und die Informationssammlung. Mit Hilfe unterschiedlicher Analyseverfahren werden in einem dritten Schritt die Informationen weiterverarbeitet und zueinander und zum eigenen Unternehmen in Beziehung gebracht. Im vierten Schritt werden die Informationen entscheidungsgerecht aufbereitet und kommuniziert. Zuletzt erfolgen im fünften Schritt die Entscheidung durch das Management, ein Feedback zu den Analysen und die Festlegung von neuen Themenstellungen.

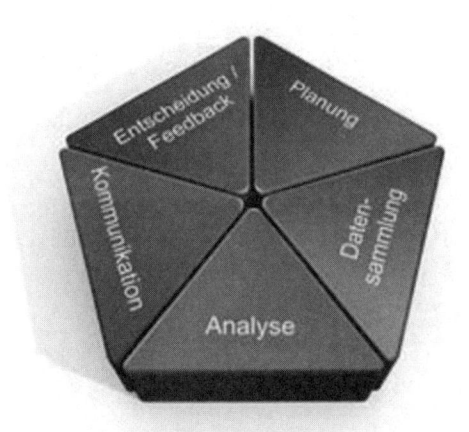

- Unter Counter-Intelligence werden organisatorische und technische Vorkehrungen verstanden, um nicht selbst „Opfer" von Wettbewerbsbeobachtung zu werden

Laufend aktualisierte Informationen sind unter www.wettbewerbsbeobachtung.com zu finden.

3 Die Voraussetzungen im Unternehmen

Hauptthemen

3.1 Systeme

3.2 Organisation

3.3 Kosten

3.4 Kultur

3.5 Personen

Zielsetzung

- Nach diesem Kapitel wissen Sie, worauf der Wettbewerbsbeobachtungsprozess im Unternehmen aufgebaut wird.
- Sie wählen die richtigen Softwaretools zur Unterstützung Ihres Systems aus.
- Sie erfahren, warum die Involvierung Ihrer Mitarbeiter unbedingt notwendig ist.

Die erfolgreiche Einführung der Wettbewerbsbeobachtung ist wesentlich davon abhängig, ob entsprechende Rahmenbedingungen im Unternehmen geschaffen werden können. Diese Rahmenbedingungen bilden das „**Fundament**" für den Wettbewerbsbeobachtungsprozess.

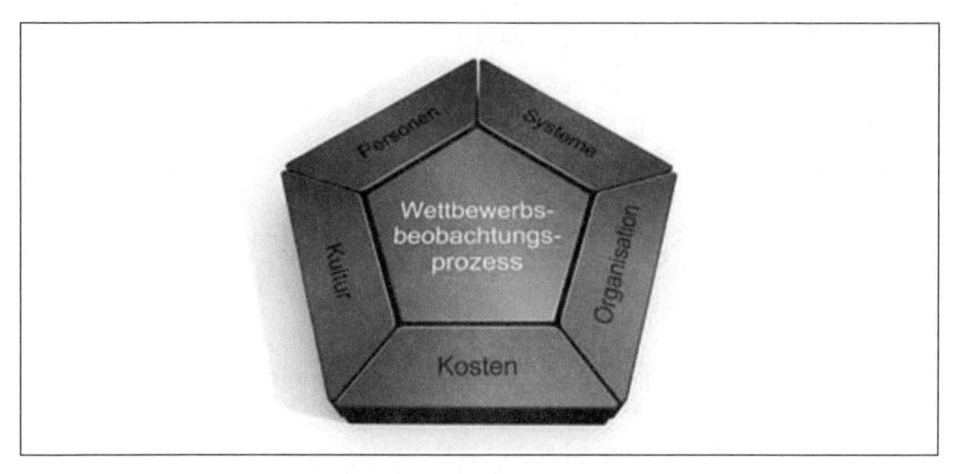

Abbildung 26: Voraussetzungen für die Wettbewerbsbeobachtung, die im Unternehmen gegeben sein müssen

Das **Fundament** besteht aus fünf Teilen:

1. einem **technologischen Teil**, der die bestehende IT-Infrastruktur, die Applikationen, die den Wettbewerbsbeobachtungsprozess bzw. einzelne Stufen davon unterstützen, umfasst. Welche Systeme ermöglichen den effektiven Aufbau eines WB-Systems? Welche Anforderungen ergeben sich daraus an die IT? Software für diesen Bereich muss ein integrierter Teil der Unternehmens-IT sein;

2. einem **organisatorischen Teil**, der die Verankerung der Wettbewerbsbeobachtung im Unternehmen bestimmt (z.B. ob die Wettbewerbsbeobachtung zentral oder dezentral organisiert werden soll, soll die Erhebung und Analyse nur von bestimmten Personen ausgeführt werden, oder haben alle Mitarbeiter die Möglichkeit, einen Beitrag zu liefern etc.). Welche organisatorischen Anforderungen gibt es? Das Management muss den Prozess unterstützen;

3. einem **monetären Teil**, schließlich müssen die Ressourcen bereitgestellt und Investitionen getätigt werden;

4. einem **kulturellen Teil**, der die interne Informationspolitik des Unternehmens beleuchtet, das Teilen von Wissen etc. Welche kulturellen Merkmale unterstützen oder

behindern die Wettbewerbsbeobachtung? Welche Maßnahmen müssen eingeleitet werden?;

5. einem **personellen Teil**, der die Auswahl und Qualifikation der geeigneten Projektmitarbeiter, das Training und die Motivation der Mitarbeiter im Wettbewerbsbeobachtungsprozess mitzuarbeiten umfasst.

Für ein Unternehmen ist es wichtig, die richtige Balance zwischen den oben genannten Bereichen zu finden, um ein stabiles Fundament für die erfolgreiche Erstellung eines Wettbewerbsbeobachtungssystems oder -programms zu schaffen. Der Prozess, der auf diesem Fundament aufbaut, wurde bereits im Kapitel 2 ausführlich beschrieben.

3.1 Die technologische Basis

Der Einsatz von technischen Systemen in der Wettbewerbsbeobachtung ist abhängig von der Unternehmensgröße, dem Stellenwert des Themas (dem Wettbewerbsdruck der Branche) und der vorhandenen IT-Infrastruktur des Unternehmens. Technische Lösungen können deshalb von Einzelplatzsystemen über spezielle Wettbewerbs-Portale bis zur Einbindung in bestehende Customer-Relationship-Management-Systeme (CRM), Dokumenten-Management-Systeme (DMS) oder Intranetanwendungen gehen.

Laut einer Studie des Personalberatungsunternehmens Korn-Ferry und der University of Southern California gaben 79 Prozent der Befragten (4500 Wissenschaftler, Ingenieure und Manager) an, dass sie über nicht genügend Informationen über die Konkurrenz verfügen. Andererseits gehen andere Studien davon aus, dass 80 bis 95 Prozent der notwendigen Informationen bereits irgendwo im Unternehmen verfügbar sind – man weiß jedoch nicht wo! Unternehmen haben also keinen Mangel an Informationen, trotzdem fehlt es an Einblick in ihr unmittelbares Konkurrenzumfeld. Warum ist das so? Viele Unternehmen speichern wichtige und geschäftskritische Informationen an unterschiedlichen Plätzen im Unternehmen ab und machen es damit sehr schwierig, aus diesen Daten nützliche Informationen zu generieren. Ohne ein organisiertes, strukturiertes System, welches einen einfachen Zugang und einfache Suchmöglichkeiten bietet, werden viele der abgelegten Informationen nie verwendet. Die technologischen Entwicklungen in den letzten Jahren ermöglichen aber die Suche nach und die Aufbereitung von diesen verstreut vorhandenen Informationen.

„Man sieht den Wald vor lauter Bäumen nicht."

Christoph Martin Wieland

3.1.1 Wissens-, Content-, Dokumentenmanagement etc.

Nicht alle Wettbewerbsbeobachtungsstellen verwenden spezielle Softwarelösungen. Aufbauend auf der bestehenden IT-Infrastruktur des Unternehmens werden Elemente der Wettbewerbsbeobachtung in Knowledge-Management-Anwendungen, CRM oder Intranet-Portale eingebunden. Informationssysteme für die Wettbewerbsbeobachtungs sind keine „reinen" Redaktions-, Dokumenten-Management- oder Wissensmanagementanwendungen. Sie setzen auf die Funktionalitäten dieser Systeme auf, beinhalten aber darüber hinaus noch eine Reihe an weiteren Funktionen (z. B. Textmining, Visualisierungen, Usage-Tracking). In der folgenden Tabelle werden die benötigten Technologien für die unterschiedlichen Funktionen des Prozesses dargestellt.

Tabelle 23: Informations- und Kommunikationstechnologien die die unterschiedlichen Aufgaben im Wettbewerbsbeobachtungsprozess unterstützen. Quelle: in Anlehnung an Infoball.de

Funktion	Technologien
Wissen definieren Anlegen, Wiederfinden	Datenbanken, Information Retrieval Tools, Usage Tracking Tools ...
Wissen erschließen Suchen, Extrahieren, Filtern	Text Mining, Data Mining, Information Retrieval Tools, Metasuche ...
Wissen systematisieren Erfassen, Klassifizieren, Speichern	Data Warehouse, Datenbanken, Workflow Management, Dokumentenmanagement, Content Management Systeme ...
Wissen distribuieren Verbinden, Vermitteln, Teilen	Intranet, Corporate Portals, Groupware, Mail/ Messaging, Foren ...
Wissen bewerten und interpretieren Feedback, Profiling	Feedbacktools, Visualisierungstools ...

3.1.2 Allgemeine Anforderungen an die technologische Basis

Im Folgenden wird skizziert, welche Anforderungen Anwender an diese Systeme stellen und was bei der Auswahl von Wettbewerbsbeobachtungssystemen zu berücksichtigen ist. Grundsätzlich sind alle Anwendungen, um erforderliche Funktionalitäten bereitstellen zu können, in die bestehende IT-Infrastruktur zu integrieren – es sollen keine Insellösungen entstehen. Die bestehenden IT-Systeme sollten daher offen sein, um die Einbindung von Wettbewerbsbeobachtungssoftware zuzulassen. In manchen Unternehmen werden auf „bewährte" geschlossene Systeme gesetzt, die den heutigen Ansprüchen nicht mehr gerecht werden. Hier ist es besser, eine eigene kleine Insellösung zu fahren und auf die Ablösung des Systems (oder des IT-Abteilungsleiters) zu warten. Die Zusammenführung der Informationsströme zu einem „Single Point of Information" ist kein einfaches Unterfangen – der Aufwand für die Datenintegration sollte nicht unterschätzt werden.

Einfache Bedienung (Usability)

Alle Mitarbeiter müssen unkompliziert sowohl Daten in das System einstellen als auch darin recherchieren können. Die Arbeitsoberfläche sollte intuitiv zu bedienen sein, d.h. die Informationen stehen dort, wo die Mitarbeiter sie erwarten, die Navigation ist vertraut. Gewohnte Standards (wie Layout, Organigramme) sollten eingesetzt werden. Die Suchfunktion sollte ebenfalls benutzerfreundlich sein. Eine der wichtigsten Funktionen ist das Anlegen von individuellen Profilen. Mittels Personalisierungstechniken können die Inhalte des Systems auf die Informationsbedürfnisse des einzelnen Users angepasst und zugeschnitten werden. Darauf aufbauend kann zielgruppenspezifischer Inhalt mit Abo-Möglichkeit, persönliche Linklisten („My Favourites"), oder spezifische Benachrichtigungen (Alerts) definiert werden.

Flexibilität, Systemintegration

Offene Standards müssen Ergänzungen ermöglichen, um rasch auf veränderte Kundenwünsche reagieren zu können. Alle Anwendungen sind mit der bestehenden IT-Infrastruktur zu integrieren – keine Insellösungen. Das System muss offen und erweiterbar sein. Die Integration verschiedener Komponenten ist erforderlich (Suchmaschine, Anbindung von internen und externen Datenbanken etc.). Auch müssen bestehende Inhalte aus anderen Systemen übernommen werden.

Hilfe-Funktion/Help-Desk

Bei auftretenden Fragen zur Recherchestrategie, der Formulierung von Suchfragen und der Nutzung gewonnener Ergebnisse sollte eine Hilfsfunktion verfügbar sein bzw. ein Helpdesk eingerichtet sein.

Skalierbarkeit – Ausbaufähigkeit und Erweiterbarkeit

Beides muss von Anfang an beim Aufbau eines Wettbewerbsbeobachtungssystems berücksichtigt werden: zum einen in Bezug auf eine steigende Anzahl von Nutzern (Mitarbeitern) des Systems, zum anderen auch auf den zukünftigen Ausbau der Anwendungen. Die technologische Infrastruktur muss leicht an ein erhöhtes Datenaufkommen angepasst werden können.

Suche

Intelligente Suchfunktionen erlauben das schnelle Wiederauffinden von Informationen. Die Verfahren reichen von der einfachen Datenbank-Abfrage bzw. Volltextsuche bis hin zu semantischen Suchen. Bei letzteren wird nicht nur nach den vom Benutzer eingegebenen Worten gesucht, sondern auch nach weiteren, thematisch nahen Begriffen. Andere Funktionen erlauben das Generieren von Inhaltsangaben sowie das Auffinden von ähnlichen Dokumenten. Eine wesentliche Hilfe beim Recherchieren ist die Einbindung eines Thesauri. Bei der Formulierung von Suchfragen erhält der Nutzer eine aktive Unterstützung für die Auswahl der richtigen Suchbegriffe. Angezeigt werden die Begriffshierarchien, Synonyme, assoziative Begriffe usw.

„Ein Thesaurus im Bereich der Information und Dokumentation ist eine geordnete Zusammenstellung von Begriffen und ihren (vorwiegend natürlichsprachigen) Bezeichnungen, die in einem Dokumentationsgebiet zum Indexieren, Speichern und Wiederauffinden dient." Quelle: DIN 1463/1

Sicherheit und Zugangsberechtigungen

Das System sollte vor nicht autorisiertem Zugriff geschützt sein. Wichtige Faktoren sind dabei die Definition von Zugangsberechtigungen und die Erarbeitung von Berechtigungsstufen. Es ist weder sinnvoll, dass alle Mitarbeiter sämtliche Wettbewerbsinformationen und Reports erhalten können, noch eine komplette Informationssperre. In der Praxis lässt sich das Problem durch die Definition von Berechtigungsstufen mit der eingesetzten Software einfach administrieren. Dabei wird festgelegt, welche Schreib- und Leserechte der einzelne Mitarbeiter hat. Eingebunden in ein Unternehmensportal wird dem Mitarbeiter durch sein Einloggen automatisch ein Benutzerprofil zugewiesen, sodass er manche Informationsbereiche gar nicht mehr auf seinem Bildschirm angezeigt bekommt. In der Praxis existieren unterschiedliche Level des Vertraulichkeitsgrades (von streng vertraulich bis zu für alle Mitarbeiter zugänglich).

Zuverlässigkeit

Eine gute Erreichbarkeit und Verfügbarkeit der Applikationen führt zu hoher Kundenzufriedenheit und -loyalität. Zudem müssen die Daten laufend gesichert werden und vor fremden Zugriff gut geschützt sein.

3.1.3 Spezifische Anforderungen

Der fünfstufige Prozess der Wettbewerbsbeobachtung sollte optimalerweise durch eine Softwarelösung durchgängig unterstützt werden. In der Praxis existieren für die einzelnen Prozessstufen geeignete Unterstützungsinstrumente. Der gesamte Prozess wird von keinem einzelnen Tool komplett abgedeckt.

1. Planung

In dieser Phase ist der Fokus auf das Wesentliche besonders wichtig, da Leerkilometer vermieden werden und Ressourcen eingespart werden können. Es müssen Fragestellungen und Entscheidungen herausgearbeitet werden, die die Informationsbeschaffungsphase direkt betreffen. Software kann hier nur insofern unterstützen als man auf vergangene Fragestellungen (erarbeitete KITs und KIQs) elektronisch zurückgreifen kann. Bei der erstmaligen Verwendung/dem erstmaligen Einsatz liegt die Hauptarbeit aber bei den handelnden Personen.

In der ersten Stufe gilt das besonders für die Zielsetzungen und die Ermittlung des wettbewerbsrelevanten Informationsbedarfs im Unternehmen. Die Ergebnisse der Bedarfsanalyse sollten recherchierbar abgelegt werden. Schließlich sind Analysen ökonomisch nur zu rechtfertigen, wenn deren Ergebnisse auch tatsächlich vom Management zur Kenntnis genommen und bei der Strategieentwicklung berücksichtigt werden. Ein technisches System muss die Möglichkeit bieten, sowohl dauerhafte Ziele (z. B. ständige Überwachung/Monitoring wichtiger Wettbewerber) als auch Ad-hoc-Zielsetzungen einzelner Analyseprojekte unkompliziert zu definieren und den Status der Bearbeitung zu überwachen. Die Analyse des Abfrageverhaltens der Mitarbeiter ermöglicht eine Priorisierung und Reihung von Informationen und Reports. Aufbauend auf solche Useranalysen kann das System usergerecht ausgerichtet werden. Um die Zusammenarbeit mit anderen effizient zu ermöglichen ist das Anlegen und Delegieren von Anfragen und Aufgaben, das gemeinsame Arbeiten an einem Projekt evtl.ergänzt mit Projektmanagementfunktionen und einem Kalender vorzusehen.

2. Datensammlung (publizierte Informationen)

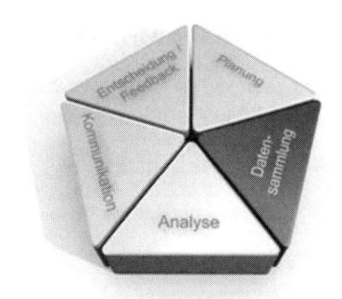

Eine Fülle von Daten unterschiedlichen Formats wird durchsucht, neben Websites auch andere öffentlich zugängige Quellen. Eine Software, die diese Informationen aufnimmt, muss möglichst viele Datenformate unterstützen (optimalerweise auch Multimediadaten, also Audio & Video). Die äußerst vielfältigen, kostenfrei oder gegen Entgelt verfügbaren Daten differieren neben Typ und Strukturierungsgrad vor allem auch im Dateiformat. Da bis zu 80 Prozent der betrieblichen Informationen in unstrukturierten Textdokumenten abgelegt sind, ist die Verarbeitung textueller und auch multimedialer Dateiformate unter Berücksichtigung vorhandener Metadaten im Rahmen der Wettbewerbsanalyse höchst relevant. Neue SW-Systeme können bereits bis zu 200 verschiedene Dateiformate abspeichern. Auch sollte ein Bewertungs/Evaluationsverfahren für die Qualität und den Wahrheitsgehalt von Daten implementierbar sein.

Der Prozess der Informationseingabe muss einfach und selbsterklärend sein. Jeder User kann gemäß seinen Benutzerberechtigungen entsprechen Informationen in das System stellen. Die Informationen im System müssen kategorisiert und indexiert werden können. Der User kann Kategorien ändern und neue anlegen. Auch die Integration von bestehenden Taxonomien ist zu ermöglichen.

Professionelle Informationsdienste, wie Genios, GBI, Reuters, Factiva etc., liefern oft den Hauptstrom von Nachrichten und Neuigkeiten, die in ein System integriert werden. Diese Informationseinspeisung kann automatisiert werden. Vorhandene Datenbestände müssen durch das System erfasst und eingebunden werden können. Zudem kann auch die Datensammlung im Internet durch die automatisierte Sammlung von Informationen durch Suchagenten vereinfacht werden. In der Phase der Informationssammlung lassen sich mittels Textminingverfahren sogenannte Wissenslandkarten (topic maps) erstellen.

Datensammlung (Experten)

Software-Systeme sind noch nicht imstande allein Interviews durchzuführen und Messestände zu beobachten. Wohl aber können Sie auf aktuelle Messetermine verweisen und Eingabefelder für Interviews vorsehen. Auch können Experten-Netzwerke (innerhalb und außerhalb des Unternehmens) angelegt und gepflegt, und eine Suche nach Experten zu Fachthemen ermöglicht werden

Datenqualität

Die Qualität der für die Wettbewerbsbeobachtung verwendeten Daten wirkt sich unmittelbar auf die Ergebnisqualität aus. Vor diesem Hintergrund sollte das IT-System über die Möglichkeit der Einschätzung der Daten hinsichtlich Relevanz und Validität verfügen.

Verwalten von Metainformationen

Ein geeignetes Wettbewerbsbeobachtungssystem hat ein integriertes Metadaten-Management sicherzustellen. Metainformationen können sein:

- Aktivierungsdatum und -zeit
- Analysemethoden
- Autor
- Erstellungsdatum und -zeit
- Klassifizierung

- Protokollierung (Wer hat wann was geändert?)
- Quelle
- Schlagwörter
- Sprache
- Suchbegriffe

Automatische Überwachungsfunktion

Die automatische Überwachung von Websites, Datenbanken etc. ist in der Praxis ein geschätztes Tool. Je nach System kann der Nutzer individuelle Fragen speichern und erhält regelmäßig und automatisch zutreffende Informationen zugestellt. Eine Reihe von internetbasierten Medienüberwachungsdiensten (Agenten) erleichtern mit speziellen Informationsprofilen und niedrigen Kosten auch kleinen Unternehmen die automatische Überwachung von Websites wichtiger Kunden, Lieferanten, Konkurrenten und Fachpublikationen.

3. Analyse

In der Analysephase werden die generierten Daten zu Entscheidungsunterlagen veredelt. Dabei unterstützen Softwaresysteme bei der Zurverfügungstellung von Tools, um Informationen gegenüberzustellen und zu vergleichen wie beispielsweise SWOT-Analysen, Zeitreihen, Portfolioanalysen etc.

In der Praxis ist die Analyse neben der (IT-unterstützten) Aufbereitung von quantitativen Daten durch das Zusammenführen von verschiedenen qualitativen Informationen bestimmt. Um Muster und Zusammenhänge zu erkennen müssen Dokumente sortiert und durchsucht werden können. Die Interpretation der Ergebnisse liegt aber nach wie bei den Mitarbeitern und kann nicht durch eine Software erfolgen. Ein geeignetes System muss dazu beitragen, die aufbereiteten und integrierten Daten in strategisch nutzbares Wissen über den Wettbewerb in der Branche zu überführen. Dazu muss den Analysten eine breite Palette an Methoden der Wettbewerbsanalyse angeboten werden. Entsprechend verschiedener Studien (Mitgliederbefragung des Branchenverbands SCIP, deutsche Studie von Pfaff/Altensen/Glasbrenner, Erfahrungen des Autors) zählen SWOT-Analysen zur Ermittlung von Stärken und Schwächen, Chancen und Risiken einzelner Wettbewerber sowie Konkurrenzprofile zu den am häufigsten verwendeten Verfahren. Ein Wettbewerbbeobachtungssystem sollte aber außerdem auch Verfahren der Wissensentdeckung in Datenbanken und Methoden des Wissensmanagements bereitstellen, um (teil)automatisiert neues und in Handlungsempfehlungen überführbares Wissen in den gesammelten Daten zu entdecken und zu visualisieren, Ähnlichkeiten aufzuzeigen und Verbindungen herzustellen. Für die Bearbeitung und Analyse von Markt- und Wettbewerbsdaten wird eine Vielzahl an Spezialprogrammen angeboten, mit denen Wettbewerbsprofile und Analysen flexibel erstellt und dargestellt werden können.

Analyse von Marktsignalen

Der Market Signal Analyzer ist ein flexibles Programm zur Kategorisierung und Bearbeitung von Marktsignalen. Diese können sowohl historisch (über einen Zeitverlauf) als auch thematisch analysiert und anschließend in Word oder als html-File publiziert werden. Durch das laufende Monitoring von Veränderungen im Markt bekommt der User ständig neue Informations-Bausteine, die das Profil über den Markt vervollständigen. Zur Unterstützung werden dabei sogenannte Veränderungsmatrizen eingesetzt. Die Marktsignale werden dabei in der Software Market Signal Analyzer gesammelt und gespeichert. Wenn beispielsweise ein Konkurrent ein neues Produkt auf den Markt bringt, wird dieses „Marktsignal" kommentiert und dem Konkurrenten sowie dem Themengebiet zugewiesen. Dies verschafft dem Analysten einen umfassenden Marktüberblick, der ihm die Analyse und den Vergleich von verschiedenen Wettbewerbern oder eines bestimmten Themenbereiches ermöglicht. Alle Marktsignale werden mit dem Erfassungsdatum eingestellt, und ermöglichen dem Analysten, den Markt auch in der Zeitdimension zu analysieren. Dadurch lassen sich Änderungen des Marktes antizipieren.

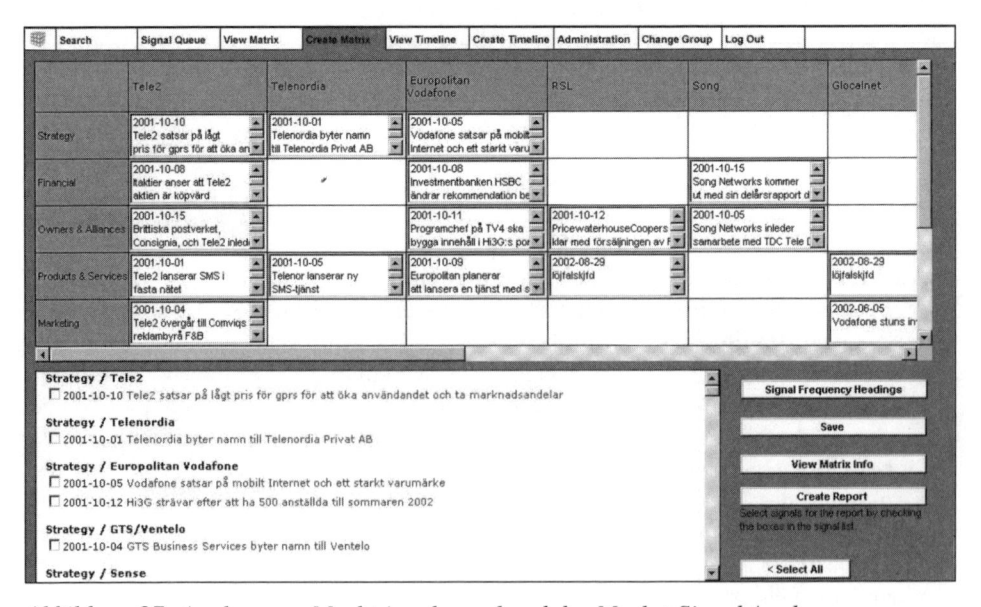

Abbildung 27: Analyse von Marktsignalen anhand des Market Signal Analyzers
Quelle: docere.se

Beziehungsnetzwerke

Zur visuellen Darstellung von Beziehungen (Unternehmen, Personen, Organisationen etc.) und Geschäftsrelationen sind verschiedene Softwaresysteme am Markt erhältlich. Mittels Relationen zwischen Personen und Firmen können informelle Strukturen sehr gut abgebildet werden (z.B. familiäre Verhältnisse, gemeinsame Clubmitgliedschaften etc.).

Der Anwender muss Informationen leicht selbst speichern und abrufen können. Es müssen alle möglichen Formate wie Texte, Graphiken, Fotos, Videos, Websites etc. gespeichert werden können. Das System sollte auch umfangreiche Exportfunktionalitäten benutzen – so können die Ergebnisse einfach, beispielsweise mit den Office-Applikationen, weiterbearbeitet werden. Auch die Definition von Dringlichkeitsleveln (z.B. sofortige Entscheidung nötig, geschäftskritisch; Aktion notwendig; keine Aktion notwendig) ist vorzusehen.

4. Kommunikation

Die Umwandlung der analysierten Informationen in Reports oder andere Kommunikationsformate ist eine wichtige Anforderung an geeignete Softwaretools. Es geht hier vor allem um die richtige Übermittlung der Information an die richtige Person zur richtigen Zeit. In welcher Ausgabeform kann die Information übermittelt werden? Als Newsletter (Push-Dienst), Reports oder durch die Integration in das Unternehmensintranet (Pull-Dienst).

Idealerweise unterstützt ein System die Erstellung eines Reports auf Knopfdruck, bzw. bietet entsprechende Muster, Vorlagen, Templates an. Für die interne Verbreitung von Informationen und Analysen wird ein der Zielgruppe entsprechendes Reportingsystem gewählt.

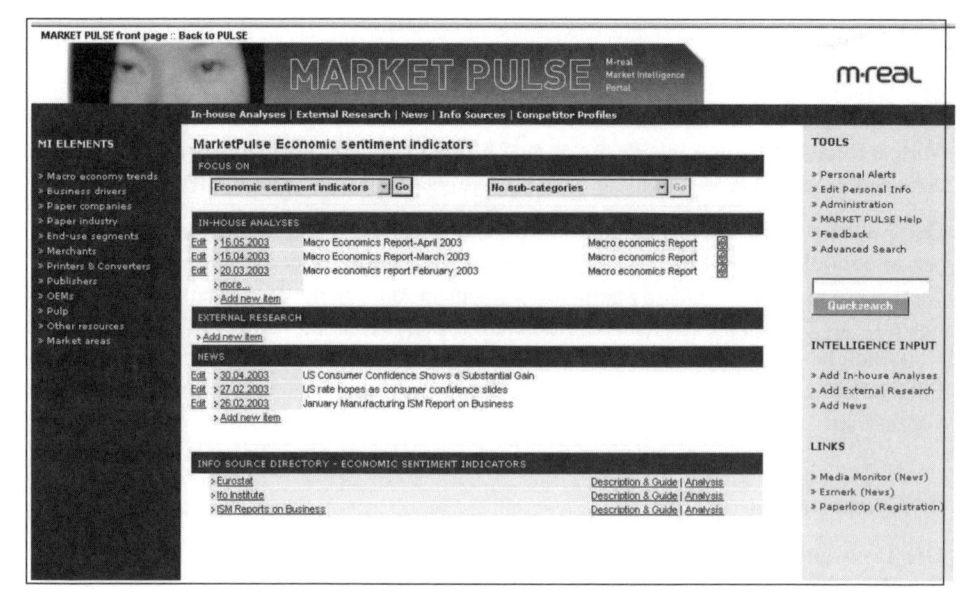

Abbildung 28: Wettbewerbsportal des finnischen Unternehmens m-real. Quelle: Viva Intelligence www.novintel.com

In der Praxis legt man sich auf eine begrenzte Anzahl an Kommunikationsformen fest, mit denen die unterschiedlichen Zielgruppen im Unternehmen unterstützt werden. Die Verteilung/Distribution von Analyseergebnissen erfolgt teilweise elektronisch mittels Groupware. In vielen Fällen zieht das Management aber persönliche Präsentationen vor. Die Ergebnisse der Analyse sollen leicht auffindbar gesichert werden. Ergebnisse oder einzelne Informationspakete sollen direkt per E-Mail oder SMS-Kurznachrichten (als Alerts – Benachrichtigungen) an Kollegen oder Mitarbeiter weitergeleitet werden. Dies vereinfacht und beschleunigt den internen Informationsfluss und bietet eine einheitliche Basis für die interne Information. IT-Systeme müssen diese Funktionalitäten zu Verfügung stellen können. Sehr häufig werden die Berichte über Web-Interfaces einer großen Zahl an Mitarbeiter zugängig gemacht. Mobilität – dem Arbeitsverhalten des Users angepasst, sollte auch mobiles Arbeiten (Handheld, Handy) oder Arbeiten außerhalb des Firmennetzwerks möglich sein. Die Sicherheitsbestimmungen sind dabei jedoch nicht zu vernachlässigen.

5. Feedback – Rückmeldungen

Der Erfolg eines Wettbewerbsbeobachtungssystems steht und fällt mit der Akzeptanz der Benutzer oder Nutznießer. Um deren Zufriedenheit erfassen zu können, sollte ein entsprechendes IT-System Feedbacktools zur Verfügung stellen können. Durch regelmäßige elektronische Umfragen kann eine Evaluation des bestehenden Systems oder die Nachfrage nach neuen Funktionalitäten aufgezeigt werden. Rückmeldefunktionen können in Newslettern, in Wettbewerbsportalen, durch Umfragen oder direkte Beiträge zu publizierten Reports erfolgen. Aus den Rückmeldungen entsteht eine kontinuierliche Verbesserung der Analysequalität. Zudem besteht die Möglichkeit das Userverhalten zu analysieren (track usage). Welche Reports wurden wie oft angesehen, welche Teile des Systems gar nicht beachtet? Diese Feedback-Messung dient auch dazu, die Nachfrage zu dokumentieren.

3.1.4 Software-Evaluation und Auswahl

Die Auswahl der geeigneten Software ist ein Fall für den Spezialisten

Für eine umfassende und sichere Bewertung der aktuell am Markt verfügbaren Softwaresysteme ist die Beiziehung eines spezialisierten Beratungsunternehmen zu empfehlen. Beratungsunternehmen wie Fuld & Company, Aurora WDC oder Intelligence Group haben den Markt analysiert und bewertet. In den aktuellen Software-Studien von Fuld & Company (Stand: 2003) und Aurora WDC (Stand: 2004) wurden komplette CI-Systeme in Bezug auf ihre Unterstützung der einzelnen Phasen der Wettbewerbsbeobachtung analysiert. In Ergänzung der Studien wurden von der Intelligence Group im deutschsprachigen Bereich entwickelte oder eingesetzte IT-Tools bewertet. Hinsichtlich der Komplexität und der benötigten Einarbeitungszeit sollte die Auswahl eines Wettbewerbsbeobachtungssystems mit Unterstützung von Fachexperten durchgeführt werden.

Die zur Auswahl stehenden Systeme können hinsichtlich ihrer Unterstützung des Prozesses der Wettbewerbsbeobachtung, der Unterstützung der bestehenden Infrastruktur und der anfallenden Kosten bewertet werden. Nachfolgende Abbildung skizziert die Bewertung von drei Softwarelösungen anhand dieser Systematik. Die Größe der Kreise symbolisiert die Kosten des Systems.

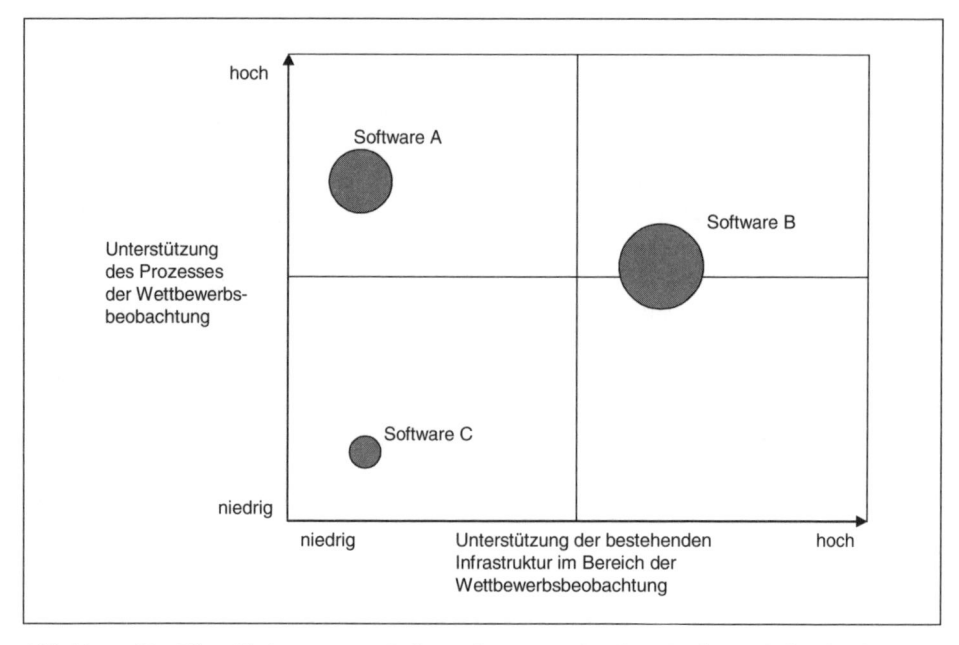

Abbildung 29: Klassifizierung von Softwarelösungen für die Wettbewerbsbeobachtung. Quelle: Vriens, D. Information and Communications Technology for Competitive Intelligence, Portland, 2004

Tabelle 24: Softwarelösungen (Auszug), die im Bereich der Wettbewerbsbeobachtung eingesetzt werden

Softwaretools für die Wettbewerbsbeobachtung		
■ Brimstone Intelligence	■ KnowledgeXchanger	■ Strategy
■ Cogisum	■ K-Warroom	■ TeamPage
■ Docyoument	■ Lixto	■ Viva Intelligence Portal
■ Kapow	■ Marketstat XML	■ Wincite
■ KnowledgeBuilder	■ Market Signal Analyzer	■ Xpider
■ Knowledge.Works		

3.1.5 Ohne Menschen geht es nicht – IT ist kein Allheilmittel

Obwohl eine Vielzahl von IT-Tools zur Unterstützung des Wettbewerbsbeobachtungsprozesses existieren, gibt es oft Schwierigkeiten, diese zu benutzen/anzuwenden. Es besteht teilweise seitens des Managements der Irrglaube, dass der Prozess gänzlich automatisiert werden kann. Aus diesem Grund hat der technologische Bereich oft zu viel Gewicht in Wettbewerbsbeobachtungsprojekten. Außerdem kann ein wichtiger Faktor mit technologischen Lösungen nicht erreicht oder abgefragt werden, die direkte persönliche Information von Experten etc.

> 🌐 **Praxisbeispiel**
>
> **Visa**
> Visa, eines der führenden Kreditkartenunternehmen weltweit, setzt im Bereich der Wettbewerbsbeobachtung besonders auf die „brainpower" der Mitarbeiter. Die vom Unternehmen getestete Software für die Durchforstung des Internets brachte dem Unternehmen und den Analysten zu viel an Informationen und zu wenig an brauchbarem Input. Laut dem zuständigen Manager für Wettbewerbsbeobachtung bei Visa ist die Technologie noch nicht soweit, er setzt weiter vorrangig auf seine Mitarbeiter.
> Quelle: Girard, K.; Snooping on a Shoestring; Business2.0, Mai 2003

Im Anhang dieses Kapitels (S. 147) finden Sie zur Unterstützung eine nützliche Checkliste für die Auswahl von geeigneter Software für die Wettbewerbsbeobachtung.

3.2 Organisation

3.2.1 Wo ist die Wettbewerbsbeobachtung organisatorisch im Unternehmen angesiedelt?

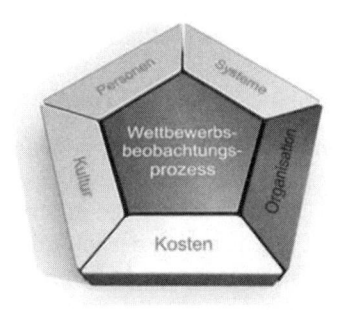

Diese Frage ist von Unternehmen zu Unternehmen verschieden, es ist hier kein genereller Trend erkennbar. Der Bereich der Wettbewerbsbeobachtung hat in manchen Unternehmen den Status einer eigenen organisatorischen Einheit. In den Marketing-, Marktforschungs-, Planungs-, Forschungs- & Entwicklungs-Abteilungen von Unternehmen findet man Spezialistenteams, die sich mit der Thematik auseinander setzen. Auch abteilungsübergreifende Projektteams beschäftigen sich mit Wettbewerbsbeobachtung. Ein wesentlicher und wichtiger Faktor für Erfolg oder Misserfolg der Wettbewerbsbeobachtung im Unternehmen ist die organisatorische Nähe zu den Entscheidern.

Geeignete Ansätze (in Anlehnung an Simon, H.):

1. Eigene Abteilung Wettbewerbsbeobachtung

Man kann eine eigene Abteilung für Wettbewerbsbeobachtung gründen, die üblicherweise als Stabsstelle eng an den Vorstand, die Geschäftsführung gebunden ist. Diese Abteilung sammelt aktiv alle konkurrenzrelevanten Informationen und bereitet sie für das Management auf. Der Vorteil besteht darin, dass ein umfassendes Bild der Konkurrenten zustande kommt, man sich mit konkurrenzbezogenen Fragen an jeweils eine Person/Stelle wenden kann, die Verantwortung klar und eindeutig zugeordnet ist. Es bietet sich an, eine solche Stelle nahe an oder unter der Marktforschung anzusiedeln. Mögliche Nachteile erwachsen aus einer mangelnden Spezialisierung und Tiefe. Ist zum Beispiel ein solcher „Generalist" der Konkurrenzaufklärung wirklich in der Lage, die Kompetenz der Wettbewerber auf so unterschiedlichen Gebieten wie F&E, Produktion, Kosten oder Vertrieb fundiert zu beurteilen? Das können funktionale Spezialisten sicherlich besser.

2. Projektteam im Unternehmen

Deshalb kommt als Alternative eine sogenannte „Spiegelorganisation" in Frage. Hier gibt es in jeder Funktion (F&E, Finanz, Marketing etc.) einen oder mehrere Spezialisten, die – in der Regel neben ihrer Haupttätigkeit – für Konkurrenzinformationen zuständig sind und als Ansprechpartner zur Verfügung stehen. Solche Spezialisten werden ein tiefes Verständnis der jeweiligen Konkurrenzfähigkeiten entwickeln, allerdings nicht den Gesamtüberblick besitzen.

3. Verstärkung der Informationsstelle

In Unternehmen ist die Informationssammlung unterschiedlich organisiert. Je nach Unternehmensgröße und Branche existieren eigene Informationsstellen, Bibliotheken, oder die wettbewerbsrelevanten Informationen werden in den Fachabteilungen gesammelt. Die primäre Funktion der Informationsstelle ist häufig das Erstellen eines Pressespiegels sowie das Monitoring der Konkurrenznennungen in den wichtigsten Publikationen. Die Mitarbeiter dieser Stellen sind oft räumlich und funktional sehr weit vom entscheidenden Management getrennt und verfügen aus diesem Grund nicht über das entscheidende Wissen, welche Informationen das Management bei Entscheidungen unterstützen können. Die fachlichen Qualifikationen vorausgesetzt, kann eine Informationsstelle aber zu einer strategisch wichtigen Wettbewerbsbeobachtungsinstitution im Unternehmen umgebaut werden.

3.2.2 Unterstützung des Top-Managements erhalten

Wie auch in anderen unternehmensweiten Projekten benötigt man einen Förderer oder Sponsor im Top-Management. Mit dessen Hilfe gelingt es dann, das Management und die Mitarbeiter auf die Wettbewerbsbeobachtung einzuschwören. Erst wenn das Top-Management den Nutzen der Wettbewerbsbeobachtung erkannt hat und bereit ist, den „Kampf" mit dem Wettbewerb aufzunehmen, kann ein Projekt gestartet werden. Vorab sollten auch die Grenzen und Möglichkeiten aufgezeigt werden, um nicht überzogene Erwartungen zu erwecken. In manchen Unternehmen wird die Wettbewerbsbeobachtung als Spionagetätigkeit verkannt oder wird derzeit nicht als Priorität durch das Management verfolgt.

Wenn das Top-Management nicht hinter der Initiative steht, dann ist das Projekt von Anfang an zum Scheitern verurteilt.

3.2.3 Entscheidungsverhalten

Ein weiterer wichtiger Bestandteil ist das Entscheidungsverhalten des Managements. Wenn die Unternehmensspitze gewohnt ist, autonom und ohne Einbeziehung von Mitarbeitern zu entscheiden, dann ist sie auch nicht für die Idee der Wettbewerbsbeobachtung zu begeistern. Letztendlich ergeben sich erst durch die Zusammenarbeit und Diskussion der Mitarbeiter mit dem Management wichtige Einblicke in Hinblick auf den Markt und die Mitbewerber.

Wie wird in Unternehmen entschieden?

Sorgfältiges Abwägen von Pro und Kontra oder schnelle Entscheidungen „aus dem Bauch heraus". Eine rationale Entscheidungsfindung wird oft durch störende Außeneinflüsse beeinträchtigt. Dazu gehört neben einem permanenten Zeitdruck auch die Angst vor etwaigen negativen Auswirkungen von Entscheidungen, die aus falschen oder unzureichenden Informationen erwachsen sind. Ob der Informationsstand für die Lösung eines Problems genügt, hängt jeweils von der subjektiven Einschätzung des Entscheidungsträgers ab. Manche Entscheidungsträger sind schlicht und einfach mit ihrer Rolle überfordert und schieben Entscheidungen auf die lange Bank. Sie lehnen eine Wettbewerbsbeobachtung nicht grundsätzlich ab, setzen die entscheidungsunterstützenden Analysen aber dann nicht ein.

3.3 Kosten/Ressourcen

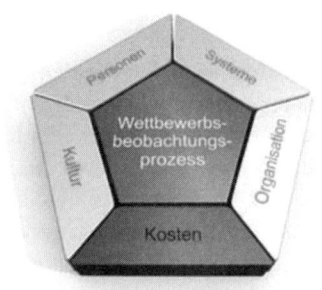

Das Management muss nicht nur hinter dem Projekt der Wettbewerbsbeobachtung stehen, sondern auch die entsprechenden Geldmittel zur Verfügung stellen. Durch die Bereitstellung von Personalressourcen, Investitionen in neue Systeme und Trainings fallen entsprechende Kosten an.

Wie kann das Management am besten überzeugt werden die Kosten/das Budget der Wettbewerbsbeobachtungsstelle zu genehmigen? Der einfachste Weg ist der Aufbau einer guten Beziehung der handelnden Personen zueinander. Ist das Management vom Konzept der Wettbewerbsbeobachtung überzeugt, so sollte die Finanzierung auch gesichert sein. Weitere positive Auswirkungen auf die Budgetierung haben spezifische Kundengewinne (die auf die Wettbewerbsbeobachtung zurückzuführen sind), positive Statements der Benutzer oder erzielte Einsparungen.

Kostenfaktoren

- Externe Fachleute
- IT-Systeme
- Kostenpflichtige Informationsquellen
- Personalressourcen (fix)
- Personalressourcen (projektbezogen)
- Trainings

3.4 Unternehmenskultur

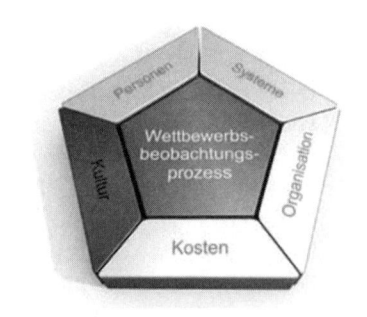

Die erfolgreiche Einführung eines Wettbewerbsbeobachtungssystems ist wesentlich davon abhängig, ob entsprechende Rahmenbedingungen im Unternehmen geschaffen werden können. Wie hoch ist die Bereitschaft im Unternehmen, das eigene Verhalten und damit die Unternehmenskultur zu ändern? Wird die Unternehmenskultur flexibler eingestuft, so kann durch folgende Maßnahmen und Tätigkeiten die Unternehmenskultur für die Wettbewerbsbeobachtung verbessert werden:

- Aktives Vorleben durch Führungskräfte und Mitarbeiter
- Anreizsysteme für Mitarbeiter schaffen, proaktives Handeln fördern
- Abteilungsübergreifende Schulungen anbieten
- Möglichkeit, sich durch Feedback Gehör zu verschaffen
- Schaffung von informellen Kontakt-Netzwerken
- Offener Umgang miteinander, sich gegenseitig unterstützen
- Analysieren, welche anderen Bedürfnisse durch die Einführung des Wettbewerbsbeobachtung abgedeckt werden können

Extrinsische und Intrinsische Motivationsfaktoren

Grundsätzlich unterscheidet man zwischen intrinsischen und extrinsischen Motivationsfaktoren. Intrinsisch bedeutet, dass man durch die Auseinandersetzung mit Wettbewerbsbeobachtung einen Vorteil in der persönlichen Arbeit erkennt. Beispielsweise setzt man gerne auf Wettbewerbsbeobachtung, wenn man im Verkauf arbeitet und in der Vergangenheit die Erfolgswahrscheinlichkeit bei Ausschreibungen durch die Analyse des Bieterverhaltens gestiegen ist. Extrinsische Motivations-Faktoren haben ihre Begründung außerhalb des eigenen Arbeitsbereichs. Üblicherweise werden Anreize als extrinsische Motivationsinstrumente eingesetzt.

Anreize als Motivation und Anerkennung

Um die Mitarbeiter „bei Laune" zu halten, sind auch Incentives/Anreize zu überlegen. Diese können sowohl materieller als auch immaterieller Art sein.

<u>Materielle Anreize sind:</u>

- Bonus für das gesamte Teamergebnis
- Bonus für das persönliche Engagement
- Berücksichtigung von Wettbewerbsbeobachtungs-Kennzahlen als Beurteilungskriterium einer Balanced-Scorecard
- Anpassen des Beurteilungssystems/der Beförderungssysteme, um Wettbewerbsbeobachtung zu berücksichtigen

<u>Immaterielle Anreize sind:</u>

- Nennung als Autor/Informant bei Einträgen in die Wettbewerber-Datenbank
- Top-Liste/Hitliste der Reports
- Analyse der bestgereihten Meldung und des am meisten publizierenden/beitragenden Mitarbeiters

- Reputation als Experte für bestimmten Fachbereich
- Feedback durch Rating des Artikels (dieser Report war wenig hilfreich, sehr hilfreich)
- Motivation durch Feedback/Antworten der Kollegen

3.5 Personen, Mitarbeiter

Ein weiterer wichtiger Bestandteil des Fundaments der Wettbewerbsbeobachtung sind die Mitarbeiter. Dazu zählen jene, die dem Projektteam angehören, die Informationslieferanten und Experten sowie die Nutzer der aufbereiteten Entscheidungsgrundlagen.
Der Nutzen eines Systems steht und fällt mit der Akzeptanz und der Identifikation der Mitarbeiter. Aus diesem Grund sind die Auswahl der geeigneten Personen bei der Zusammenstellung des Projektteams und die laufende Involvierung aller betroffenen Mitarbeiter extrem wichtig.

3.5.1 Geeignete Mitarbeiter für die Wettbewerbsbeobachtung

Die Anforderungen an die Fähigkeiten der Mitarbeiter der Wettbewerbsbeobachtung sind sehr hoch:

- Die Fähigkeit, konzeptionell und strategisch, vorausschauend zu denken
- Erfahrungen in der Implementierung komplexer Projekte
- Glaubwürdigkeit bei den Anwendern, gute persönliche Vernetzung (informelle Kontakte) im Unternehmen
- Hervorragende Kommunikationsskills zum Top-Management und den Anwendern
- Teamorientierung und wenig hierarchisches Denken

Im Grunde genommen setzt sich die Tätigkeit der Wettbewerbsbeobachtung aus vielen verschiedenen Fachgebieten zusammen:

Tabelle 25: Fachgebiete, aus denen sich die Wettbewerbsbeobachtung zusammensetzt

Fachgebiete, aus denen sich die Wettbewerbsbeobachtungs zusammensetzt	
■ Betriebswirtschaft SWOT-Analysen, Firmenanalysen, strategische Planung etc.	■ Marktforschung Erhebungstechniken, Interviews, Analyse etc.
■ Informatik Intranet, Groupware etc.	■ Psychologie Organisationsentwicklung zur Verbesserung der betriebsinternen Kommunikation und des Info-Sharings, Ermittlung von Management-Profilen
■ Information und Dokumentation Online-Datenbanken, Suchmaschinen, Ablagesysteme	■ Verkauf

Unternehmen müssen bereit sein, hoch qualifizierte Mitarbeiter für Wettbewerbsbeobachtungsprojekte freizustellen. Nur ein starkes Kernteam und ein starker Projektleiter (oder externer Berater) können ein Wettbewerbsbeobachtungsprojekt im Unternehmen positiv vorantreiben.

🌐 Praxisbeispiel

Praktikant für Expansionspläne gesucht
Ein großes deutsches Industrieunternehmen sucht einen Praktikanten für sechs Monate für folgende Aufgaben:

1. Marktdefinition (Europa, USA, Asien)

2. Marktanalyse des zukünftigen Absatzmarkts insbesondere Marktvolumen, Marktpotenzial/Branchenentwicklung, SWOT/Situationsanalyse

3. Wettbewerbsanalyse

4. Zielgruppen

5. Produkte

6. Handlungsempfehlungen etc.

Anmerkung: In der Praxis werden Wettbewerbsbeobachtungsprojekte häufig an Praktikanten vergeben, die keine Erfahrung in der Branche und keinen Einblick in das eigene Unternehmen haben. Auch wenn der Praktikant extrem clever ist, über viel Wissen verfügt und vom Unternehmen mit Informationen versorgt wird, hat er doch nicht den Einblick in die spezifischen Gegebenheiten der Branche/des Marktes. Es bleibt damit nur bei einer Ansammlung und Verdichtung von Informationen, es erfolgt aber nicht eine „Veredlung" derselben. Solche Analysen verschwinden rasch in Schubladen und senken den Stellenwert der Wettbewerbsbeobachtung im Unternehmen.

3.5.2 Mitarbeitereinbindung

Bei der Einführung neuer Prozesse, oder der Implementierung von Informationssystemen (z.B. Intranet, CRM etc.) werden die betroffenen Mitarbeiter oft zu spät oder gar nicht in die Projekte eingebunden. Als Konsequenz daraus scheitern viele Initiativen und Projekte aufgrund der mangelnden Akzeptanz. So werden von den Mitarbeitern Formulare falsch ausgefüllt, Informationen nicht weitergeleitet oder Anwendungen einfach verweigert. Auch im Bereich der Wettbewerbsbeobachtung werden Projekte manchmal ohne die Berücksichtigung der Mitarbeiter implementiert, worauf diese entsprechend negativ reagieren.

Genannte Gründe für die Nichtverwendung eines Wettbewerbsbeobachtungsportals:

- Keine Zeit
- Nicht Bestandteil meines Jobs
- Ich sehe den Nutzen des Systems nicht

Aus diesem Grund müssen die betroffenen Mitarbeiter immer in das Projekt involviert sein, und es muss während der Projektphase laufend kommuniziert werden. Um interne Widerstände zu überwinden, müssen die Mitarbeiter einen subjektiven Nutzen in der Wettbewerbsbeobachtung erkennen (für sich, für die Abteilung). Auch gilt es entsprechende Motivationsinstrumente zu entwickeln, um die Hemmschwelle zu senken und die Mitarbeiter zu motivieren. Die praktische Erfahrung zeigt, dass die Einführung der Wettbewerbsbeobachtung vor allem ein Lernprozess für die Mitarbeiter ist. Die Mitarbeiter müssen für die Suche und Bereitstellung von relevanten Informationen und vorhandenem Wissen motiviert und begeistert werden. Dieser Lernprozess kann durch gezielte Schulung und technische Hilfsmittel wesentlich unterstützt und verbessert werden.

„Wer will, findet Wege, wer nicht will, findet Gründe."

Sprichwort

Checkliste für die Auswahl einer geeigneten Wettbewerbsbeobachtungssoftware

Tabelle 26: Checkliste für die Auswahl einer geeigneten Wettbewerbsbeobachtungssoftware; Quelle: Intelligence Group in Anlehnung an Bouthillier, F., Shearer, K.; Assessing Competitive Intelligence Software, 2003

Bewertungskriterien & Bewertungsfragen	Muss-Kriterien (K.o.-Kriterien)	Kann-Kriterien
Allgemeines		
Ist das System einfach zu bedienen (Usability)?		
Ist die Integration in die bestehende IT-Architektur einfach möglich?		
Welche Möglichkeiten der Suche werden zur Verfügung gestellt?		
Können Zugangsberechtigungen erstellt und vergeben werden?		
Wie zuverlässig arbeitet das System? Wie sieht die Performance aus?		
Ist eine Personalisierung der Inhalte möglich?		
Ist eine Hilfe-Funktion im System vorhanden?		
Stufe 1: Planung		
Unterstützt die Software bei der Identifikation von Themen?		
Erfolgt die Übersetzung von Themenbereichen in spezifische Informationsanforderungen?		
Können die Themenbereiche einfach geändert/erweitert werden?		
Stufe 2: Datensammlung		
Identifikation von externen Informationsquellen		
Identifikation von internen Informationsquellen		
Kann die Software Änderungen in verschiedenen Informationsquellen erkennen und den User darauf aufmerksam machen?		
Können die Qualität und der Wahrheitsgehalt von Daten beurteilt werden?		
Werden Taxonomien (bestehende oder firmenspezifische) unterstützt?		
Wie erfolgt die Verwaltung von Metainformationen?		
Wie erfolgt die Verwaltung von Informationsquellen?		
Welche Datenformate werden von dem System unterstützt?		

Können auch Fotos und Videos erfasst werden?		
Bietet die Software die Möglichkeiten der Informationsfilterung und -klassifizierung an?		
Ist das Einrichten von Informations-Alerts (Warnungen) möglich?		
Stufe 3: Analyse		
Welche Analysetechniken werden unterstützt?		
Welche einfachen und komplexen Suchmöglichkeiten sind möglich?		
Besteht die Möglichkeit Textzusammenfassungen zu generieren?		
Stufe 4: Kommunikation		
Wie flexibel ist das System in der Erstellung von Kommunikationsinstrumenten?		
Wird die Visualisierung von Analyseergebnissen ermöglicht?		
Wie können die entwickelten Produkte (Berichte etc.) mit der Software verteilt werden?		
Können E-Mail-Newsletter erstellt und versandt werden?		
Welche Möglichkeiten der Reporterstellung werden zur Verfügung gestellt?		
Stufe 5: Entscheidung und Feedback		
Welche Feedbacktools werden zur Verfügung gestellt?		
Können getroffene Entscheidungen dokumentiert werden?		
Besteht die Möglichkeit das Userverhalten zu analysieren?		

Zusammenfassung Kapitel 3

- In diesem Kapitel wurden die Rahmenbedingungen für das Fundament der Wettbewerbsbeobachtung im Unternehmen definiert. Diese beziehen sich auf die Informationstechnologie, die Organisation, die Unternehmenskultur, die anfallenden Kosten und auf die Anforderungen an die Mitarbeiter im Unternehmen.

Laufend aktualisierte Informationen sind unter www.wettbewerbsbeobachtung.com zu finden.

4 Praktische Einführung im Unternehmen

Hauptthemen

4.1 Prozess zur Einführung der Wettbewerbsbeobachtung

4.2 Planung

4.3 Umsetzung

4.4 Betrieb

4.5 Erfolgsfaktoren & Fallstricke

Zielsetzung

- Sie erfahren, wie Wettbewerbsbeobachtung im Unternehmen eingeführt wird.
- Nach diesem Kapitel wissen Sie, wie man ein Wettbewerbsbeobachtungssystem im Unternehmen aufbaut.
- Sie nehmen sich vor den Fallstricken/Fehlern in Acht.

Nachdem in den vorangegangenen Kapiteln dieses Buches über die Vorteile, die Anwendungsgebiete, den Prozess und die Voraussetzungen der Wettbewerbsbeobachtung informiert wurde, soll dieses Kapitel als Unterstützung für den Aufbau/die Einführung der Wettbewerbsbeobachtung im Unternehmen dienen.

Status quo

In der betrieblichen Praxis greifen viele Unternehmen nur anlassbezogen und bruchstückhaft auf die Konkurrenz- und Marktinformationen zurück. Ineffiziente und unvollständige Informationsbeschaffung führt aber dazu, Ressourcen zu vergeuden (Parallelrecherchen, es wird immer wieder das Gleiche gesucht) oder auch sich ergebende Geschäftschancen nicht erkennen und ergreifen zu können. Viele Unternehmen verfügen bereits über Anstrengungen im Bereich der Konkurrenzbeobachtung. Aber ohne systematische, gut organisierte und koordinierte Vorgangsweise haben die einzelnen Informations-Puzzlesteine zu wenig Aussagekraft und können das Management nicht ausreichend unterstützen. Spontane Markt- und Wettbewerbsbeobachtung wird heutzutage in allen Unternehmen mehr oder weniger regelmäßig betrieben. Bei der Einführung eines Wettbewerbsbeobachtungssystems ist es wichtig, diese Aktivitäten zu erkennen und so zu nutzen, dass das gemeinsame Wissen allen zugute kommt. Die Nachhaltigkeit dieser Aktivitäten ist wichtig.

„In an economy where the only certainty is uncertainty,
the one sure source of lasting competitive advantage is knowledge."

Nonaka

Wie lange benötigt man für den Aufbau einer funktionierenden Wettbewerbsbeobachtung?

Dies ist von verschiedenen Faktoren abhängig: von den Fähigkeiten des Personals, der Besonderheiten der Branche etc. Nach cirka vier Monaten kann das Management mit den ersten Ergebnissen rechnen. Wie aber bereits dargestellt, ist die Wettbewerbsbeobachtung ein evolvierender wiederkehrender Prozess, der durch Erfahrung immer besser wird. Der Aufbau einer Wettbewerbsbeobachtung im Unternehmen wird in der Regel in Form eines Projektes gestartet. Dazu bedient man sich meistens erfahrener externer Berater, die bei der Erstellung eines Projektplanes, dem Aufbau einer Wettbewerbsbeobachtungs-Funktion, bei der Mitarbeiterschulung sowie bei der Auswahl und Implementierung von Softwarelösungen behilflich sind.

„Ich ertrinke in Informationen, aber mich dürstet es nach Wissen!"

John Naisbitt

4.1 Prozess zur Einführung der Wettbewerbsbeobachtung

Nach der Festlegung des Fundaments wird der idealtypische Prozess für die Einführung der Wettbewerbsbeobachtung in einem Unternehmen dargestellt. Der Prozess gliedert sich grob in die drei Phasen Planung, Umsetzung, Betrieb.

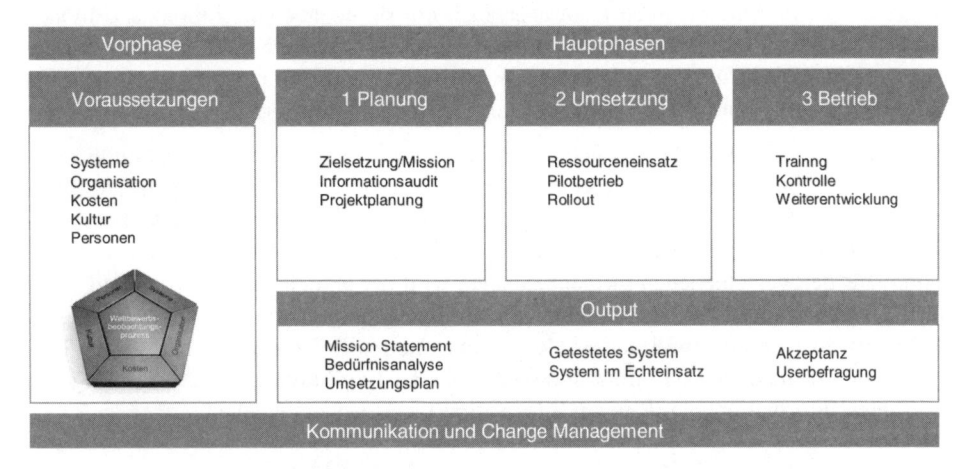

Vorphase	Hauptphasen		
Voraussetzungen	1 Planung	2 Umsetzung	3 Betrieb
Systeme Organisation Kosten Kultur Personen	Zielsetzung/Mission Informationsaudit Projektplanung	Ressourceneinsatz Pilotbetrieb Rollout	Trainng Kontrolle Weiterentwicklung
	Output		
	Mission Statement Bedürfnisanalyse Umsetzungsplan	Getestetes System System im Echteinsatz	Akzeptanz Userbefragung
Kommunikation und Change Management			

Abbildung 30: Prozessdarstellung – Einführung der Wettbewerbsbeobachtung

In der **Planungsphase** werden die konkreten Zielsetzungen der Wettbewerbsbeobachtung festgelegt, bestehende Informationsressourcen im Unternehmen lokalisiert und Informationslücken aufgedeckt. Ferner werden die geeignete Softwareunterstützung ausgewählt sowie Ressourcenpläne und Zeitpläne festgelegt. Als Ergebnis erhält man das Mission Statement des Managements, den aktuellen Status der Wettbewerbsbeobachtung im Unternehmen sowie einen Umsetzungsplan.

Während der **Umsetzungsphase** erfolgen der Aufbau eines Prototyps, das Testen des Systems sowie die Freischaltung durch den Übertrag in das kundeneigene System. Das Ergebnis dieser Phase ist das getestete System im Echteinsatz.

In der **Betriebsphase** werden die Mitarbeiter eingeschult, nach einer angemessenen Frist wird das System von den Nutzern bewertet und laufend weiterentwickelt. Als Output dieser Phase können Userbefragungen und die Analyse der Akzeptanz gesehen werden.

4.2 Die Planungsphase

Meist von einem konkreten Anlassfall (Problemerkennung) ausgehend beschließt das Management, sich verstärkt mit der Thematik des Wettbewerbs auseinander zu setzen. Dieser Anlassfall kann der überraschende Eintritt eines starken Konkurrenten in den Heimmarkt oder das Auftauchen einer neuen Technologie sein. Meistens „brennt sprichwörtlich der Hut", wenn neu auf das Thema gesetzt wird. Ein anderer Ausgangspunkt für Bestrebungen im Unternehmen kann aber auch die Besetzung von Führungspositionen mit Personen sein, die bereits positive Erfahrung mit Wettbewerbsbeobachtung gemacht haben. Es kann sich um einen Input aus Stabs- oder Fachabteilungen handeln oder um die Initiative einer innovativen, fortschrittlichen Geschäftsführung.

Der erste Schritt im Projekt ist zunächst die Diagnose des Ist-Zustandes und die Formulierung des Soll-Zustandes. Dazu werden der Informationsbedarf sowie organisatorische, personelle, kulturelle, monetäre und technische Voraussetzungen (das „Fundament" – siehe auch Kapitel 3) untersucht. Durch persönliche Interviews und Workshops mit Vertretern aus den verschiedenen Firmenbereichen wird der aktuelle Wissensstand über den Wettbewerb ermittelt und ein Themen- bzw. Informationskatalog erstellt. In diesem Schritt werden bereits Informationslücken und Wissensdefizite aufgedeckt. Der Themenkatalog dient später als Informationsfilter bei der Beschaffung und Auswertung von relevanten Informationen, um einem Information-Overload zu entgehen.

4.2.1 Zielsetzung und Mission

Bevor das Unternehmen an die Umsetzung der Wettbewerbsbeobachtung im Unternehmen denkt, müssen die konkreten Zielsetzungen festgelegt und definiert werden. Dabei wird bestimmt, welche Ziele das Unternehmen mit dem Einsatz einer strategischen Wettbewerbsbeobachtung verfolgt. Die Definition der Zielvorstellungen basiert auf der Istanalyse und berücksichtigt bereits die Spezifika des Unternehmens. Es geht darum zu definieren, welche Schlüsselthemen/Bereiche für das Management besonders wertvoll sind und auch darum, den Stellenwert der Wettbewerbsbeobachtung im Unternehmen festzulegen. Die gemeinsam erarbeitete Zielsetzung kann als Mission formuliert und den Mitarbeitern bekannt gegeben werden. Neben einem orientierenden Charakter hat die Mission auch eine motivierende und sinngebende Funktion.

Mission der Wettbewerbsbeobachtung
- Der Vorstand des Unternehmens setzt auf die Wettbewerbsbeobachtung, um langfristig wettbewerbsfähig zu bleiben.
- Alle benötigten Informationen werden legal und ethisch vertretbar erworben.
- ....

4.2.2 Informationsaudit (CI-Audit)

Nach der Definition der generellen Zielsetzung wird der Status quo im Unternehmen erhoben. Dies geschieht durch die Durchführung eines sogenannten Informationsaudits (Competitive Intelligence Audit = CI-Audit), mit dem der aktuelle Informationsstand im Unternehmen ermittelt werden kann.

*„Bevor man darüber spricht, wohin man geht,
muss man feststellen, wo man steht."*

Sprichwort

Beim Informationsaudit werden die Anforderungen und Bedürfnisse der User an ein Wettbewerbsbeobachtungssystem ermittelt. Darunter ist die Analyse der aktuellen, im Unternehmen vorhandenen, wettbewerbsrelevanten Informationen, der Informationsbedürfnisse und -stakeholder zu verstehen. Es wird auch hinterfragt, welche Informationen im Unternehmen gesammelt und weiterverarbeitet werden, wer die Wissensträger (Experten) sind und welche externen Informationsquellen genutzt werden.

Dabei werden folgende Bereiche analysiert:

- Welche internen und externen Informationsquellen sind bekannt?
- Wie sieht der aktuelle Informations-Status über den Wettbewerb aus?
- Welcher Bedarf (Informationsbedürfnisse der Zielgruppen) besteht im Unternehmen?
- Welche Aktivitäten finden bereits statt?
- Welche Unternehmensbereiche beschäftigen sich bereits damit?
- Wie werden Erkenntnisse der Wettbewerbsbeobachtung im Unternehmen verbreitet?
- Welche Lücken können festgestellt werden (strukturell, organisatorisch, inhaltlich)?

Ein gangbarer Weg ist es, die Mitarbeiter mit Hilfe von Interviews, Fragebögen, Fokusgruppen und Workshops zu befragen, „was die wichtigsten Informationen im Wettbewerb sind, über die man laufend informiert sein sollte". Aus den Antworten ergeben sich Themenfelder, die nach einer gemeinsamen Bewertung nach ihrer Wichtigkeit gereiht werden. Sie ergeben den Rahmen für die Wettbewerbsaktivitäten im Unternehmen.

Vorteile

- Identifikation von Wissen und Informationsbedürfnissen im ganzen Unternehmen.
- Erarbeitung einer Informationsstruktur (Taxonomie), welche in Zukunft als Navigations- und Klassifikationselement im Unternehmen eingesetzt werden kann.

- Der Output/das Ergebnis des Informationsaudits ist einerseits eine Spezifikation für das aufzusetzende System/für die zu errichtende Stelle, andererseits ein Status Quo für den Infostand des Unternehmens für das Management.
- Ermittlung einer Informationsstruktur, die am besten zum Unternehmen passt.

Aufzeigen der Informationslücken („Gap-Analyse")

Durch die Ermittlung des Informationsziele, des Informationsbedarfes und der verfügbaren Informationen im Unternehmen werden Informationslücken (sogenannte gaps) sichtbar. Um diese Lücken dauerhaft zu schließen bzw. zu verkleinern, wird ein Wettbewerbsbeobachtungssystem installiert. Diese Lücken können durch die Beschaffung von Informationen von externen Informationsquellen geschlossen werden

! Tipp
Diese Wissenslücken bilden auch die Basis für die Rechtfertigung des Aufbaus einer eigenen Stelle für die Wettbewerbsbeobachtung und für das Aufzeigen konkreter Ergebnisse kurz nach dem Projektstart.

! Tipp
Wenn Sie nicht genau wissen, welche Quellen Sie nutzen können, stellen Sie sich einfach vor, wer noch an diesen Informationen Interesse haben könnte. Wer hat (außer Ihnen) noch Interesse, Brancheninformationen zu produzieren oder zu sammeln? Verbände, Lieferanten, die Konkurrenz, Berater? Jede dieser Benutzergruppen bietet somit potenzielle Ansatzpunkte für die Suche nach den gewünschten Informationen.

Des Weiteren wird bei dieser Analyse ermittelt, wer ein Förderer und wer ein Verhinderer eines Wettbewerbsprojektes sein könnte und wie diese „Verhinderer" mit ins Boot geholt werden können.

Für die Erstellung eines Informationsaudits empfiehlt sich die Beiziehung eines externen Beraters. Dies hat den Vorteil, dass der Informationsstand unabhängig von politischen Gegebenheiten im Unternehmen, abteilungsübergreifend und mit einer unverbrauchten Perspektive von außen ermittelt werden kann. Auf Wettbewerbsbeobachtung spezialisierte Berater haben zudem umfassende Erfahrung bei der Einführung von Wettbewerbsbeobachtungssystemen und können Fehlern und Problemen bei der Einführung vorbeugen. **Nach Durchführung eines Informationsaudits liegt eine genaue Beschreibung der aktuellen Wettbewerbssituation vor.**

„Man kann kämpfen und einen Krieg verlieren,
aber wenn man nicht kämpft, hat man schon verloren!"

Friedrich der Große

Analyse der Stakeholder/Zielgruppen

Neben der Festsetzung der einzelnen Ziele muss besonders auf die Bedürfnisse der Zielgruppen eingegangen werden.

- Welche Personen oder Personengruppen im Unternehmen verfügen über Wettbewerbsinformationen?
- Welche Personen könnten als Experten eingesetzt werden?
- Wer stellt die Zielgruppe der Wettbewerbsbeobachtung dar?

Wettbewerbsrelevantes Wissen ist nutzlos, wenn es nicht tatsächlich im Entscheidungsprozess des Managements Verwendung findet. Steht das Top-Management nicht hinter der Entscheidung für ein Wettbewerbsbeobachtungs-System (oder hat die strategische Bedeutung nicht erkannt), so sollte man die Finger davon lassen. Strategische Wettbewerbsbeobachtung lässt sich langfristig nur als Top-down-Ansatz im Unternehmen einführen. Das gleiche gilt, wenn zukünftige Nutzer nicht in die Planung und Entwicklung des Systems einbezogen werden. Die wichtigsten Personen nehmen maßgeblich Einfluss auf die Art und den Umfang der zu ermittelnden Informationen. Aus diesem Grund sollte das Wettbewerbsbeobachtungssystem sämtlichen Mitarbeitern im Unternehmen zugänglich sein und der Projektleiter eng mit den Key Usern (den Hauptnachfragern) zusammenarbeiten.

In Hinblick auf ihre Kenntnisse auf dem Gebiet der Wettbewerbsbeobachtung, auf ihr Aufgabengebiet und auf ihre Entscheidungsrelevanz wird zwischen folgenden Nutzergruppen unterschieden:

- Management
- Multiplikatoren
- Sensoren
- Spezialisten

Management

Das obere und mittlere Management des Unternehmens sind die Hauptkunden der Wettbewerbsbeobachtung. Die geforderten Informationen sind generell eher strategischer Natur und auf einem hohen Aggregationsniveau. Das Management wird die zur Verfügung stehenden Tools nur selten selbst nutzen, sondern sich vielmehr in Form von kurzen persönlichen Präsentationen informieren lassen. Neben den strategisch relevanten und regelmäßig nachgefragten Informationen werden auch taktische Ad-hoc-Informationen seitens des Managements gefordert. Auch dabei wird in der Regel ein kurzer Bericht, eine Notiz oder eine Kurzpräsentation als geeignetes Kommunikationsmittel gewählt.

Multiplikatoren

Als Multiplikatoren der Wettbewerbsanalyse gelten primär Mitarbeiter, die Kontakte und Einblick in viele andere Abteilungen haben. In der Regel sind dies Mitarbeiter in Stabstellen, Projekt- oder Marketingmitarbeiter. Die Multiplikatoren sollten (neben dem Management) besonders viel Aufmerksamkeit erfahren, da sie als „Speerspitzen" den Gedanken der Wettbewerbsbeobachtung in alle Abteilungen hineintragen können. Multiplikatoren können auch innerhalb des Unternehmens für die Wettbewerbsbeobachtung verantwortlich sein. Sie sind generell gut informiert und nutzen das zur Verfügung stehende System intensiv.

Sensoren

Alle weiteren Mitarbeiter eines Unternehmens werden als „Sensoren" für wettbewerbsrelevante Informationen bezeichnet. Sie sollen einfach und unbürokratisch Marktsignale in dem Wettbewerbsbeobachtungssystem erfassen oder Kommentare zu bestehenden Mitteilungen abgeben können.

Spezialisten

Bibliothekare und Dokumentare sowie speziell ausgebildete Analysten bilden die Gruppe der „Spezialisten" auf dem Gebiet der Wettbewerbsbeobachtung. Für diese Mitarbeiter sollte das Wettbewerbsbeobachtungssystem eine spürbare Arbeitserleichterung bieten. Einerseits durch die Automatisierung von Routineaufgaben (z. B. automatisierte Kategorisierung von Dokumenten), andererseits sollte das System insbesondere Analysten leistungsfähige und flexible Recherchemöglichkeiten in der gesamten Datenbasis (externe und interne Informationsquellen) eröffnen.

Identifikation der Hauptnutzer und Definition des Informationsbedarfs

Der Projektleiter ermittelt in einer Zielgruppenanalyse die wichtigsten Benutzergruppen (siehe oben), deren Bedürfnisse, wann und in welcher Form sie die Informationen benötigen und was sie damit bezwecken. Die frühzeitige Einbindung der Mitarbeiter kann als ein entscheidender Erfolgsfaktor für die Nutzung der Ergebnisse der Wettbewerbsbeobachtung angesehen werden. Ein, wenn nicht der Schlüsselfaktor im Aufbau ist die Einbeziehung der Mitarbeiter, sowohl jener, die Resultate bringen, als auch jener, die auf die Resultate in Zukunft zurückgreifen werden. Diese Informationen werden normalerweise durch Einzelinterviews der involvierten Manager ermittelt. Der Interviewte sollte vorab informiert werden, um sich auf den Termin vorbereiten zu können.

- Welcher Informationsbedarf lässt sich aus den Zielen der unternehmensinternen Zielgruppen ableiten?
- Welche Informationen benötigen die entsprechenden Personen um die aktuellen und zusätzlichen Aufgaben zu erfüllen?
- Wie häufig werden diese Informationen benötigt?

Aufbau der Ressourcen oder Vergabe an externe Dienstleister (Infobroker)

Wer sammelt die Daten, wer analysiert? Nach der Durchführung eines Informationsaudits kann die Frage beantwortet werden, ob sich der Aufbau von eigenen Ressourcen lohnt und ein Projekt initiiert werden soll oder ob die Aufgaben der Wettbewerbsbeobachtung von externen Spezialisten abgedeckt werden. Von wem die Daten gesammelt werden, hängt von der organisatorischen Struktur des Unternehmens und dem Ressourcenaufwand ab. In der Praxis existiert verstärkt eine Mischform zwischen externem Dienstleister und interner Wettbewerbsbeobachtungsstelle: im Rahmen einer Outsourcing-Vereinbarung werden die Ressourcen für die Wettbewerbsbeobachtung (IT-System, externe Informationsquellen, Recherche-Know-how, Mitarbeiter etc.) von einem externen Dienstleister bereitgestellt. Die Mitarbeiter sind aber weiterhin in die internen Kommunikationsstrukturen des Unternehmens eingebunden.

Kosten (Go/No Go)

Als Abschluss der Planungsphase werden die Kosten des zu erarbeitenden Systems ermittelt. Ausgehend von einem definierten Budgetrahmen kann dies unter Umständen zu einer Einstellung des Projekts führen, da andere Projekte im Unternehmen einen höheren Prioritätsstatus genießen.

4.3 Die Umsetzungsphase

Nach dem Abschluss der Planungsphase und der Freigabe des Projektbudgets geht es an die praktische Umsetzung der Wettbewerbsbeobachtung. Die konkreten Schritte sind von Unternehmen zu Unternehmen unterschiedlich. Empfehlenswert ist eine schrittweise Einführung.

„Alles sollte so einfach wie möglich gemacht werden,
aber nicht einfacher."

Albert Einstein

Wieso ist ein schrittweises Vorgehen wichtig und sinnvoll?

Das Vorgehen in kleinen Projektschritten mit regelmäßigen Feedbackschleifen bringt eine frühe Akzeptanz des neuen Systems durch den Nutzer. Doch auch dabei ist die Unterstützung des Managements notwendig, da der Nutzen des Systems am Anfang nicht immer und einfach nachzuweisen ist. Der Nutzer wird zu Beginn nicht von einer Fülle an Funktionalitäten „erschlagen", sondern lernt mit dem Wachsen des „Wettbewerbs-Portals" mit. Startet man in kleinen Schritten, so ist auch ein frühes Gegensteuern bei falschen Annahmen oder geänderten Rahmenbedingungen noch ressourcenschonend möglich.

Projektmanagement

Obwohl es sich bei der Thematik der Wettbewerbsbeobachtung um ein wissensbasiertes Thema handelt, sollte sich ein Projekt durch straffes Projektmanagement auszeichnen. Die Gefahr ist groß, dass zu viele Personen Einfluss auf das Projekt nehmen wollen („Wissen ist Macht"). Eine permanente „Basisdemokratie" ist nicht zielführend. „Stick to the Plan" lautet die Devise und stellt den Projekterfolg sicher. Auch ein straffes Projektmanagement nützt nur bei Rückendeckung durch die Geschäftsleitung.

Auswahl eines Verantwortlichen „Wettbewerbs-Managers"

Die Auswahl einer geeigneten Person als Projektmanager ist eine herausfordernde Aufgabe. Diese Person hat einerseits den Entwicklungsprozess voranzutreiben sowie die Informationssammlung, die Datenspeicherung und die Analyse der Informationen zu koordinieren. Auch muss er die Weiterleitung der Entscheidungsgrundlagen an das Management steuern, seine Mitarbeiter laufend weiterbilden und die Abteilung effizient steuern. Diese Person sollte aus dem Unternehmen kommen, allseits respektiert werden, mit politischem Gespür für das Machbare und gutem Draht zum Top-Management. Daneben benötigt sie einen Einblick in die Branche, die Organisation und sollte über ein weit verzweigtes persönliches Netzwerk verfügen. Die kommunikativen Fähigkeiten, sowohl im schriftlichen als auch in der mündlichen Ausdrucksform, sollten exzellent sein. Zu guter Letzt sollte er auch mit den nötigen Projektmanagementskills ausgestattet sein, um klare Ziele vorzugeben und den eigenen Bereich effizient zu führen.

Auswahl der richtigen Team-Mitglieder

Der Projektleiter wählt die Teammitglieder den Qualifikationen und Arbeitsbereichen entsprechend aus. Eine erfolgreiche Umsetzung von Wettbewerbsbeobachtungs-Projekten erfordert ein Kernteam sowie dezentrale Mitarbeiter, die als Multiplikatoren den Nutzen von Wettbewerbsbeobachtung in das Unternehmen tragen. Diese motivierten Mitarbeiter in verschiedenen Abteilungen, die den anderen Mitbewerbern als Vorbild dienen können, müssen vom Projektmanager lokalisiert und für das Projekt gewonnen werden. In den einzelnen Abteilungen können sie als Multiplikator wirken und so das ganze Unternehmen für die Wettbewerbsbeobachtung fit machen. Förderer sind auf allen Hierarchiestufen notwendig, um das Thema im Unternehmen zu positionieren und zu platzieren. Förderer treiben das Thema im Unternehmen in hohem Maße voran. Sie kommunizieren den Nutzen der Wettbewerbsbeobachtung, die Förderung von Einzelmaßnahmen, bieten sich als Hilfestellung für andere an. Förderer wirken ebenfalls als Multiplikatoren in der Organisation.

Die Umsetzungsphase 161

Projektkommunikation – Phasen des Kommunikationsprogramms

Das Kommunikationsprogramm sollte das Unternehmen schrittweise auf die Implementierung des Wettbewerbsbeobachtungssystems vorbereiten.

- **Bewusstseinsbildung**
  Das Thema Wettbewerbsbeobachtung muss im Unternehmen entsprechend positioniert werden. Zudem sollte die Unterstützung durch das Top-Management betont werden.

- **Information über geplante Initiativen**
  Während des gesamten Projekts ist die Vorgangsweise offen zu kommunizieren. Den Mitarbeitern muss klar sein, welche Initiativen gestartet wurden und welche Veränderungen auf sie zukommen werden. Die ersten Erfahrungen („lessons learned") aus dem Pilotprojekt werden kommuniziert, um die Mitarbeiter einzubinden.

- **Vorbereitung Roll-Out**
  Vor dem Roll-Out des Systems werden den Mitarbeitern nochmals die Auswirkungen auf die einzelnen Organisationseinheiten und die Anforderungen an den Einzelnen dargestellt. Sofern verfügbar werden erste (auch kleine) Erfolgsstories berichtet, um den Mitarbeitern den Nutzen des Systems aufzuzeigen. Die Trainingsmaßnahmen werden entsprechend kommuniziert – eventuell besteht auch die Möglichkeit, Online-Schulungen durchzuführen.

- **Implementierungsunterstützung**
  Die Mitarbeiter werden über die Implementierungsfortschritte auf dem Laufenden gehalten. Fragen der Mitarbeiter, Verbesserungsvorschläge und Feedback werden gesammelt und in Form von Frage/Antwortlisten beantwortet. Das Feedback seitens der Nutzer erfolgt oftmals indirekt oder informell. Dafür müssen die entsprechenden Instrumentarien und Möglichkeiten gegeben sein.

Die Kommunikation sollte ehrlich und realistisch bleiben, überzogene Erwartungen sollten vermieden werden. Wichtig ist, dass in zu definierenden regelmäßigen Meetings alle betroffenen/involvierten Bereiche berücksichtigt werden. Für offene Fragen der Mitarbeiter sollen Dialogelemente (auch anonymer Art) etabliert werden. Es sollte proaktiv kommuniziert werden, insbesondere deshalb, da der Bereich Wettbewerbsbeobachtung oft mit Spionage in Verbindung gesetzt wird. Aus diesem Grund sollten Spekulationen, die aufgrund mangelnder Information auftreten könnten, sofort vermieden werden. Um die Mitarbeiter auch wirklich zu erreichen, sollten die gleichen Botschaften auf mehreren (alternativen) Kommunikationskanälen wiederholt werden.

Change Management

Die Einführung der Wettbewerbsbeobachtung im Unternehmen bewirkt eine veränderte Arbeitsweise für die involvierten Mitarbeiter. Veränderungen werden selten positiv aufgenommen, wenn sie nicht entsprechend kommuniziert wurden. Aus diesem Grund gilt es einige Regeln des Change Managements zu beachten:

- Führung muss die Veränderung vorleben
- Erklären, warum Wettbewerbsbeobachtung im Unternehmen eingesetzt wird

Welche kommunikativen Möglichkeiten hat man, um die Veränderungsbereitschaft der Mitarbeiter zu erhöhen?

Tabelle 27: Kommunikationsplan in Abhängigkeit vom Veränderungsstatus.
Quelle: Fink, D.; Management Consulting Field Book – ein Change
Management Ansatz von Accenture, München 2004

Veränderungsstatus	Merkmale	Mögliche Kommunikationsmaßnahmen zur Erreichung der Position
Wahrnehmung	Mitarbeiter erkennen, dass eine Veränderung unmittelbar bevorsteht Sie können das Projekt und die Rollen der Stakeholder nennen	Artikel in Unternehmenszeitschrift Standardpräsentation über das Projekt Preisverleihung Namenswettbewerb
Verständnis	Mitarbeiter verstehen, dass eine Veränderung kommen wird, sowie ihre Ziele und ihre Notwendigkeit Sie glauben, dass die positiven Auswirkungen größer als die negativen sind, und äußern sich positiv über die Veränderung	Informationsveranstaltungen Mission Statement der Geschäftsführung
Akzeptanz	Die Mitarbeiter investieren Zeit (Schulungen etc.) um die Veränderung zu unterstützen. Sie äußern Verbundenheit mit den Zielen der Veränderung.	Ansprechpartner Projektergebnisse Feedbackgruppen
Identifikation	Mitarbeiter identifizieren sich mit der Veränderung Sie sind bereit die Veränderung als normal zu akzeptieren	Feedbackmechanismen und Auswertung gemachter Erfahrungen

„Wer Neuerungen einführen will, hat alle zu Feinden,
die aus der alten Ordnung Nutzen ziehen,
und hat nur lasche Verteidiger an all denen,
die von der neuen Ordnung Vorteile hätten."

Machiavelli

Die Umsetzungsphase 163

Wichtig ist es, sowohl die rationale Ebene bei den Mitarbeitern anzusprechen (Titel, Entlohnung, Arbeitsorganisation, Aufgabe etc.) als auch deren emotionale Ebene (Ehrgeiz, Neugier, Ängste, Sicherheitsbedürfnis etc.).

Einführung eines zugkräftigen Projektnamens

Die Entwicklung eines zugkräftigen Namens für das Wettbewerbsbeobachtungsprojekt führt zu einer Sichtbarkeit innerhalb des Unternehmens und zu einer verstärkten Akzeptanz. Beispiele von Projektnamen in Unternehmen sind:

Tabelle 28: Bezeichnungen für Wettbewerbsbeobachtungsprojekte

Bezeichnungen für Wettbewerbsbeobachtungsprojekte	
Projektname	Unternehmen
CI Knowledgehouse	Shell Services
COMBAT	British Telecom
EXOTIC	Deutsche Börse
MARCO	Audi
MARS	Infineon
STREETFIGHTER	Cognos

Aufbau Pilotsystem – Pilotbetrieb – getestetes System

Unabhängig vom Tagesgeschäft im Unternehmen (oder auch dem Echteinsatz) wird ein Pilotsystem aufgesetzt. Die technische Implementierung wird unternehmensintern oder durch einen externen Partner mit einem Pilotsystem gestartet. Arbeitet man mit einem Softwareanbieter zusammen, so erfolgt der Aufbau des Systems meistens mit den Ressourcen und der Infrastruktur desselben. Der Pilot wird üblicherweise webbasiert vom Softwareunternehmen bereitgestellt, und die kleine Zielgruppe beim Kunden benutzt das Portal über das Internet. Auf diese Weise können vom Kunden gewünschte Änderungen durch das Software-Unternehmen leicht eingearbeitet werden.

Der „Pilot" wird mit einigen bereits erarbeiten Themenbereichen und Fragestellungen (KITs und KIQs) gefüllt. Gemeinsam mit den zukünftigen Hauptnutzern (Key Usern) werden die wichtigsten Parameter er- und überarbeitet. Nach der Prüfung/dem Testen des Systems werden weitere Anforderungen definiert oder Anpassungen vorgenommen. Das führt zu einer besseren Akzeptanz bei den Mitarbeitern und zu besseren Resultaten.

Nach Freigabe durch den Kunden wird das Pilotsystem auf das Echtsystem übertragen. Nachdem die Änderungen und die Justierungen zum Portalpiloten eingestellt worden sind, wird das Portal gewöhnlich in die Infrastruktur des Kunden eingebracht. An diesem Punkt wird das Portal auch in allen vorhandenen Systemen, wenn notwendig, integriert.

Abschluss durch erfolgreiches Rollout – System im Echteinsatz

Nach erfolgreicher Installation des Prototyps in das Echtsystem wird es sukzessive eingesetzt („ausgerollt"), d.h. den einzelnen Benutzern zur Verfügung gestellt. Die Mitarbeiter werden vorab geschult und mit dem Wettbewerbs-Portal vertraut gemacht.

4.4 Die Betriebsphase

Nach dem sogenannten „Rollout" des Programms werden alle Enduser im Bereich der Wettbewerbsbeobachtung und auf das implementierte IT-System geschult und informiert. Die Systeme und Prozesse werden laufend weiterentwickelt und der Erfolg evaluiert.

Laufende Schulungen und Trainings

Die Multiplikatoren (Power-User) werden schon während des Rollouts geschult. Je nach Unternehmensgröße erfolgen auch Train-the-trainer-Kurse. Dabei werden einige Poweruser als Trainer ausgebildet und geben das Wissen an die Mitarbeiter im Unternehmen weiter. Die Trainings-Phase ist für ein erfolgreiches Wettbewerbs-Portal ein wichtiger Faktor. Den Mitarbeitern muss die Wichtigkeit des Themas für das Unternehmen klargemacht werden. Ohne motivierte und geschulte Mitarbeiter ist kein Erfolg zu erzielen. Bei aller systematischen Aufbereitung der Informationen sind es letztendlich doch die Mitarbeiter die die Informationen filtern und den entscheidenden Wettbewerbsvorteil ausmachen. Neben den klassischen Schulungen kann der Mitarbeiter eventuell Online-Hilfestellungen wie selbsterklärende Hilfefunktionen, oder Onlinelernmodule erhalten. Findet sich der User auch hier nicht zurecht, sollte auf jeden Fall eine telefonische Hotline eingerichtet werden, die ihm weiterhelfen kann. Durch die Ausbildung soll die Bereitschaft zum Teilen von Wissen in der Kultur verankert werden. Persönliche Netzwerke und Bekanntschaften beschleunigen den Wissensaustausch und den Lernerfolg erheblich.

! Tipp
„Quick Wins", kleine Erfolgserlebnisse, während der Trainings und danach erhöhen die Motivation der Mitarbeiter.

Neue Mitarbeiter werden sensibilisiert

Alle neuen Mitarbeiter sollten bei der Grundschulung auch eine Einführung in den sorgsamen Umgang mit den eigenen Informationen und mit Wettbewerbsbeobachtung erhalten. So werden die neuen Mitarbeiter gleich für den Themenbereich sensibilisiert. Auch die Führungskräfte sollen über die Möglichkeiten der Wettbewerbsbeobachtung informiert und optimalerweise auch geschult werden.

Feedback und Erfolgskontrolle

Zirka sechs Monate nach erfolgreicher Implementierung des Systems sollte erhoben werden, wie zufrieden die Mitarbeiter mit dem neuen System sind. Dies kann durch anonymisierte Onlinefragebögen oder durch Fokusinterviews ausgewählter Key User erfolgen. Nach Abschluss des Projekts bzw. in regelmäßigen Abständen sollte zudem eine Evaluation des gesamten Wettbewerbsbeobachtungsprozesses sowie der Nutzung bzw. des ökonomischen Nutzens der Ergebnisse erfolgen. Dies wird in der Regel vom Management initiiert, um die aktuelle Qualität der Wettbewerbsanalysen zu erheben und zu verbessern.

Erweiterungen und Weiterentwicklung

Die Wettbewerbsbeobachtung ist ein Prozess, der nie abgeschlossen ist. Gleiches gilt natürlich auch für die eingesetzten Technologien. Durch den rasanten technischen Wandel, durch neue Datenbanken oder grundlegende Änderungen des Informationsbedarfs befindet sich ein Wettbewerbsbeobachtungssystem in einem laufenden Veränderungs- und Erweiterungsprozess. Meist wird mit der Wettbewerbsbeobachtung in einer Abteilung begonnen und der Prozess sukzessive auf das ganze Unternehmen ausgeweitet.

4.5 Erfolgsfaktoren und Fallstricke

Der Erfolg des Einsatzes von strategischer Wettbewerbsbeobachtung im Unternehmen ist von verschieden Faktoren abhängig. Die stärksten Triebkräfte sind dabei die Unterstützung des Projekts durch die Geschäftsführung und die Akzeptanz durch die Mitarbeiter. Im Folgenden werden einige Erfolgsfaktoren dargestellt

Organisation

- **Initiative und Unterstützung durch die Geschäftsführung** (= User und Nutznießer der Wettbewerbsbeobachtung). Wesentlich sind dabei die aktive Unterstützung der Geschäftsführung und eine klare organisatorische Verankerung. Die bloße Umbenennung der Firmenbibliothek in „Wettbewerbsbeobachtungszentrum" oder reine „Lippenbekenntnisse" des Managements reichen da nicht aus.

- **Projekt-Mitarbeiter**
  Die Auswahl der richtigen Mitarbeiter, die einerseits über die fachlichen Qualitäten und die Erfahrung verfügen und andererseits einen guten Draht zum Management haben, ist sehr wichtig.

- **Reges, aktives Experten-Netzwerk**
  Da sich ein Großteil der benötigten Informationen im Unternehmen befindet, ist ein Netzwerk an Experten, welches sich regelmäßig austauscht, unerlässlich.

- **Auswahl der „richtigen" Organisation der Wettbewerbsstelle**
  Unter Berücksichtigung der Mitarbeiter und der Unternehmenskultur sollte das „richtige" Organisationsmodell für die Wettbewerbsbeobachtung im Unternehmen gewählt werden.

Projektmanagement

- **Erprobte Vorgehensweise, Erfahrung**
  Ein erfahrenes Projektteam (und/oder ein externer Berater) bringen mit erprobten Methoden und einer bewährten Vorgangsweise das Projekt rasch zum Abschluss.

- **Stufenweise Einführung des Systems**
  Zur Erzielung von raschen Erfolgen sollte klein und schrittweise mit wenigen Anwendern begonnen werden.

- **Kommunikations-Aktivitäten für das Projekt durchführen**
  Assoziationen mit Spionage sollten vermieden werden (keine Symbole verwenden, die missverstanden werden könnten). Durch regelmäßiges Feedback bzw. laufende Feedbackmöglichkeit und eine proaktive Unterstützung soll die Zielgruppe benötigte Informationen einfache erreichen können. Das Festlegen auf einen zugkräftigen Projektnamens, die laufende Kommunikation über den aktuellen Projektstand und die Meldung von konkreten Erfolgsstories können ebenfalls als Erfolgsfaktoren gewertet werden.

Mit welchen Fallstricken ist zu rechnen?

Bei der Einführung einer Wettbewerbsbeobachtung müssen die spezifischen Rahmenbedingungen des Unternehmens genau analysiert werden, um die Implementierungsbarrieren und Fehlerquellen zu identifizieren. Das Topmanagement muss sichtbar hinter dem Projekt stehen (nicht nur reine Lippenbekenntnisse!). Es sollten frühzeitig Erfolgserlebnisse vorgezeigt werden um interne Widerstände zu überwinden und Motivation zu schaffen. Die Tabelle zeigt welche Probleme in der Projektumsetzung existieren, und wie diese gelöst werden können.

Erfolgsfaktoren und Fallstricke

Tabelle 29: Lösungsvorschläge für Probleme in der Projektumsetzung

Lösungsvorschläge für Probleme in der Projektumsetzung	
Fallstricke und Probleme	**Lösungsvorschlag**
■ Projekt der Wettbewerbsbeobachtung wird mit Wirtschafts-Spionage assoziiert	■ Festlegung und Kommunikation von ethischen Grundsätzen
■ Das Wissen über den Wettbewerb wird für sich behalten („Wissen ist Macht")	■ Anreize schaffen, um dieses Wissen zu teilen
■ Die Mitarbeiter der Wettbewerbsbeobachtungsstelle sind nicht in der Lage, dem Management die recherchierten Ergebnisse ansprechend zu präsentieren	■ Analyseergebnisse der Wettbewerbsbeobachtung müssen dem Management „verkauft" werden
■ Keine Festlegung auf bestimmte Themenbereiche bei der Informationssuche, Unzahl an möglichen Informationsquellen und Informationen	■ Informationsaudit durchführen, Key Intelligence Topics definieren, eingeschränkte Informationssuche
■ Fehlende Unterstützung des Topmanagements	■ Projekt einstellen: KO-Kriterium
■ Finanzielle Schwierigkeiten, keine Ressourcen, zu niedriges Budget	■ Der Ressourceneinsatz muss sichergestellt sein. Was kann es dem Unternehmen kosten, wenn man Informationen über das Marktumfeld nicht hat?
■ Führungskräfte und Manager sind mit dem Prozess der Wettbewerbsbeobachtung nicht vertraut und haben falsche Erwartungen in punkto Ergebnis, Zeit und Ressourcenaufwand	■ Externe Berater leisten Aufklärungsarbeit, Schulungen des Top-Managements
■ Interne Experten werden nicht in Anspruch genommen, nicht gefunden	■ Aufbau eines Online-Expertennetzwerks
■ Keine Basis vorhanden, die für den Mitarbeiter eine einfache „Austauschbasis" für Wissen bildet	■ Alle Mitarbeiter können Mitteilungen in das Wettbewerbsbeobachtungssystem eingeben
■ Keine Benutzerakzeptanz, Anforderungen der Zielgruppe wurden nicht berücksichtigt, Mitarbeiter wurden nicht in Entscheidungen einbezogen.	■ Im Vorfeld des Projektes sollten die Mitarbeiter in einem Informationsaudit nach ihren Nutzeranforderungen und Wünschen befragt werden. Laufende Kommunikation und Dialog mit den Mitarbeitern.
■ Keine vertikale Vernetzung – Informationen werden wieder und wieder neu recherchiert („das Rad wird ständig neu erfunden")	■ Einsatz von Suchmaschinen, die alle Datenbestände durchsuchen können
■ Mitarbeiter fühlen sich überfordert	■ Schulungen, Trainings durchführen

Was könnte falsch gelaufen sein?

Nach einem enthusiastischen Start, initiiert vom CEO höchstpersönlich, entwickelte sich der Bereich der Wettbewerbsbeobachtung nicht wie gewünscht. Die Folge: Zuerst wurden die Ressourcen gekürzt und zu guter Letzt der ganze Bereich geschlossen. *Quelle: McKinsey*

Zusammenfassung Kapitel 4

- Anhand des klassischen Planungs-Umsetzung-Betriebs-Schemas wurde die praktische Einführung der Wettbewerbsbeobachtung im Unternehmen dargestellt.
- Zu guter Letzt wurden die Erfolgsfaktoren und Fallstricke bei der Einführung beleuchtet.

Laufend aktualisierte Informationen sind unter www.wettbewerbsbeobachtung.com zu finden.

5 Fallstudien

Hauptthemen

5.1 **3M ESPE AG**
Ein strategischer Wettbewerbsvorteil durch intelligente, systematisch integrierte Wettbewerbsanalyse bei 3M ESPE AG

5.2 **Audi AG**
Management von Wettbewerbswissen bei der Audi AG

5.3 **Pharmaunternehmen**
Einsatz eines Wettbewerbsbeobachtungssystems in einem Pharmaunternehmen

5.4 **Roland Berger**
Strategische Wettbewerbsbeobachtung im Rahmen der Klientenarbeit bei Roland Berger

5.5 **Siemens Building Technologies**
Einsatz eines Wettbewerbsbeobachtungssystems bei Siemens Building Technologies

5.6 **Straumann AG**
Die Opportunity Landscape: Ein Management-Tool zur Technologie- und Wettbewerbsbeobachtung bei der Straumann AG

Zielsetzung

- Sie erfahren, wie führende Unternehmen im deutschsprachigen Raum das Thema Wettbewerbsbeobachtung angehen.
- Sie lernen praktische Beispiele aus verschiedensten Branchen kennen.

5.1 Ein strategischer Wettbewerbsvorteil durch intelligente, systematisch integrierte Wettbewerbsanalyse bei 3M ESPE AG *

Die zunehmende Globalisierung und Vernetzung von Märkten, Firmenstrukturen und Geschäftsbeziehungen bewirkt eine Dynamik im internationalen Umfeld, der sich auch kleine und mittlere Unternehmen durch Anpassung der Geschäftsprozesse stellen müssen. Der immer härter werdende Wettbewerb erfordert zielgerichtete Strategien, effiziente Prozesse und schnelle, faktenbasierte Entscheidungen. In der von Internet und „e-Euphorie" durchsetzten Datenwelt mit einem rasanten Anstieg der Informationsflut sind neue Konzepte und Strukturen für den Transfer von Information in Wissen erforderlich. Der intelligente Umgang mit Information ist damit nicht mehr nur notwendiges taktisches Führungselement, sondern bildet in seiner strukturierten und prozessorientierten Form einen wesentlichen Bestandteil moderner Differenzierungsstrategie in der Unternehmensführung. „Know how" wird anstelle von Arbeitskraft immer deutlicher zum treibenden Produktionsfaktor des 21. Jahrhunderts. Um dieser Anforderung gerecht zu werden wird von vielen Unternehmen bereits systematisches Wissensmanagement praktiziert.

Ein besonderer Bestandteil, die systematische Wettbewerbsanalyse, die Porter bereits 1980 in seinem wegweisendem Buch „Competitive Strategy" fordert, wird gemäß Jerry P. Miller (2001) bis heute für strategische Entscheidungen zu wenig genutzt. Bei der 3M ESPE AG wurde nach einer grundlegenden Unternehmensumstrukturierung im Jahre 1994 systematisches Wissensmanagement als strategisches Element in ein ganzheitliches Organisationskonzept integriert. Während einerseits durch ein strukturiertes Innovationsmanagement der Anteil an innovativen Produkten im Produktportfolio erhöht werden sollte, wurde andererseits durch den Aufbau einer methoden- und prozessbezogenen gezielten Wettbewerbsanalyse ein Instrument geschaffen, mit dem die strategische Ausrichtung, die technologische Orientierung und die Positionierung im Markt laufend nachjustiert werden kann.

Die Notwendigkeit für diese organisatorischen Maßnahmen entstand in den 90er Jahren aufgrund der nachfolgend angeführten Entwicklungen. Um die Innovationsführerschaft in einem globalen Nischenmarkt zu behalten, wurde von funktionalen Strukturen auf überwiegend prozessorientierte Abläufe umgestellt. So erhöhte beispielsweise ein strukturierter, zentraler Ideen- und Multiprojektmanagementprozess den Druck auf die „just in time-Verfügbarkeit" von aktuellen Informationen über Produkte, Märkte und Wettbewerber. Komplexe Aufgabenstellungen, zunehmend schnellere Innovationszyklen und differenzierte strategische Planungsprozesse benötigten präzise und effiziente Werk-

---

* Autor: Dr. Reinhold Nowak ist Unitleiter Projectservices bei der 3M ESPE AG.

zeuge um aufbereitetes Wissen für zielgerichtete Strategien und schnelle, fundierte Entscheidungen zur Verfügung zu stellen. Hohe Wachstumsziele unterstützt durch geplante M&A Aktivitäten erforderten die analytischen und strukturellen Voraussetzungen rechtzeitig relevante Zusammenhänge und strategische Wettbewerbsvorteile herauszuarbeiten und in die Unternehmensprozesse einzubringen. Deshalb wurde ein neuer Bereich „Competitive Intelligence" mit definierten Ressourcen geschaffen und in die Unternehmensstruktur integriert.

5.1.1 Das Unternehmen

Die 3M ESPE AG, 1947 von 2 Chemikern gegründet, war eine typische mittelständische Nachkriegsgründung, die sich als weltweit anerkannter „Spezialist" auf dem Dentalmarkt global etablierte. Zum Kernbereich zählen Verbrauchsmaterialien für die Praxis und für das Dentallabor, wie Präzisions- und Situationsabformmassen, provisorische Kronen-, Verblend- und Brückenkunststoffe, Zahnfüllmassen und Zahnzemente. Für die Verarbeitung der Produkte ist es erforderlich eigene Verarbeitungsgeräte zu entwickeln, die nicht nur technisch aufwendig sind, sondern auch die ästhetischen Ansprüche der Zahnärzte erfüllen müssen. Besonders geschätzt sind die Produkte aufgrund der Qualität und der innovativen Applikationsverpackungen. Die Anwender der Produkte sind Zahnärzte und Zahntechniker. Sie sind weltweit in verschiedene Gesellschafts- und Gesundheitssysteme eingebunden, wodurch unterschiedliche Anforderungen entstehen. Zusätzlich unterliegen die nationalen Bedingungen, verursacht durch politische und gesellschaftliche Trends, einem beständigen Wandel. Die Flexibilität und die Geschwindigkeit, mit der durch Produktinnovationen auf die unterschiedlichen Bedürfnisse der Anwender reagiert werden kann, stellt einen entscheidenden Wettbewerbsvorteil dar.

Im Jahre 1994 wurde daher ein umfassender Reengineeringprozess gestartet. Ziel war es, die gesamte Organisation stärker auf den Kunden auszurichten. Aus der funktionalen Struktur entstand ein Netzwerk aus prozess- und technologieorientierten Einheiten. Diese Units besitzen ein hohes Maß an Eigenverantwortlichkeit und bilden zusammen mit den unitübergreifenden Geschäftsprozessen eine Matrixorganisation. Neu geschaffene interdisziplinäre Steuerungseinheiten bündeln das Wissen und ermöglichen kompetente und abgestimmte Entscheidungen. Sogenannte Business-Teams sind jeweils für einen definierten Produktbereich ergebnisverantwortlich. Durch flache Hierarchien, teamgeführte Prozesse und direkte Kommunikation, kann die Schnelligkeit und Flexibilität von kleinen Einheiten auch in einer großen Firma genützt werden.

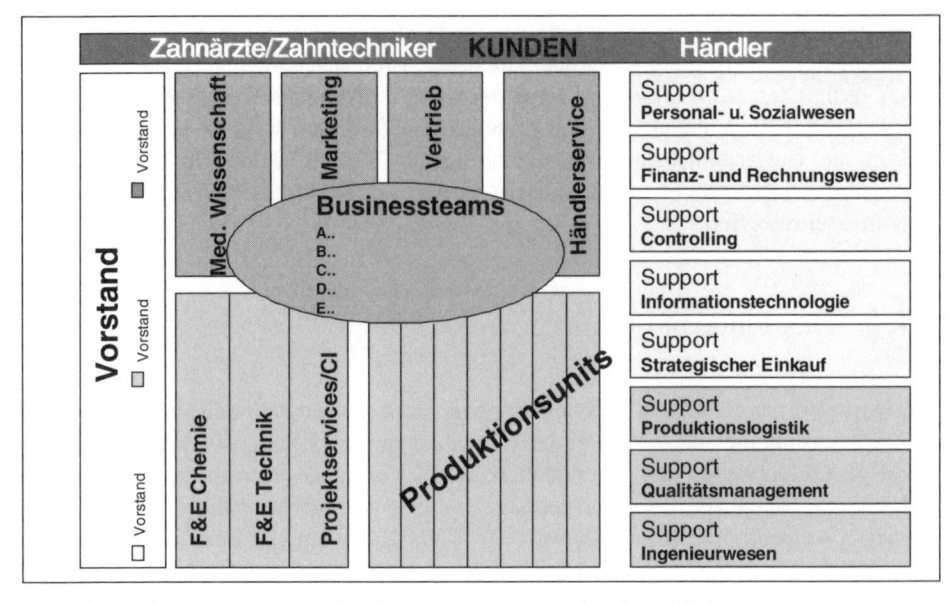

Abbildung 31: Organigramm der Matrixorganisation bei 3M ESPE

Mit der Übernahme des Unternehmens durch 3M und der Verschmelzung mit der 3M Dental Division entstand im Jahre 2000 der weltweit zweitgrößte Hersteller für dentale Verbrauchsmaterialien, der mit etwa 2000 Mitarbeitern in zwei Zentren einen jährlichen Umsatz von über 500 Mio Euro erzielt. Sowohl der radikale Umbruch, der mit dem Reengineeringprozess verbunden war, wie auch der Integrationsprozess nach der Akquisition griff massiv in etablierte Informationsflüsse ein und zerteilte gewachsene Wissensstrukturen. Durch übergreifende Konzepte für einen effizienten Wissenszugriff und Wissensaustausch war es daher zwingend notwendig den Informationsfluss sicherzustellen.

Veränderungen im Unternehmensumfeld und Markt sind geprägt durch:

- breites Spektrum an nutzbarer Technologie
- global unterschiedliche Kundenanforderungen (z.B. Ästhetik)
- komplexe Produktsysteme
- kürzere „Time to Market" Entwicklungen
- kürzere Innovationszyklen

- medizinische und gesetzgeberische Rahmenbedingungen
- technologische Datenexplosion
- überwiegend mittlere und kleinere Unternehmen als Konkurrenten
- zielgruppenspezifische Produkte
- zunehmenden globalen Wettbewerb und Unternehmenskonzentration

5.1.2 Organisation von CI im Unternehmen

Als wesentliche Gründe für die Einführung sind die organisatorischen Veränderungen im Unternehmen und die dynamischen Entwicklungen im Unternehmensumfeld zu nennen. In einer Matrixstruktur mit ganzheitlichen Unternehmensprozessen ist eine zentrale Wettbewerbsbeobachtung ein bedeutender Wettbewerbsvorteil. Die Aufwendige Suche nach Wettbewerbs- und Marktdaten bei verschiedenen internen und externen Ansprechpartnern, die Redundanz und Inkonsistenz von Informationen und die schwierige Vergleichbarkeit von Daten aus unterschiedlichen Quellen wird weitgehend eliminiert. Die zentrale Verarbeitung der Information in einer Datenbank und die komprimierte Darbietung im Intranet überbrückt die geographische Entfernung einer zwei Zentren Struktur (USA, EU) und ermöglicht den schnellen Zugriff auf aktuelles Wissen. Einheitliche Definitionen und eindeutige Terminologie ermöglichen ein besseres Verständnis und erleichtern die Vergleichbarkeit. Wesentliche Aufgabe des Bereichs ist es, die in und außerhalb des Unternehmens vorhandenen Wissensquellen zu identifizieren und die Datenbeschaffung und den Informationsfluss sicherzustellen. Eine komplexe Datenbank, die den internen Zugriff auf Markt und Unternehmensdaten ermöglicht, ein regelmäßiges Reporting und ein Trophycenter in dem die Kernprodukte des Wettbewerbs ausgestellt sind, bilden wesentliche Serviceleistungen dieses Bereichs.

Um den internen Anforderungen für den Wissenszugriff möglichst gerecht werden zu können, wurden beim Aufbau dieses Service-Bereichs folgende Schlüsselfragen gestellt:

- Wer wird den CI Prozess und den Output nutzen?
- Wann, wie und an wen sollen die Daten verteilt werden? (siehe Abbildung)

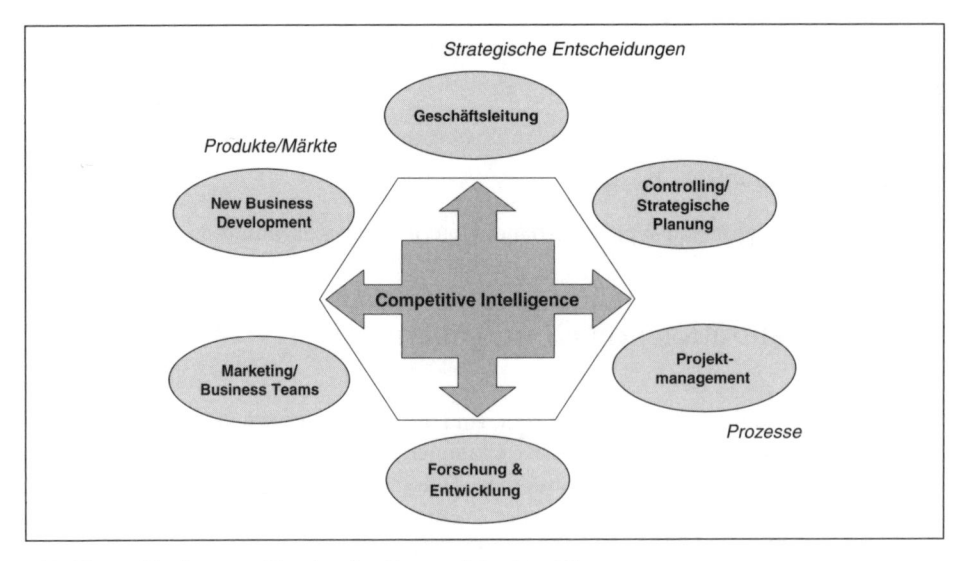

Abbildung 32: Interne Kunden für Competitive Intelligence

- Wer soll die Tools administrieren und die Verantwortung für den Prozess übernehmen?
- Welche Information soll gesammelt werden?
- Welche Analysen sollen durchgeführt werden?
- Von wo sollen die Daten und Informationen eingeholt werden?
- Wo soll CI in der Organisation angesiedelt sein?
- Wie kann der Prozess „operationalisiert" werden?
- Welche Ressourcen werden benötigt?
- Welche Tools sollen zur Anwendung kommen?
- Wann und wie oft sollen die Daten aktualisiert werden?

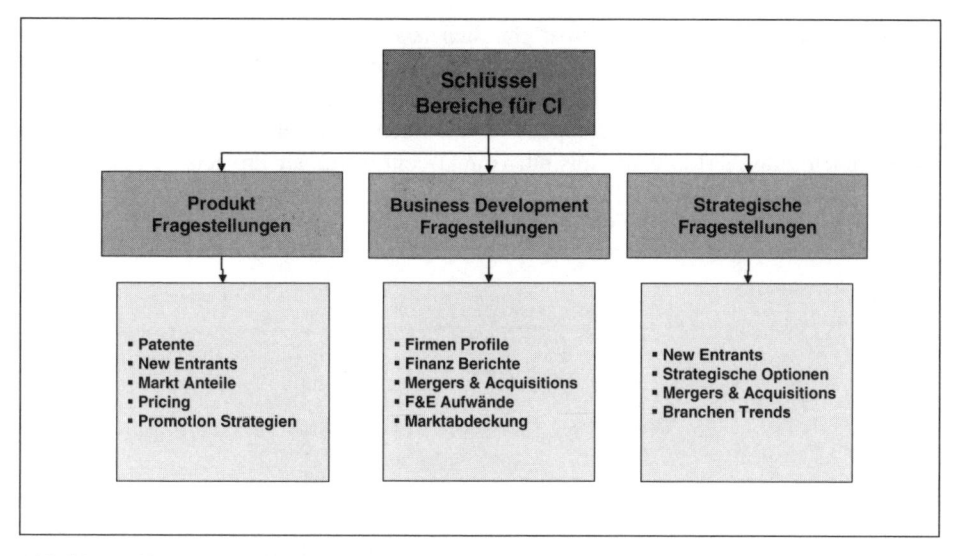

Intelligente Wettbewerbsanalyse bei 3M ESPE AG

```
                    ┌──────────────────┐
                    │    Schlüssel     │
                    │ Bereiche für CI  │
                    └────────┬─────────┘
         ┌───────────────────┼───────────────────┐
         ▼                   ▼                   ▼
┌─────────────────┐ ┌──────────────────┐ ┌─────────────────┐
│    Produkt      │ │Business Development│ │   Strategische  │
│ Fragestellungen │ │  Fragestellungen │ │ Fragestellungen │
└────────┬────────┘ └─────────┬────────┘ └────────┬────────┘
         ▼                    ▼                   ▼
┌─────────────────┐ ┌──────────────────┐ ┌──────────────────────┐
│• Patente        │ │• Firmen Profile  │ │• New Entrants        │
│• New Entrants   │ │• Finanz Berichte │ │• Strategische Optionen│
│• Markt Anteile  │ │• Mergers & Acqu. │ │• Mergers & Acquisitions│
│• Pricing        │ │• F&E Aufwände    │ │• Branchen Trends     │
│• Promotion Str. │ │• Marktabdeckung  │ │                      │
└─────────────────┘ └──────────────────┘ └──────────────────────┘
```

Abbildung 33: Schlüsselbereiche für CI

Ein besonderes Augenmerk wurde dabei dem Aufbau einer effizienten Ablauforganisation gewidmet, die in der Lage sein muss, die geforderte Information aktuell und intelligent zu Wissen verarbeitet, schnell und kosteneffizient zu erbringen und strukturiert zu dokumentieren. Eine Lotus Notes Datenbank in Verbindung mit Domino Doc als Dokumentmanagementsystem ermöglicht durch die Einbindung in die Groupwarestruktur den Zugang und die Verteilung von differenzierteren Informationsprofilen. Im Intranet liegen einheitlich aufbereitete Informationsprofile für den weltweiten internen Zugriff.

Für die Auswahl und Bewertung geeigneter Technologien stehen im Unternehmen Labordatenbanken mit Versuchsergebnissen von über 13 Jahren zur Verfügung. Ein Netzwerk von Datenbanken enthält zudem

- Daten über Kunden (Außendienststeuerung, Call-Center)
- ca. 30.000 Patente im Volltext (Dokumentenmanagementsystem)
- Sicherheitsdaten zu Rohstoffen und Produkten
- Zulassungsdaten
- Wettbewerbsdaten
- Projektdaten (SAP)

Der besondere Stellenwert von CI ergibt sich aus den Schnittstellen zu den internen Kunden und den relevanten Schlüsselbereichen für die Bestimmung der Strategie und der Wettbewerbsposition (siehe Abbildung). Da die meisten dieser Themen eine strenge Geheimhaltung erfordern, ist Competitive Intelligence in den Bereich New Business Development integriert und administrativ direkt dem Unitleiter Projectservices zugeordnet.

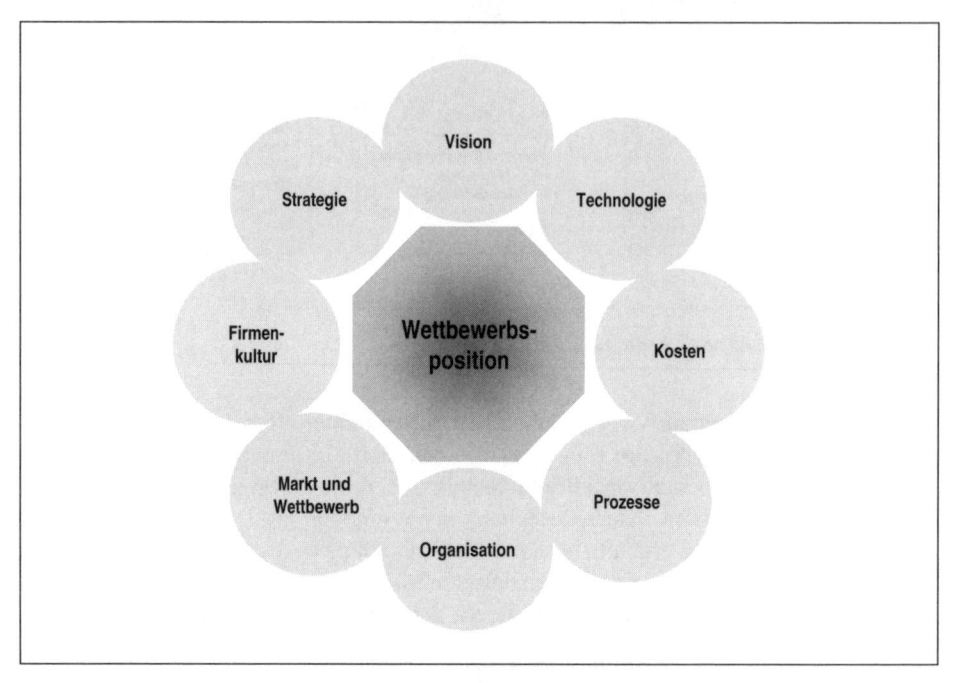

Abbildung 34: Relevante Schlüsselbereiche für die Wettbewerbsposition

Neben der strukturellen Organisation ist die Eingliederung in den Neuproduktentwicklungsprozess, den M&A-Prozess und den New Business Developmentprozess von besonderer Bedeutung. Durch die regelmäßige Diskussion von Reports und Auswertungen in den verschiedenen Businessteams und im Executive Committee wird der aktuelle Überblick über die Situation der Wettbewerber und gegebenenfalls eine schnelle Reaktionsmöglichkeit sichergestellt. Für die nationalen Niederlassungen des Unternehmens werden Firmen- und Produktinformationen über die Konkurrenz im Intranet ausgelegt. Die Besetzung mit drei sehr gut ausgebildeten Mitarbeitern zeigt die Bedeutung, die dieser Stelle, unter anderem auch wegen der intensiven Einbindung in M&A Prozesse beigemessen wird.

Intelligente Wettbewerbsanalyse bei 3M ESPE AG

5.1.3 Umsetzung von CI im Unternehmen

Um Produkte kundenspezifischer und schneller zu entwickeln investiert 3M ESPE AG deutlich mehr Energie in die Planung und Zielsetzung. Der größte Aufwand in dieser frühen Phase ist das verschiedenartige Wissen aus den unterschiedlichen Bereichen der Firma zur Formulierung von Produktprofilen, Projektszenarien und Umsatzperspektiven zusammenzuführen. In dieser Phase sind interne Wissensdatenbanken, Projektdokumentationen und ein Dokumentenmanagementsystem ausgezeichnete Hilfsmittel. Der Bereich Wettbewerbsanalyse und der zentrale Projektsupport, sind für bestimmte Informationsbereiche verantwortlich und unterstützen die Teams nach dem „push and pull" Prinzip. Durch professionelle Recherchen in externen und internen Datenbanken wird das Wissen „just in time" eingeholt, zu „kundenspezifischen" Informationsprofilen zusammengestellt und in den Projekten verwertet. Analysemethoden die dabei angewendet werden sind SWOT-Analysen, Firmenprofile und Branchenanalysen.

Tabelle 30: Typische Anfragen an die Wettbewerbsbeobachtung

Typische Anfragen an die Wettbewerbsbeobachtung	
Was ist neues auf dem Markt?	Was wissen wir über unsere Wettbewerber?
■ Änderungen im Gesundheitswesen	■ Branchenanalysen
■ Neue Firmengründungen	■ Firmenprofile
■ Produkteinführungen	■ IP- Aktivitäten/ Schutzrechte
■ R&D Trends	■ Produkt Benchmarks & Tests
■ Trends	■ Sonstige Recherchen zu Wettbewerbern
	■ Target Evaluierungen
	■ Weitere produktbezogene Recherchen

5.1.4 Praktische Erfahrungen und Resümee

Bei der Umsetzung des Competitive Intelligence Konzepts im Unternehmen sind mögliche Barrieren technischer, kultureller oder sprachlicher Natur zu berücksichtigen.

Auch wird Wissen noch häufig als Machtfaktor zur Durchsetzung eigener Interessen oder als Stärkung von Abteilungsegoismen verstanden. Um das Wettbewerbs- und Marktwissen verteilen zu können, müssen die Mitarbeiter bereit sein es zu teilen. Die Bereitschaft zur Informationsweitergabe erhöht sich, wenn für den Mitarbeiter ein (subjektiver) Nutzen erkennbar ist.

Die Einführung der Competitive-Intelligence-Aktivitäten im Unternehmen ergab folgenden Nutzen für die 3M ESPE AG:

- Bessere Entscheidungsgrundlage und Entscheidungsqualität
- Proaktive Strategien statt reaktiver Szenarien
- Verbesserung der eigenen Wettbewerbssituation
- Grundlagen für New Business Development
  - Bewertung von M&A Targets
  - Bewertung von IPO-Kandidaten in der Due Diligence
  - Eintritt in neue Märkte mit verringertem Risiko
  - Schnellere Akquisition von neuen Technologien
- Verbesserte Auswahl von geeigneten Kooperationspartnern
- Verbesserte Markt- und Branchenkenntnisse der Mitarbeiter

5.2 Management von Wettbewerbswissen bei der Audi AG*

5.2.1 Das Unternehmen

Jeder Audi ist wegweisend, was Technik, Design und Fahrspaß angeht. Vom innovativen A2 bis zum repräsentativen A8 – jedes Auto ist ausgereift, sportlich, intelligent und fortschrittlich. Dieser Fortschritt basiert auf der Vielfalt des Audi Konzerns. Die unterschiedlichen Gesellschaften vereinen ihre Kompetenzen unter einem Dach und sorgen dafür, dass der Audi Konzern gestärkt wird. So wird aus vielen Einzelerfolgen ein großer.

---

* Autoren: Jan Schlüter ist Leiter Wissensmanagement, Clemens Lee ist Projektleiter MARCO bei der Audi AG.

Management von Wettbewerbswissen bei der Audi AG

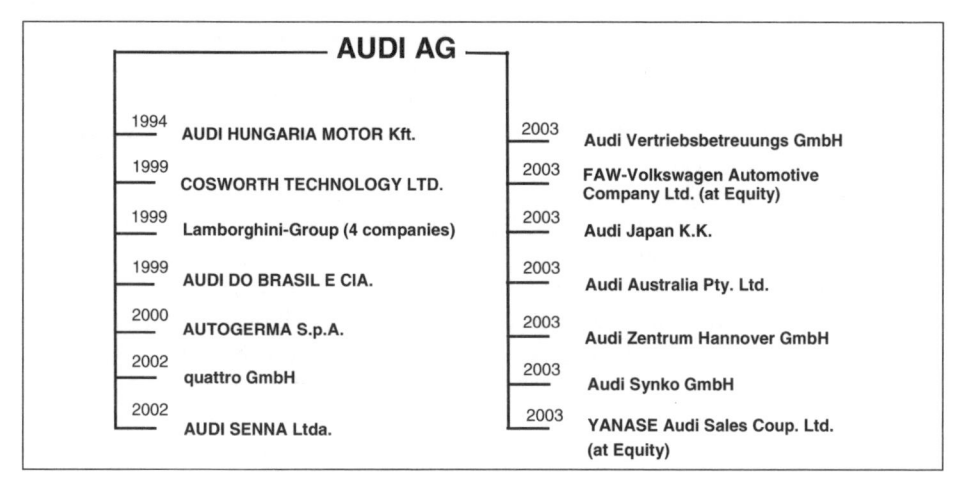

AUDI AG

Jahr	Gesellschaft	Jahr	Gesellschaft
1994	AUDI HUNGARIA MOTOR Kft.	2003	Audi Vertriebsbetreuungs GmbH
1999	COSWORTH TECHNOLOGY LTD.	2003	FAW-Volkswagen Automotive Company Ltd. (at Equity)
1999	Lamborghini-Group (4 companies)	2003	Audi Japan K.K.
1999	AUDI DO BRASIL E CIA.	2003	Audi Australia Pty. Ltd.
2000	AUTOGERMA S.p.A.	2003	Audi Zentrum Hannover GmbH
2002	quattro GmbH	2003	Audi Synko GmbH
2002	AUDI SENNA Ltda.	2003	YANASE Audi Sales Coup. Ltd. (at Equity)

Abbildung 35: Konsolidierte Audi Konzern Gesellschaften

5.2.2 Ausgangslage

Das Thema Wissensmanagement bei Audi existiert bereits seit 1997 in Form von dezentralen Aktivitäten. Im Bereich der Technischen Entwicklung entstanden die ersten erfolgreichen lokalen Anwendungen zur Bewahrung und Weitergabe von Wissen. Erste Schritte in Richtung einer Koordination und Vernetzung der so entstandenen Insellösungen erfolgten 1998 zunächst beschränkt auf den Bereich der Technischen Entwicklung.

Wissensmarktplatz

Bedarfsklärung	Entwicklung	Verteilung	Nutzung
Erfassung der konkreten Anforderungen der Nutzer	Einführung und Ausbau von Methoden zur Wissensgenerierung	Unterstützung des Arbeitsprozesses durch bedarfsgerechte Bereitstellung von Wissen zur richtigen Zeit am richtigen Ort	Maßnahmen, die den Nutzer befähigen, Wissen effizient aufzunehmen, zu finden und bereit zu stellen

Flankierende Personal- und Organisationsentwicklungsmaßnahmen

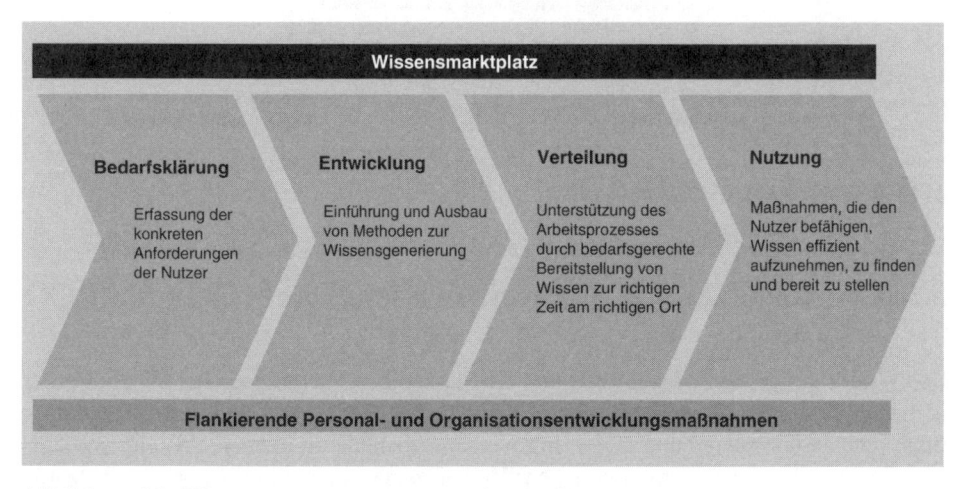

Abbildung 36: Wissensmanagementprozess bei Audi

Anfang 2001 entstand mit der Gründung der Organisationseinheit E-Business auch das Projekt Knowledge Management (KLM) und bekam damit eine feste Verankerung in der Audi Struktur sowie einen verantwortlichen Treiber. Das KLM-Projekt übernimmt die Aufgabe der Vernetzung, Herstellung von Transparenz und die Koordination von Wissensmanagement-Aktivitäten im Unternehmen im Sinne eines ganzheitlichen Wissensmanagement Ansatzes. Die Kernaufgabe besteht darin, dafür Sorge zu tragen, dass das relevante Wissen bedarfsgerecht dem Mitarbeiter zur Verbesserung der Arbeitsergebnisse zur Verfügung gestellt wird. Das Gestalten von Wissensmanagementprozessen rund um den Kernprozess der Produktentstehung sowie die Entwicklung von effektiven Methoden und Werkzeugen steht hierbei im Vordergrund. Besonderen Wert wird auf eine ganzheitliche Projektbegleitung gelegt, die die zukünftigen Nutzer miteinbezieht. Eine wesentliche Drehscheibe für den unternehmensweiten Wissensaustausch stellt der Audi Wissensmarktplatz dar, der sich konzeptionell durch das Zusammenspiel der Grundprinzipien Information, Kommunikation und Kollaboration auszeichnet. Realisiert werden diese Grundprinzipien durch den Einsatz von Instrumenten des Wissensmanagements, wie z.B. Wissensbasen, Wissensnetzwerken, Expertenidentifikation und Diskussionsforen.

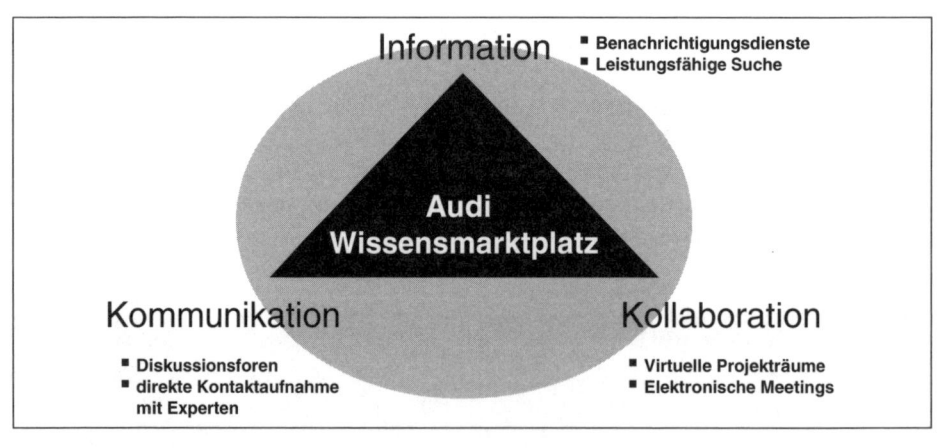

Abbildung 37: Audi Wissensmarktplatz

5.2.3 Erfolgsfaktor Wettbewerbswissen: Das Projekt MARCO

Das Wissen um die Innovationskraft und die Stärken bzw. Schwächen der Wettbewerber ist gerade in der Automobilindustrie ein wesentlicher Faktor, um die eigene Wertschöpfungskette zu optimieren und langfristig wettbewerbsfähig zu bleiben. Als ein wesentliches Teilprojekt von der umfangreichen Wissensmanagementinitiative bei Audi, wurde das Projekt MARCO (Market and Competitor Knowledge Base) initiiert, das den Prozess der Marktforschung und Wettbewerbsbetrachtung mit ihren Konsequenzen zum Gegenstand hat. Konkret ging es hierbei es um die Realisierung eines Lösungsansatzes zur Präsentation der bei Audi vorhandenen Informationen rund um Wettbewerber und Marktforschung, sowie zur Generierung von neuem und Verdichtung von bereits vorhandenem Wissen.

5.2.4 Ziele des Projekts

- Transparenz des im Unternehmen verfügbaren Wettbewerbswissens
- Schneller und einfacher Zugriff auf vorhandene Informationen
- Verringerung der Suchzeiten
- verbesserte Qualität der Ergebnisse
- Vermeidung von Doppelarbeit
- Intelligente Verlinkung/Vernetzung
- weitgehende Freiheit bezüglich der Formate
- einfachste Bedienung

Die im Juli 2001 gestartete Design- und die anschließende Realisierungsphase ist abgeschlossen. Der Produktivpilot von MARCO ging im Mai 2002 an den Start. Die Lösung wurde auf dem Audi Wissensmarktplatz in Form eines Teilmarktplatzes für Markt- und Mitbewerbsinformationen umgesetzt. Zu Beginn wurden eine solide Analyse des Wissensbedarfs und der Wissensträger vorgenommen sowie ineffiziente Wissensentstehungs- und Verteilungsprozesse identifiziert. Darüber hinaus wurden organisatorische, technische und kulturelle Voraussetzungen abgeprüft. Darauf aufbauend wurde ein ganzheitliches Konzept erstellt, das auf Rollen, Prozesse, Verantwortlichkeiten, Controlling, Kommunikation und die gezielte interne Vermarktung des Wissens eingeht. Um mögliche Inhalte für die Wissensbasis von den verschiedenen Bereichen bei Audi zu identifizieren, wurden zahlreiche Interviews mit den potenziellen Contentgebern durchgeführt. Daraus ergaben sich für den Start folgende Informationsthemen:

- Wettbewerbsstudien
- technische Informationen
- Marktinformationen
- externe Informationsquellen

Diese wurden wiederum mit der neu gegründeten MARCO Community in sechs Hauptgruppen verteilt, um somit eine bereichsunabhängige Zuordnung von Inhalten zu erreichen. Doch nicht nur die reine Bereitstellung und der vorherige Input von Informationen sind die alleinigen Zutaten zum erfolgreichen Rezept, sondern auch die Suche ist von entscheidender Bedeutung. Hierfür wurde in enger Zusammenarbeit mit den Contentgebern und Mitgliedern der MARCO Community eine eigene Kategorisierung und Attribuierung entwickelt und umgesetzt. Somit ist der Anwender nun in der Lage aus verschiedenen Sichten heraus, unterschiedlichste Informationsinhalte, bereichsunabhängig zu suchen und zu finden.

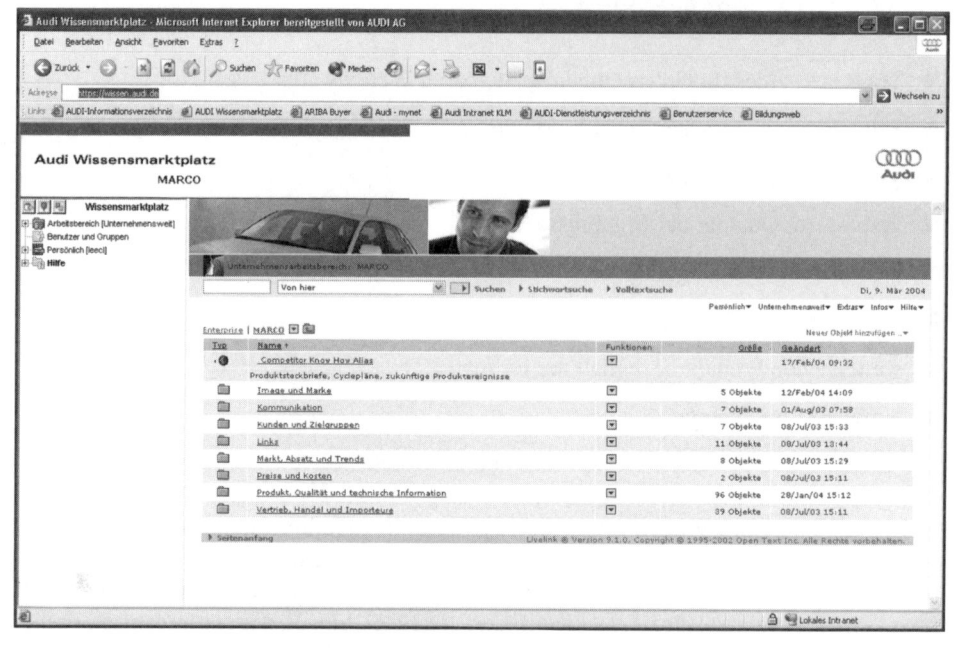

Abbildung 38: Screenshot des Wettbewerbssystems MARCO

Wichtige Erfolgsfaktoren, die das System ermöglichten, waren:

- Hohe methodische, fachliche und technische Kompetenz des Projektteams
- Initialisierung des Projektes mit einem produktneutralen IT-Ansatz
- Gründung eines bereichsübergreifenden Koordinationskreises in Form der MARCO Community
- Arbeitsplatzunabhängiger Zugriff über einen Web-Browser
- Rollen und Rechte Konzept
- Einfache Einbettung in die alltäglichen Arbeitsabläufe

Als der entscheidende Erfolgsfaktor für die Umsetzung des gesamten Projektes müssen die im Vorfeld durchgeführten Workshops und Kick-offs angesehen werden. Sie dienten zur Sensibilisierung und Aktivierung der verschiedenen Contentgeber, ohne die ein solches System nicht lauffähig ist.

Weitere Ziele

- Vorhandene Insellösungen, die nicht auf dem technologisch neuestem Stand sind und keine gemeinsame Informationsbasis darstellen werden auf MARCO integriert.
- Weiterer Ausbau von MARCO, sowohl in inhaltlicher als auch in funktionaler Sicht
- Neue Themen und Contentgeber

5.2.5 Resümee

Mit der Audi-weiten Implementierung des Audi Wissensmarktplatzes als Arbeitsplattform und der damit einhergehenden Projektumsetzung MARCO wurde ein wesentlicher Grundsteine für einen unternehmensweiten Wissensmanagementansatz gelegt, der zu einer noch effektiveren Nutzung der Ressource Wettbewerbswissen bei Audi geführt hat. Durch die konsequente Weiterentwicklung dieses ganzheitlichen Wissensmanagementansatzes soll die Stärkung der Wettbewerbsposition nachhaltig unterstützt werden.

5.3 Einsatz eines Wettbewerbsbeobachtungssystems in einem Pharmaunternehmen*

Aus Diskretionsgründen wurde diese Fallstudie anonymisiert und leicht abgeändert, um keine Rückschlüsse auf das Unternehmen ziehen zu können. Der Fokus liegt deshalb auf der eingesetzten Technologie und auf der Darstellung, wie diese den Prozess der Wettbewerbsbeobachtung im Unternehmen unterstützt.

---

* Autoren: Stefan Groschupf ist Geschäftsführer, Frank Henze Entwicklungsleiter des Unternehmens media style GmbH.

5.3.1 Das Unternehmen

Bei diesem Anwender handelt es sich um ein international agierendes Pharmaunternehmen.

5.3.2 Zielsetzung – warum wurde an den Aufbau eines Wettbewerbsbeobachtungssystems gedacht?

Der Pharma-Markt ist besonders auf die strategische Wettbewerbsbeobachtung angewiesen, da gewaltige Investitionen in die Produktentwicklung getätigt werden. Weiterhin ist die Branche durch notwendige klinische Studien mit relativ langen Produktentwicklungszyklen gekennzeichnet, die dem rechtzeitig Informierten Zeit für Reaktionen auf Aktivitäten der Mitbewerber einräumen. Aufgrund der Fülle an Informationen gestaltete sich eine Aussortierung nach Relevanz für eigene Aktivitäten und die Zuordnung der relevanten Informationen nach Zuständigkeiten der Mitarbeiter für Teilgebiete der Wettbewerbsbeobachtung mit dem bislang eingesetzten Dokumentenmanagementsystem als zu aufwendig. Das Management entschied sich für den Einsatz einer textminingbasierten Lösung, um die Effektivität dieser Prozesse durch Automatisierung zu erhöhen.

5.3.3 Der Prozess – dargestellt anhand der ausgewählten Software

Datenquellen

Als Informationsquellen wurden Websites der Konkurrenz, Newsdienste, bestehende unternehmensinterne Datenbanken und E-Mail-Listen definiert. Nutzer können auch selbst Informationen in das System eingeben. Der Import von Dokumenten erfolgt zeitgesteuert automatisch, kann aber auch manuell angestoßen werden. Die definierten Websites werden mit einem Crawler laufend gescreent (um den Konkurrenten nicht darauf aufmerksam zu machen, werden die Websites mit einer versteckten IP-Adresse beobachtet – so können keine Rückschlüsse auf das Unternehmen gezogen werden).

Interne Suchmaschine

Die in das System integrierte Suche benutzt auf Wunsch Thesauri, um das Suchfeld sinnvoll auszuweiten (z.B. Suche nach „Aspirin" findet auch „Acidum Acetylsalicylicum" als Treffer). Hierfür wurden ein globales englisches Synonymwörterbuch, der medizinische Thesaurus „The MeSH" und ein bereits vorhandener unternehmensinterner Thesaurus integriert. Die Suche ist in der Lage, „Topics" aus den Treffern zu extrahieren und darauf basierend weitere Dokumente zum entsprechenden „Topic" zu listen. Wird ein Treffer als besonders interessant empfunden, können mit „Suche verwandte Dokumente" inhaltlich ähnliche Dokumente lokalisiert werden.

Text-Mining und Analyse

Die im Unternehmen anfallende große Datenmenge war von den Fachleuten nicht mehr mit vertretbarem Aufwand manuell zu durchforsten. Aus diesem Grund entschied man sich für eine Softwarelösung, die Textmining-Verfahren einsetzt.

Mittels dieser Verfahren können:

- Muster (Schlagworte, Phrasen) extrahiert werden
- Durch Klassifikation/Clustering Texte thematisch sortiert werden
- Zusammenfassungen von Dokumenten oder ganzen Dokumentordnern erfolgen
- Dokumente mit bestimmten Mustern oder Themenbereichen gesucht werden
- Beziehungen zwischen verschiedenen Dokumenten aufgedeckt werden
- Schlüsselwörter hervorgehoben werden
- „Topicmaps/Wissenslandkarten" erstellt werden
- Neue, sich lohnende Beobachtungsfelder aufgedeckt werden
- Frühwarnungen ausgegeben werden

Eine Methode, um Informationen aus dem gewünschten Themengebiet zu erhalten, ist die der Textklassifizierung. Eine vom Unternehmen vordefinierte Ordnerstruktur beinhaltet eines oder mehrere Dokumente in einem speziellen Themengebiet. Der Algorithmus klassifiziert alle neuen Meldungen, vergleicht sie mit den Beispielen in der Ordnerstruktur und sortiert sie in die entsprechenden Ordner. Im Laufe der Zeit und mit manueller Nachjustierung lernt das System mit, und die Einordnung der Dokumente zu den Themengebieten wird immer besser. Eine Alternative zur Klassifizierung ist das Text-Clustering. Wie auch bei der Klassifizierung werden Dokumente themenabhängig in Ordner sortiert. Clustering-Methoden erstellen diese Ordner allerdings abhängig vom Inhalt selbst.

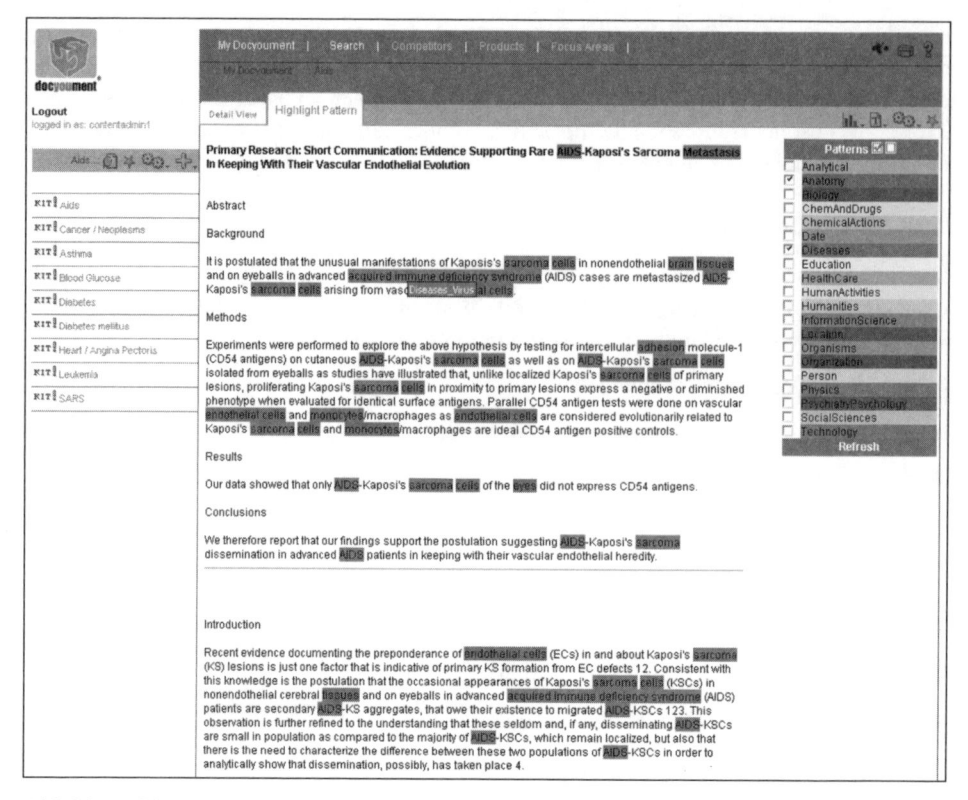

Abbildung 39: Durch Textmining extrahierte Muster

Das System ermöglicht die Erstellung einer Kurzzusammenfassung eines Dokuments oder eines ganzen Dokumentordners. Grundlage hierfür sind durch Textmining extrahierte Muster. Unter diesen Mustern werden automatisch erkannte Schlagworte/Phrasen verstanden, die eindeutig zu Gruppen wie Personen, Organisationen, Datum, Adressen, Preise, Orte und etwa 20 weiteren branchenspezifischen Gruppen (Anatomie, chem. Substanz, pharmakologische Wirkung etc.) zugeordnet werden können. Diese Muster werden mit einer Genauigkeit von ca. 90 Prozent erkannt. Zusammenfassungen können generiert werden, indem der Nutzer aus einer Liste aller extrahierten Muster diejenigen auswählt, die in seinem Interessenfokus liegen. Diese Funktion ist geeignet, um einen schnellen Überblick über den Inhalt der Daten zu bekommen. Wenn interessante Informationen gefunden wurden, können systemübergreifend analog zur internen Suche mit Hilfe der Funktion „Suche verwandte Dokumente" weitere Dokumente mit ähnlichem Inhalt lokalisiert werden.

Einsatz eines Wettbewerbsbeobachtungssystems in einem Pharmaunternehmen 189

Visuelle Verfahren unterstützen den Zugang der Mitarbeiter zum vorhandenen Wissen durch Darstellung von:

- Netzwerk-Beziehungen zwischen Dokumenten (siehe Darstellung)
- Netzwerk-Beziehungen zwischen „Topics"
- Wissenslandkarten
- Schlüsselwort-Matrizen

Eine sogenannte Topicmap (Wissenslandkarte) wird für alle Inhalte generiert und kann wahlweise das Wissen des gesamten Systems oder das einzelner Ordner visuell darstellen. Aus der zweidimensionalen topographischen Darstellung können die Verwandtschaft verschiedener Themen zueinander (Distanz), die Anzahl zugeordneter Dokumente (Farbintensität) und andere Metadaten abgelesen werden. Mittels einer Zoom-Funktion wird durch die Wissenslandkarte navigiert. Den Topics zugeordnete Dokumente können direkt geöffnet werden.

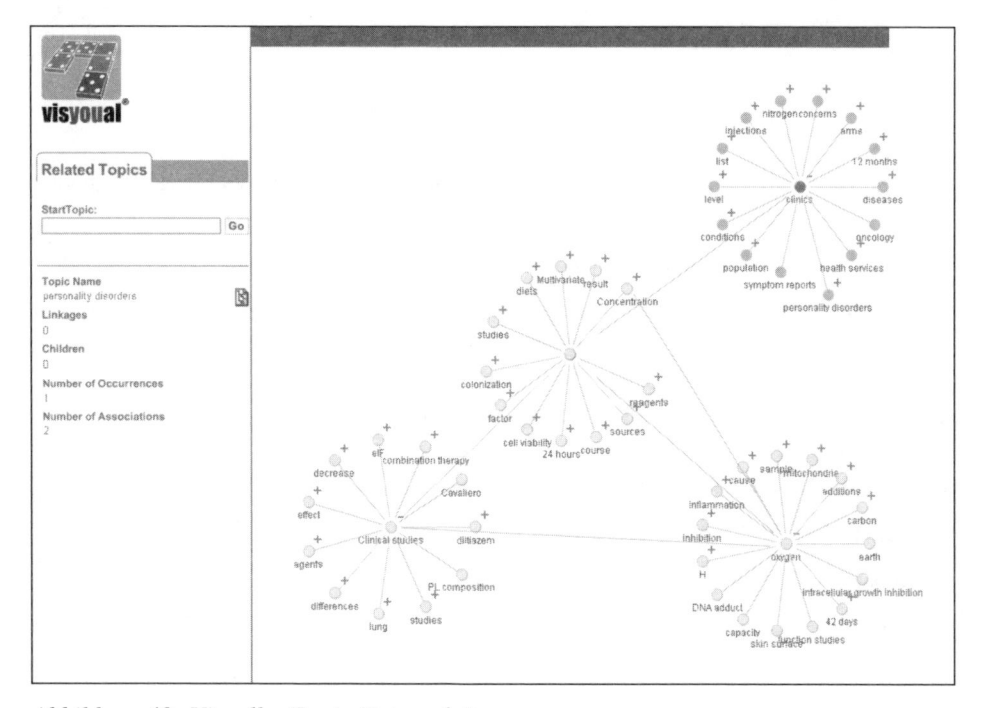

Abbildung 40: Visueller Topic-Netzwerk-Browser

Beziehungen zwischen Dokumenten können als Netzwerk visualisiert werden. Durch dieses Netzwerk kann der Nutzer navigieren, um Dokumentbeziehungen zu erforschen und Querverbindungen zu entdecken. Dieses Tool eignet sich für die Ausweitung einer Suche, die z.B. von einer interessanten Newsmeldung ausgeht. Die Aufdeckung von Querbindungen eignet sich, um verschiedene Teilinformationen, die über mehrere Dokumente verstreut sind, zusammenzuführen und daraus auf neue Erkenntnisse zu schließen. Die Mitarbeiter der Wettbewerbsbeobachtung haben die Möglichkeit, ihren Arbeitsbereich individuell zu gestalten, Kommentare einzugeben, Dokumente zu bearbeiten oder neu anzulegen. Abhängig von der Benutzerberechtigung gibt es einen beschränkten Zugang zu den verschiedenen Projekten. Interessensgebiete können in Form von sogenannten KITs (= Key Intelligence Topics) neu angelegt werden. Nutzer mit beschränkten Zugriffsrechten können diese bei der Projektleitung anfragen. Für einzelne Dokumente oder ganze Ordner können E-Mail-Benachrichtigungen (Frühwarnungen) abonniert werden. Diese informieren sofort über Änderungen beispielsweise wenn ein neues Dokument in den jeweiligen Zuständigkeitsbereich klassifiziert oder ein Report geändert wurde.

Umfassende Suchmöglichkeiten

- Der User kann auswählen, in welchen Datenquellen er recherchieren möchte
- Komplexe Boolesche Suchabfragen können gespeichert werden
- Optionale Auflistung der aus dem Treffer extrahierten Topics (und darauf basierend die Möglichkeit, weitere Dokumente zum selben Topic zu suchen)
- Suchbegriff-unabhängige Recherche nach verwandten Dokumenten
- Kurzzusammenfassung des Treffers entweder als die Suchbegriffe enthaltenen Sätze oder eine automatisch (Textmining-)generierte Zusammenfassung des gesamten Dokumentes
- Eingrenzung der Suche auf bestimmte Ordnerzweige

Kommunikation der Erkenntnisse/Ergebnisse

Die Mitarbeiter der CI-Abteilung können:

- Reports basierend auf Vorlagen generieren
- Eigene textbasierte Reports erstellen
- Entscheidungsträger oder Kollegen über Inhalte informieren

Die Entscheidungsträger im Unternehmen haben die Möglichkeit:

- Änderungen in Reports zu verfolgen und automatisch per E-Mail benachrichtigt zu werden
- Key Intelligence Topics and Questions definieren (KIT, KIQ)

- Die Reports an andere Mitarbeiter im Unternehmen zu senden
- Die Priorität von Themen oder Fragestellungen zu bestimmen
- Die Aktivitäten zum Thema bzw. Fragestellung zeitlich zu beschränken

Dokumentenmanagement

Die gemeinsame Arbeit des CI-Teams wird durch Collaboration-Funktionalitäten erleichtert. Jeder Nutzer hat seine eigene individuelle Homepage mit persönlichen News, Bookmarks, gespeicherten Suchabfragen, Links und Nachrichten von anderen Usern.

5.3.4 Die eingesetzten Technologien

Die Anforderungen des Unternehmens an die Software waren:

- Skalierbarkeit
- Verfügbarkeit
- Sicherheit vor unbefugten Zugriffen
- Verwendung des bestehenden User-Managements
- Erweiterbarkeit; flexible, offene Datenstruktur
- Einsatz von Standardtechnologien, Integrationsmöglichkeit in die bestehende IT-Landschaft
- schnelle und dauerhafte Bereitstellung von kurzen, aussagefähigen, als Entscheidungshilfe geeigneten Informationen im jeweiligen Kontext
- Selbstlernfähigkeit der Textanalyse-Funktionalitäten
- Kostenreduzierung des gesamten CI-Prozesses

5.3.5 Schlüsselfaktoren für den Erfolg

Die Schlüsselfaktoren für den Erfolg der Services waren:

- Analyse der Schwächen und Grenzen des bestehenden Dokumentenmanagementsystems und der Bedürfnisse des Managements
- Die Unterstützung vom Management; kurze Kommunikations-, Entscheidungswege, enge Zusammenarbeit
- Die richtige Zusammensetzung des Projektteams

- Branchen-Know-how des Projektteams
- Realisierung als „dynamischer Prozess", Unterteilung in Teilprojekte, kurzfristige Realisierung von Teilaufgaben

5.3.6 Lessons Learned/weitere Vorgehensweise

Das System wird anhand der Bedürfnisse des Kunden weiterentwickelt. Bewährt hat sich die Vorgehensweise, neue Funktionen Step-by-Step nach Priorität zu integrieren. Dem Kunden bietet sich der Vorteil einer genauen Budgetplanung und extrem kurzer Entwicklungszyklen, an deren Ende immer eine lauffähige und fehlerfreie Version steht. Auch auf Änderungswünsche kann kurzfristig reagiert werden, ohne alles Bestehende in Frage zu stellen. Mittelfristig soll die textmining-basierte Lösung das bestehende Dokumentenmanagement ablösen, welches zur Zeit ebenfalls noch genutzt wird. Die Verwendung von Textmining-Technologien zeigt ihre Stärke vor allem bei der Verarbeitung von Datenmassen. Prozesse, die bislang nur aufwendig manuell durchgeführt wurden, gestalten sich wesentlich effektiver. Die durch automatisierte Textanalyse folgende Fehlerhäufigkeit ist mit heute möglichen Mitteln gering und damit praxistauglich.

5.4 Strategische Wettbewerbsbeobachtung im Rahmen der Klientenarbeit bei Roland Berger*

5.4.1 Einleitung

Competitive Intelligence spielt im Geschäftsmodell einer Unternehmensberatung naturgemäß eine tragende Rolle. Neben der Beobachtung des relevanten Marktes und der Key Player – wie sie wohl jedes Unternehmen betreibt – ist es für die Beratung jedoch geradezu essenziell, auch die Märkte und Wettbewerber der Kunden im Detail zu kennen. Competitive Intelligence stellt also hier ganz besondere Anforderungen, die bei Roland

---

* Autoren: Kai Engelmann ist Knowledge Manager .bits KnowledgeLab bei Roland Berger Strategy Consultants. Martina J. Reich ist Research Manager .bits Business Intelligence bei Roland Berger Strategy Consultants.

Berger im Zusammenspiel von Expertenteams und im Rahmen eines standardisierten, IT-gestützten Prozesses erfüllt werden.

5.4.2 Das Unternehmen

Roland Berger Strategy Consultants, 1967 gegründet, zählt heute zu den weltweit führenden Strategieberatungen. Das Unternehmen ist mit 34 Büros in 24 Ländern vertreten, rund 1700 Mitarbeiter erwirtschafteten im Jahr 2003 einen Umsatz von 530 Mio. Euro. Roland Berger berät international führende Wirtschaftsunternehmen und öffentliche Institutionen. Getreu dem Motto: „Creative strategies that work" werden gemeinsam mit den Klienten maßgeschneiderte, innovative Konzepte entwickelt, die den Unternehmenswert steigern. Dabei deckt die Bandbreite der Beratungsthemen alle Fragen der Unternehmensführung ab – von der strategischen Ausrichtung über die Einführung neuer Geschäftsmodelle/-prozesse und Organisationsstrukturen bis hin zur Informations- und Technologiestrategie.

Zentraler Erfolgsfaktor: effektive und effiziente Informationsversorgung für komplexe internationale Projekte

Global agierende Klienten erwarten von ihrem Berater eine umfassende und professionelle Betreuung: Er muss in der Lage sein, sie bei den unterschiedlichsten funktionalen Themen in einer Vielzahl von Branchen rund um den Globus zu begleiten. Dabei erfordert der zunehmende Anteil internationaler Projekte auch internationale Projektteams, die immer wieder neu mit Spezialisten für konkrete Fragestellungen besetzt bzw. durch diese ergänzt werden. Diesem Bedarf kommt die Struktur von Roland Berger entgegen: Sie umfasst globale Kompetenzzentren, die sich entweder auf übergreifende methodische Fragestellungen spezialisieren („Functional Competence Centers") oder jeweils eine der großen Branchen abdecken („Industry Competence Centers"). So ergänzt sich das Spezialwissen der einzelnen Berater in komplexen Projekten.

Es liegt auf der Hand, dass diese interdisziplinäre und internationale Organisation hohe Anforderungen an die systematische und effiziente Informationsversorgung der Teams stellt: Sie wird zum kritischen Erfolgsfaktor für die Akquise- und Projektarbeit. Ziel ist es, den Kunden besser verstehen und bedarfsgerechter betreuen zu können – und dazu gehört es auch, dass sein Marktumfeld und seine Wettbewerber systematisch analysiert werden.

Bei Roland Berger ergänzen sich zwei Organisationselemente – die Abteilung Business Intelligence und das Key Account Management – sinnvoll im Rahmen dieser Informationsversorgung. Eine wichtige Schnittstelle zwischen ihnen bilden die Aktivitäten im Rahmen der strategischen Wettbewerbsbeobachtung.

Business Intelligence – systematische Verwertung von Wissen

Wettbewerbsvorteile lassen sich im Beratungsgeschäft nur erringen, wenn es gelingt, die Gewinnung, Aufbereitung und Weitergabe von Wissen auf hohem Niveau zu organisieren. Um dieser Herausforderung gerecht zu werden, hat Roland Berger bereits Anfang der 90er Jahre eine Business-Intelligence-Abteilung als unternehmensinternen „Marktplatz für Wissen" eingerichtet. Hier werden das Berger-spezifische Know-how, wie es im internationalen Projektgeschäft generiert wird, sowie die extern beschafften Wirtschaftsinformationen aufbereitet und verteilt. Vernetzte Datenbanksysteme, die permanent weiterentwickelt werden, unterstützen diese Wissensorganisation. Zusammen bilden sie die Basis für ein Knowledge Management System als „elektronisches Firmengedächtnis" und ausgezeichnete Plattform für den Austausch von Wissen. Relevante Informationen aus dem gesamten Wertschöpfungsprozess der Unternehmensberatung – Akquisition, Projektarbeit und Umsetzungsbegleitung – fließen täglich in die unternehmensinternen Datenbanken und stehen den Mitarbeitern unter Berücksichtigung von individuellen Zugriffsrechten und Vertraulichkeitsvereinbarungen zur Verfügung.

Key Account Management – Konzentration kundenrelevanter Informationen

Das Key Account Management (KAM) hat im Rahmen der Informationsbeschaffung eine zentrale Rolle inne. Die wichtigsten Klienten werden jeweils durch ein Key Account Team betreut. Es besteht aus Mitarbeitern, die sich durch fachliche Expertise auszeichnen oder einen besonders guten persönlichen Zugang zum Klientenunternehmen haben. Je nach Thema können Spezialisten aus anderen Themenbereichen, Branchen und Ländern kurzfristig hinzugezogen werden. Das KAM-Team hat den Auftrag, den Klienten für die relevante Themenpalette von Roland Berger zu erschließen und die damit verbundenen Aufgaben und Prozesse professionell abzuwickeln. Die Akquisitionsstrategie, einschließlich der Einbindung der Klienten-Entscheidungsträger, wird im Team gemeinsam entwickelt und durchgeführt.

Ein integraler Bestandteil der Wissensorganisation rund um Key Accounts ist das Key Account Portal: Dort werden alle Aktivitäten und Informationen rund um den Key Account (Kontakte/Ergebnisse, Themen-Leads, Akquisitionserfolg, Analysen und Detailreports) elektronisch abgebildet. Aus den verschiedenen firmeninternen Datenbanken, wie z.B. dem Client Relationship Management (CRM), werden laufend aktualisierte Informationen über den Kunden und relevante Projekte in das Portal eingestellt. Das Team hat zu diesen Informationen via Intranet Zugang.

5.4.3 Strategische Wettbewerbsbeobachtung für Key Accounts: strukturiertes Vorgehen mit IT-Unterstützung

Im Rahmen der Key-Account-Betreuung sind detaillierte Informationen nicht nur über den Klienten selbst, sondern auch über dessen Branche(n) und Wettbewerber von entscheidender Bedeutung. Ein Team von hoch spezialisierten Researchern der Abteilung Business Intelligence widmet sich der Aufgabe, das Markt- und Wettbewerbsumfeld systematisch zu beobachten und zu analysieren.

Dabei wird der folgende Prozess durchlaufen:

Competitive Intelligence für Key Accounts

Feedback/Update
- Newsflash
- Marktanalysen
- Factbook

Präsentation — Datensammlung — Strukturierung — Analyse

Interne Quellen
- Mitarbeiter
- Projekte
- Meetings

Externe Quellen
- Presse
- Unternehmen
- Analystenreports

Key Account Portal
- Current Developments
- Financials
- Key People and Organization
- Segments & Products
- Market Environment

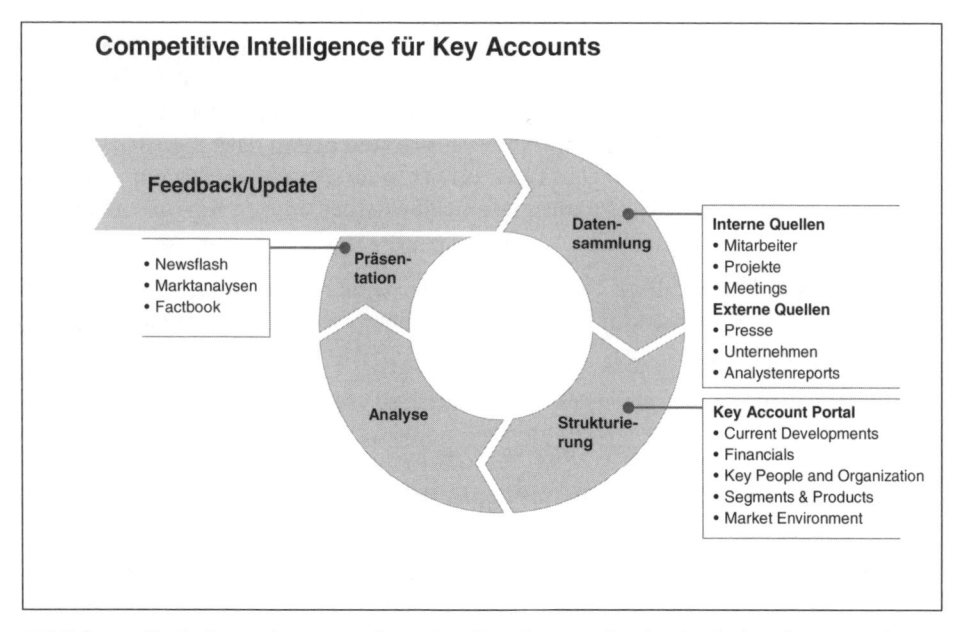

Abbildung 41: Informationen rund um den Kunden werden laufend aktualisiert und online zur Verfügung gestellt

- **Datensammlung:** Die Daten stammen sowohl aus internen als auch aus externen Quellen. Zu den wichtigsten **internen Quellen** zählen die Beraterteams selbst, die durch ihre Kontakte zum Kunden auch wichtige Informationen über die Wettbewerber mitbringen. In den Projekten werden häufig Fragestellungen zu Markt und Wettbewerbern bearbeitet, sodass die aggregierten Analysen aus abgeschlossenen Projekten ein vollständiges Bild der Branche ermöglichen und immer wieder aktualisiert in die laufenden Analysen miteinbezogen werden. Die **externen Quellen** umfassen z.B. Presse, Marktforschung, Analystenreports sowie Finanzinformationen, die von den Unternehmen selber publiziert werden.

- **Strukturierung:** Die Rohdaten werden strukturiert in das Key Account Portal eingestellt. Eine allgemein vorgegebene Ordnerstruktur, einheitlich geordnet nach Themen, unterstützt diesen Vorgang:
  - Current developments
  - Financials
  - Market Environment
  - Organization and Key People
  - Segments and Products

  Interne Informationen über den Kunden aus dem firmeninternen CRM-System ebenso wie zeitnahe Informationen über Märkte und Wettbewerber aus relevanten Projekten werden zusammen mit den öffentlich verfügbaren Informationen eingestellt. Standardisierte Abfragen in Pressedatenbanken liefern dazu täglich die neuesten Nachrichten. So sind für das Team bereits in diesem frühen Stadium der Wettbewerbsbeobachtung alle relevanten Informationen rund um den Key Account online verfügbar.

- **Analyse und Präsentation:** Die Informationen werden mit klassischen Analysetools (z.B. SWOT, Benchmarking) oder mit internen, von der Beratung entwickelten Methoden analysiert.

  Regelmäßig werden die gewonnen Erkenntnisse an das KAM-Team kommuniziert:
  - Newsflashes (in der Regel Pressenotizen)
  - Key Account Newsletter (Berichte über neue Entwicklungen beim Kunden und Veränderungen des Wettbewerbs)
  - Factbook mit aktuellen Standardinformationen über den Kunden und Analysen des Markt- Wettbewerbsumfeldes

Das KAM-Team kann aus Analysen regelmäßig neue Akquiseansätze ableiten und proaktiv auf den Kunden zugehen. Auch auf Nachfragen von potenziellen Kunden kann das Team sehr schnell reagieren, da alle verfügbaren Informationen bereits vorliegen und bedarfsgerecht analysiert und professionell präsentiert werden können. Das KAM-Team ist sofort auskunftsfähig und kann ein angefordertes Angebot schnell generieren.

5.4.4 Resümee

Mit der Implementierung des hier beschriebenen Systems konnte die Informationsbeschaffung und -analyse für die Consulting-Teams erheblich verbessert werden. Bessere und umfassendere Informationen – nicht zuletzt auch solche über das Wettbewerbsumfeld der Unternehmen – haben die Betreuungsqualität unserer Kunden optimiert. Die professionelle Informationsversorgung wird damit zu einem zentralen Element des überlegenen Kundennutzens. Vertiefte Kundenbeziehungen, eine stärkere Kundenbindung und ein deutlich höherer Auftragseingang sind Zeichen dafür, dass die Klienten von Roland Berger dieses Plus an Leistung mit einem Plus an Vertrauen und Wertschätzung honorieren.

5.5 Einsatz eines Wettbewerbsbeobachtungssystems bei Siemens Building Technologies*

5.5.1 Das Unternehmen

Ebenso wie der Konzern Siemens ist auch sein Geschäftsbereich Building Technologies (SBT) global tätig. SBT mit Hauptsitz in der Schweiz wurde 1998 gebildet, als Siemens die industriellen Unternehmen Landis & Staefa (Gebäudeautomation und Facility Management) und Cerberus (Sicherheits- und Brandmeldetechnik) des Schweizer Unternehmens Elektrowatt AG kaufte, und ist heute ein weltweit führender Anbieter von Sicherheits- und Brandmeldetechnik und Gebäudeautomation. Diese Fallstudie wird die Erfahrungen im Aufbau des unternehmensweiten Wettbewerbsbeobachtungssystems „MONITOR" für Building Technologies vorstellen.

---

* Autoren: Daphne Tomlinson und Robert Lazzarotto betreiben das Competitive Intelligence Center von Siemens Building Technologies in Zürich, Schweiz

5.5.2 Zielsetzung – Warum wurde an den Aufbau eines Wettbewerbsbeobachtungssystems gedacht?

Hauptaugenmerk bei der Einführung von Wettbewerbsbeobachtungen via MONITOR wurde von Beginn an auf eine Sensibilisierung der Mitarbeiter und unternehmensweite Informationsverbreitung gelegt. Eine Kultur des „Informations-Teilens" soll gefördert werden, Teil dessen auch die fachliche Auseinandersetzung mit der Thematik der Wettbewerbsbeobachtung ist. Darüber hinaus wiesen immer wiederkehrende Kernfragen, wie z.B.:„Wie entwickelte sich unser Mitbewerber X im letzten Jahr?", oder:„Wie veränderte sich die Situation im Marktsegment Y?", welche regelmäßig von SBT-Mitarbeitern an das bestehende SBT-Informationszentrum herangetragen wurden, auf ein eklatantes Informationsbedürfnis im Bereich Konkurrenten und Märkte hin.

Des Weiteren sollten die in der Vergangenheit aufgetretenen Doppelspurigkeiten (parallele Recherchen) mittels einer zentralen, regelmäßig aktualisierten Informationsquelle ausgeschlossen werden. Hauptanforderungen an MONITOR waren Einsetzbarkeit im Intranet, ortsunabhängige Verfügbarkeit für jeden SBT-Mitarbeiter und kosteneffiziente, unternehmensweite Verbreitung der Wettbewerberinformationen.

5.5.3 Mitarbeiter

Die Entwicklung der Dienstleistungen zur Wettbewerbsbeobachtung hatte einen starken Einfluss auf die involvierten Mitarbeiter. Neue Wege mussten beschritten werden, um die Firma bei der Beobachtung des Marktes und dessen Spielern effektiv zu unterstützen. Ebenso prägten die Nutzer des Systems (die Kunden im Unternehmen) das Erscheinungsbild dieses Angebotes durch ihren wachsenden Zuspruch und die steigenden Anforderungen.

Mitarbeiter der Informationsstelle

Zwei Informationsspezialisten eines klassischen Information Centers (einer Informations- und Dokumentationsstelle), die einen Recherchedienst für die Mitarbeiter zu Verfügung stellten, durchliefen eine fachliche Weiterbildung im Bereich der Wettbewerbsbeobachtung, um den neuen Anforderungen gewachsen zu sein. Der Aufbau des Service wurde stark durch die bekannten Nutzungsbedürfnisse (z.B. wiederkehrende Fragen) bestimmt. Nach der erfolgreichen Implementierung des Systems wurde das Information Center zum Bereich Competitive Intelligence der Abteilung Strategy/Merger&Acquisitions innerhalb von SBT.

Nutzer

Die Anzahl der Nutzer ist seit dem Start 1998 kontinuierlich gestiegen. Dabei wurde wenig in interne Marketing-Aktivitäten investiert; vielmehr lässt sich der Anstieg der Nutzer auf „Mund-zu-Mund"-Propaganda von zufriedenen Nutzern zurückführen.

Tabelle 31: Entwicklung der Nutzerzahlen

Entwicklung der Nutzerzahlen	
Jahr	Nutzeranzahl
1998	20 Nutzer
2000	300 Nutzer
2002	600 Nutzer
2003	1.100 Nutzer

Die Nutzer finden sich in allen fünf Divisionen des Unternehmens wieder. Es existiert ein breites Spektrum von Anfragen aus den Bereichen: Management, Marketing, Sales, Produkt Management, Business Development, Controlling. Zirka 15 Prozent der Nutzer kommen von sogenannten Group Functions. Die geografische Aufteilung der Nutzer zeigt, dass fast alle Kontinente vertreten sind: 55 Prozent Europa, 40 Prozent Amerika und 5 Prozent Asia-Pazifik.

In einer Benutzerumfrage im Jahr 2001 wurde nach der Zufriedenheit und Akzeptanz des Services gefragt. Sie ergab, dass 65 Prozent der Befragten die Dienstleistungen regelmäßig benutzen.

5.5.4 Inhalte – was wird beobachtet?

Ein besonderer Schwerpunkt des Programmes lag darin, den Monitoring Service nicht mit redundanten Informationen zu überladen, um einem „Information overload" vorzubeugen. Die Auswahl und klare Strukturierung von relevanten Inhalten erwies sich als Schlüsselfaktor zum Erfolg. Von den Mitbewerbern von Building Technologies werden ca. 50 Unternehmen permanent überwacht und analysiert. Dabei handelt es sich sowohl um börsennotierte wie auch private Unternehmen, um Klein- und Mittelunternehmen wie auch große Konglomerate und um lokal tätige ebenso wie global agierende Unternehmen. Innerhalb der Mitbewerber wird ein Fokus auf Divisionen, Tochtergesellschaften oder Geschäftsbereiche gerichtet, welche in den für SBT relevanten Geschäftsfeldern aktiv sind.

Zur Wettbewerbsbeobachtung werden folgende publizierte und öffentlich zugängliche Quellen herangezogen:

Tabelle 32: Informationsquellen

Informationsquellen	
Kostenpflichtige Quellen	**Kostenfreie Quellen (ca. 90 verschiedene)**
■ Analysten-Reports ■ Business Information Reports ■ Company Register Data ■ News wires ■ Trade Press	■ Internet – andere Quellen über die Industrie und die Konkurrenz ■ Internet – Unternehmenswebsites der Konkurrenz

Jeder Artikel bzw. jede Information wird auf Relevanz für SBT geprüft und, um Wiederholungen zu vermeiden und eine hohe Qualität des Informationsinhalts zu gewährleisten, bei Bedarf auch redigiert und bearbeitet. Die Auswahl und Zusammenstellung der Inhalte erfolgen dabei in laufender Absprache mit den Divisionen und im Kontext der strategischen Ausrichtung der Firma. Durch das kontinuierliche Feedback von Seiten der Nutzer wird auch gewährleistet, dass die Inhalte des Systems den Nutzerbedürfnissen entsprechen. Neue Anforderungen, wie neu zu überwachende Firmen oder neue Schlüsselthemen, fließen dabei permanent in die Selektion des zukünftigen Materials ein.

Tabelle 33: Definition der Informationskategorien

Definition der Informationskategorien	
Company Profile ■ Business Activities ■ Organisational Structure ■ Locations ■ Legal Status and Ownerships ■ Principal Staff ■ Company Size ■ Subsidiaries ■ Business Strategies	**Current News** ■ Business strategies ■ E-Business ■ Mergers & Acquisitions, Divestments and Joint Ventures ■ Organisational Change ■ Senior Personnel ■ Latest Financial Results ■ Product Announcements ■ Tenders, Bids or Contracts Awarded
Financial Data ■ Year end date of annual report ■ Selected stockbroker analysis ■ Latest annual results ■ Breakdown by business segments ■ Breakdown by geographical Regions	**Web Sites** with a direct link to the site itself ■ Company/Parent Company ■ Subsidiaries ■ Sister Companies

5.5.5 Prozesse

Entwicklung des Service

Im März 1998 wurde das Projekt der Wettbewerbsbeobachtung gestartet. Auslöser war das spezielle Interesse einer der fünf SBT-Divisionen, weshalb auch der Fokus zu Beginn auf dieser Division lag. Im August 1998 wurde das Programm lanciert. Anschließend erfolgte aufgrund von Anfragen der Nutzer eine konstante Ausweitung des Informationsangebots auf andere Divisionen. Im Mai 2000 wurde das Projekt innerhalb des Unternehmens als Group Service etabliert.

Im Januar 2001 ergab eine Benutzerumfrage die Bestätigung des Nutzens des Service. Auch wurde der Bedarf für die Weiterentwicklung des Systems ermittelt. Ebenfalls 2001 wurde der Bereich der Wettbewerbsbeobachtung als Pilotprojekt für die Einführung eines standardisierten Content Management Systems (CMS) innerhalb SBT ausgewählt.

Regelmäßige Tätigkeiten

Um ein konstantes Competitor-Screening zu gewährleisten, wurden Datenbank-Alerts eingerichtet und Spider auf die relevanten Websites der Konkurrenten angesetzt, sodass aktuelle Nachrichten und Inhaltsänderungen auf Websites den CI-Spezialisten umgehend und automatisch zugesandt werden. Das Mitbewerbsbeobachtungssystem MONITOR wird regelmäßig aktualisiert: Neue Erkenntnisse werden mindestens wöchentlich publiziert, bei Bedarf seitens des Managements oder bei wichtigen Erkenntnissen mitunter auch täglich.

Aktualisierungszyklen

News	täglich, wöchentlich
Company Profile	täglich, wöchentlich, monatlich
Website-Informationen	monatlich, alle 2 Monate
Company Results	quartalsweise, jährlich

Zusätzlich zu den Recherche-Tätigkeiten fallen auch technische und administrative Arbeiten an in Verbindung mit Updates, der technischen Weiterentwicklung des Dienstes oder in Verbindung mit externen Informations- und Service-Providern.

5.5.6 Technologie

Um den unternehmensweiten Service aufzubauen und die Informationen zu verteilen, wurden und werden entsprechende IT-Tools eingesetzt. Die erste Version war eine Eigenentwicklung durch HTML-Programmierung, die nach drei Jahren Laufzeit durch ein Content Management System abgelöst wurde. Im Rahmen des Pilotprojekts bei der unternehmensweiten Einführung eines Content Management Systems wurde eine detaillierte funktionale Spezifikation erarbeitet. Derzeit arbeiten interne und externe Berater an der Umsetzung einer neuen technischen Lösung.

5.5.7 Schlüsselfaktoren für den Erfolg des CI-Services

Die Schlüsselfaktoren für den Erfolg der Services waren:

- Der enge Kontakt und Einbeziehung der Nutzer
- Die Entwicklung im Kontext zur strategischen Richtung der Firma
- Der Support durch das Management: Annahme des Projekts als Corporate Service. Daraus resultierender finanzieller Support in Form eines definierten Budgets für die Weiterentwicklung der Inhalte und Technologie
- Selektion von hoch relevanten Inhalten mit minimaler Redundanz – daher hohe Akzeptanz bei den Nutzern
- Ein zentrales, regelmäßig aktualisiertes und unternehmensweit zugängliches System
- Förderung einer Kultur, in der Informationen geteilt werden – „Information-Sharing"

5.5.8 Zukunft

Um den Herausforderungen des Marktes entsprechen zu können, werden die Services der Wettbewerbsbeobachtung nach Vorgaben der Nutzer und des Managements laufend weiterentwickelt. Die Weitergabe der gesammelten Expertise an andere Siemens-Gruppen ist in Vorbereitung.

Die bestehenden Services werden erweitert:

- Nicht-publizierte Quellen werden einbezogen
- Aufbau eines Netzwerkes von relevanten Wissensträgern wird gefördert
- Entwicklung eines formalen CI-Prozesses

5.6 Die Opportunity Landscape: Ein Management-Tool zur Technologie- und Wettbewerbsbeobachtung bei Straumann*

5.6.1 Einleitung

Das Bewusstsein über den Einfluss von Innovationen auf den Unternehmenserfolg hat sich schon seit längerer Zeit sowohl in der Theorie als auch in der Praxis durchgesetzt. Insbesondere durch den rasanten Wandel des Umfelds können es sich Unternehmen jedoch kaum noch leisten, sich für neuartige Entwicklungen einzig auf ihr internes Wissen zu beschränken. Es gilt daher die Trends des Marktes, der Technologien und der Konkurrenten systematisch zu beobachten und das entsprechende Wissen in die Entscheidungsprozesse des Unternehmens einfließen zu lassen. Unter dem Begriff „Opportunity Landscape" hat die Firma Straumann AG – ein mittelgrosses, weltweit tätiges Unternehmen in der Medizinaltechnologie – ein entsprechendes „Competitive und Technology Intelligence-Tool" eingeführt. Getrieben durch den verstärkten Druck nach innovativen Produkten und durch die neuen technologischen Möglichkeiten, z.B. durch die Biotechnologie, entschied sich die Firma, mit der Opportunity Landscape vermehrt und bewusst Wissen aus dem Unternehmensumfeld in den Innovationsprozess einfließen zu lassen. Die Opportunity Landscape wurde in Zusammenarbeit mit dem Zentrum für Unternehmenswissenschaft der ETH Zürich in den Jahren 2000 und 2001 entwickelt und implementiert. Nach einer kurzen Vorstellung des Unternehmens und dessen Technologie- und Innovationsmanagement-Systems wird das Konzept der Opportunity Landscape Schritt für Schritt präsentiert. Danach werden die Implementierung und erste Erfahrungen aufgezeigt.

5.6.2 Straumann AG

Die international tätige Straumann-Gruppe bietet Produkte und Dienstleistungen für implantatgestützten Zahnersatz an; eine an Bedeutung gewinnende Alternative zu den traditionellen Zahnbrücken. Straumann ist ein in diesem Bereich weltweit führendes

---

* Autor: Dr. sc. techn. ETHZ Pascal Savioz ist wissenschaftlicher Mitarbeiter des ETH-Zentrums für Unternehmenswissenschaft, Technologie- und Innovationsmanagement, www.sftim.ch, pascal@savioz.info

Schweizer Unternehmen mit einem durchschnittlichen Umsatzwachstum von 22 Prozent über die letzten fünf Jahre, bei einer konstant hohen Marge (EBIT) von 26 Prozent des Umsatzes. Die Mitarbeiterzahl konnte in diesem Zeitraum von 450 auf 750 gesteigert werden. Technologie und Innovation haben traditionellerweise bei Straumann eine hohe Priorität. Um den entsprechenden Rahmen zu schaffen, betreibt die Firma ein aktives Technologie- und Innovationsmanagement, bestehend aus verschiedenen Elementen (siehe Abbildung).

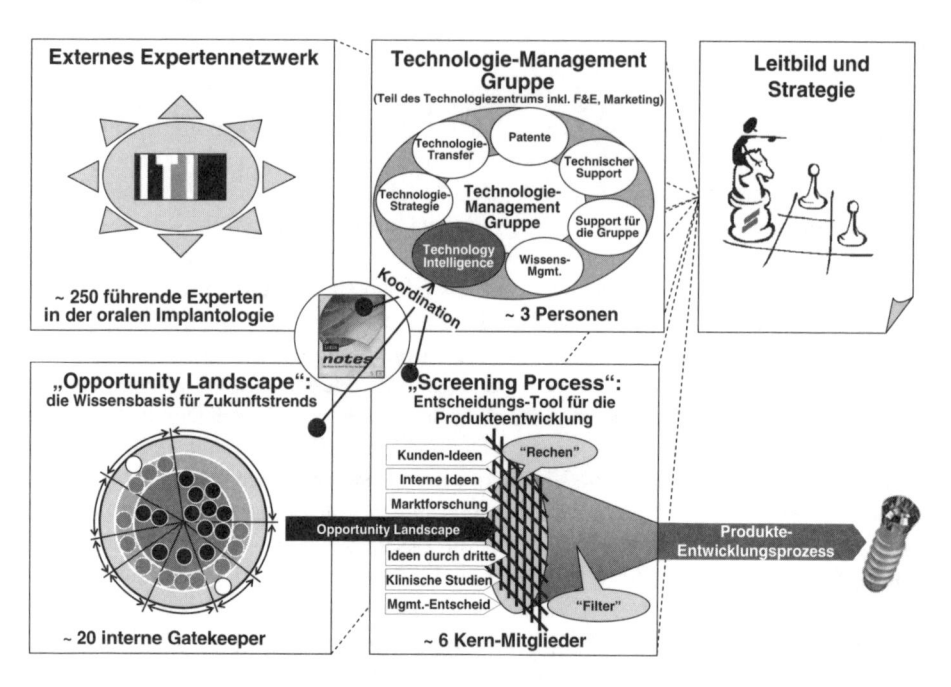

Abbildung 42: Elemente des Technologie- und Innovationsmanagements bei Straumann

Allen Aktivitäten im Bereich des Technologie- und Innovationsmanagements liegt ein enger Bezug zu Unternehmensleitbild und -strategie zugrunde. Dieser Bezug ist allerdings auch reziprok zu verstehen, denn Erkenntnisse und Entwicklungen aus Innovationsaktivitäten können (und sollen) durchaus auch der Strategie oder gar dem Leitbild neue Impulse liefern. Solche Impulse können zum Beispiel aus dem externen Expertennetzwerk kommen, dem ITI (International Team for Oral Implantology), welches so genannte „Opinion-Leader" aus der ganzen Welt zusammenführt. Es macht durchaus auch Sinn – vorausgesetzt, Technologien und Innovationen haben den notwendigen Stellenwert, jedoch unabhängig von der Unternehmensgröße – einzelnen Personen in Form einer Gruppe die entsprechende Verantwortung und Kompetenz zukommen zu lassen.

Bei Straumann wurden der Gruppe verschiedene Aufgaben mit Bezug zu Technologien zugeteilt, so zum Beispiel „Patente" oder „Technology Intelligence". Um die Effektivität und Effizienz im zeitaufwendigen und teuren Produkte-Entwicklungsprozess zu steigern, wurde ein „Screening-Prozess" vorgeschaltet. In diesem Prozess werden in einem zweistufigen Verfahren diverse Vorschläge und Ideen aus verschiedenen internen und externen Quellen zentral, rasch und kompetent bewertet und vertieft untersucht. Alle Informationen werden zudem in einer zentralen Datenbank geführt, auch jene aus der Opportunity Landscape, dem „Competitive und Technology Intelligence-Tool" bei Straumann.

5.6.3 Opportunity Landscape – das Konzept

Die Opportunity Landscape basiert auf dem Gatekeeper-Ansatz und bildet eine organisationale Wissensbasis über Fakten und Trends im Unternehmensumfeld. Aus dieser Wissensbasis lassen sich sodann Maßnahmen ableiten, das heißt, sowohl strategische als auch operationelle Entscheide können aufgrund einer soliden Basis getroffen werden. Im Folgenden wird das Konzept der Opportunity Landscape Schritt für Schritt präsentiert.

Definition der relevanten und potenziellen Interessensgebiete

Zuerst muss eine Liste von Themen (Issues) erstellt werden, welche heute für das Unternehmen relevant sind bzw. zukünftig relevant sein könnten. Der Charakter der Themen kann sehr unterschiedlich sein, so zum Beispiel bei Straumann von „Nanotechnologie" über „Wachstumsfaktoren" bis hin zu „Computer Aided Training". Die Bestimmung der heutigen und zukünftigen Themen kann grundsätzlich auf zwei Arten geschehen: Topdown und Bottom-up. Beim Top-down-Ansatz leitet man, soweit es geht, die Themen von der Unternehmensstrategie ab. Dies wird typischerweise vom Top-Management vorgenommen. Beim Bottom-up-Ansatz werden in Workshops Mitarbeiter aus verschiedenen Bereichen (Forschung und Entwicklung, Marketing, Produktion, Verkauf etc.) und aus unterschiedlichen Führungsebenen zusammengebracht, damit diese in einem Brainstorming mögliche relevante Themen bestimmen, konsolidieren und verabschieden. Diese Themen werden sodann in „Cluster" untergebracht. Die Wahl der Vorgehensweise hängt davon ab, wofür die Opportunity Landscape genau eingesetzt wird, sowie von der Unternehmenskultur und -organisation. Bei Straumann wurde der Bottom-up-Ansatz gewählt, wie später detailliert ausgeführt wird.

Definition der Beobachtungstiefe

Nicht alle Themen sind zu einer gegebenen Zeit von gleich hoher Bedeutung. Das heißt, dass Themen, deren Relevanz heute schon hoch ist, schärfer beobachtet werden müssen als jene, deren hohe Bedeutung zunächst nur vermutet wird. Die Opportunity Landscape sieht mit abnehmender Schärfe drei Beobachtungstiefen vor: das Spielfeld, die Ersatzbank und den Nachwuchs. Erstere Themen werden kontinuierlich und intensiv beobachtet, letztere lediglich oberflächlich. Man könnte sich hier allerdings auch andere Dimensionen vorstellen, zum Beispiel die Zeit.

Visualisierung der Opportunity Landscape

Die Visualisierung gibt der Opportunity Landscape ein Gesicht. Dies fördert die Transparenz und somit die Kommunikation. Eine gute Visualisierung hat drei Eigenschaften: Vollständigkeit, Einfachheit und Nachhaltigkeit. Eine mögliche Visualisierung der Opportunity Landscape ist in der Abbildung dargestellt (die Themen sind als „Issues" aufgeführt).

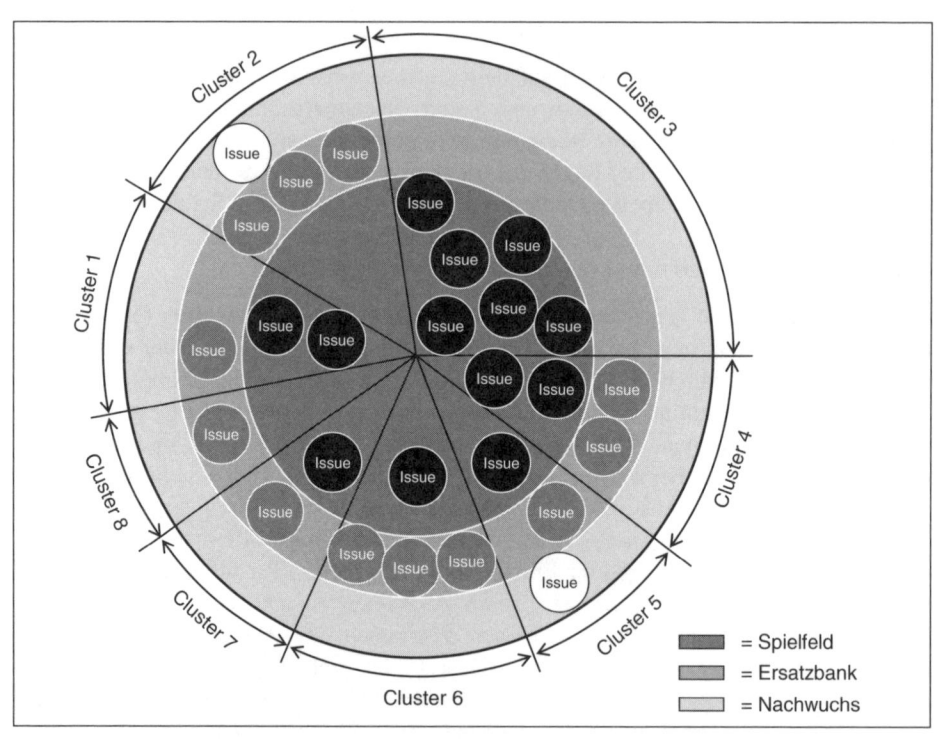

Abbildung 43: Visualisierung der Opportunity Landscape

Definition der Gatekeeper

Die Opportunity Landscape basiert auf den Mitarbeitern. Daher wird für jedes definierte Thema eine Person bestimmt, die für ihr „Issue" die Verantwortung trägt, jederzeit (oder so weit wie notwendig) auf dem aktuellsten Wissensstand zu sein. Diese Personen werden „Gatekeeper" genannt; sie öffnen die Pforte zu externen Informationen. Idealerweise ist der designierte Gatekeeper schon Experte auf seinem Gebiet, ansonsten müssen Mitarbeiter aufgebaut werden, die das notwendige Potenzial dazu haben. Selbstverständlich arbeitet ein Gatekeeper nicht nur für die Opportunity Landscape, sondern ergänzend zu seinen „normalen" Aufgaben im Unternehmen. Ein Aufwand von 10 Prozent der Arbeitszeit für die Opportunity Landscape scheint realistisch zu sein. Alle Gatekeeper zusammen bilden das sogenannte Gatekeeper-Netzwerk.

Aufgaben der Gatekeeper und Kommunikation

Der Gatekeeper trägt somit die Verantwortung dafür Fakten und Trends zu seinem Thema zu beobachten. Dabei sollten jeweils die drei Aspekte Technologie, Markt und Konkurrenz abgedeckt werden. Was genau beobachtet werden muss, bzw. wie genau, muss der Gatekeeper selbst bestimmen, denn er hat einerseits das beste (inhaltliche) Wissen darüber zu entscheiden, andererseits kennt er die strategische Ausrichtung und den Handelsbedarf des Unternehmens. Insbesondere muss der Gatekeeper seine Informationsquellen (z.B. Journals, Datenbanken, Internet, formelle und informelle Netzwerke etc.) definieren, aufbauen und unterhalten. Selbstverständlich werden die Gatekeeper unterstützt. Zum einen kann eine Person, z.B. der CTO, das Gatekeeper-Netzwerk koordinieren und zugleich die Gatekeeper mit Tools unterstützen. Zum anderen sollten alle Mitarbeiter die Gatekeeper unterstützen, indem sie Informationen weiterleiten. Die Kommunikation der Gatekeeper verläuft nach dem Informations-push- und Informations-pull-Prinzip. Einerseits muss der Gatekeeper bei bedrohenden oder chanceneröffnenden Ereignissen die betroffenen Entscheidungspersonen informieren. Andererseits kann auch jedermann jederzeit auf das Gatekeeper-Wissen zurückgreifen, denn der Gatekeeper sollte permanent die kompetente Auskunft geben können.

Ableiten von Aktionen und Aktualisierung

Die Opportunity Landscape ist in erster Linie die organisationale Wissensbasis über Fakten und Trends im Unternehmensumfeld. Aus dieser Wissensbasis sollen jedoch Aktionen abgeleitet werden. Die erste Aktion kann das Initiieren von (Entwicklungs-) Projekten sein, die aufgrund der Erkenntnisse der Gatekeeper angestoßen werden. Bei Straumann würde ein solcher Impuls in den „Screening-Prozess" fließen. Somit unterstützt die Opportunity Landscape die Ideengenerierung in den frühen Phasen des Innovationsprozesses. Die zweite Aktion aus der Opportunity Landscape kann die Unterstützung während des Innovationsprozesses selbst sein, indem diese organisationale Wissensbasis bei Problemen in Projekten Expertenwissen hergibt. Die dritte Aktion liegt wie schon erwähnt in der Interaktion mit dem Strategieprozess. Das Wissen aus der Opportunity Landscape kann strategische Entscheidungen oder die Unternehmensstrategie als ganzes beeinflussen, bzw. aktualisieren. Die Opportunity Landscape selbst kann wiederum durch eine neue Strategie aktualisiert werden, indem z.B. neue Technologiefelder beobachtet und aufgebaut werden müssen, um neue Marktleistungen abzudecken. Dies zeigt auf, dass die Opportunity Landscape ein dynamischer Prozess ist, den es zu managen gilt. Als vierte Aktion ist die Alarmfunktion der Opportunity Landscape zu nennen. Die Gatekeeper erkennen wichtige Ereignisse (z.B. eine Diskontinuität oder neue Konkurrenten) im Unternehmensumfeld und können entsprechend deren Ausmaß reagieren, z.B. indem sie die betroffenen Personen im Unternehmen informieren.

Zusammenfassend bilden diese Aktionen aus der Opportunity Landscape:

- Die organisationale Wissensbasis über Fakten und Trends aus dem Unternehmensumfeld
- Ein Alarmsystem über Diskontinuitäten
- Einen proaktiven Ideengenerator in den frühen Phasen des Innovationsprozesses

5.6.4 Implementierung der Opportunity Landscape

Die Implementierung der Opportunity Landscape wurde bei Straumann als Projekt durchgeführt. Das Projektteam hat sich sowohl aus Führungskräften auf oberster Etage, das heißt dem Top Management, als auch aus „Delegierten" aus den Abteilungen, die das Fachwissen mitbringen, zusammengesetzt. Somit war die Implementierung ein partizipativer Prozess, was für die Akzeptanz im Unternehmen sehr wichtig war. Insgesamt wurden über eine Zeit von vier Monaten drei Workshops organisiert, die sich inhaltlich an die obige Ausführung des Konzepts anlehnten.

Im ersten Workshop wurden die Themen und Cluster definiert. Das interdisziplinäres Team führte ein „Brainwriting" durch, wobei alle ad hoc mindestens zwanzig „Issues" aufschreiben mussten, die aus individueller Sicht von besonderer Relevanz sind. Dabei kamen über hundert Issues zusammen, die sodann vom Team konsolidiert, gruppiert (= Cluster) und verabschiedet wurden. Das Resultat entsprach somit der intersubjektiven Meinung der Teilnehmer und stellt die interne Sicht des Unternehmens dar. Auf eine externe, absichernde Sicht, z.B. von externen Fachexperten, wurde zu diesem Zeitpunkt verzichtet, wäre aber grundsätzlich empfehlendwert. Der Grund für den Bottom-up-Ansatz lag darin, dass man sich nicht auf eine womöglich veraltete Strategie abstützen, sondern unbefangen den Blick in die Zukunft wagen wollte.

In einem weiteren Workshop wurden mit den gleichen Teilnehmern mögliche Gatekeeper für die definierten Themen bestimmt. Dabei stellte sich heraus, dass einige Personen für mehrere Themen Gatekeeper wurden, und dass für andere Themen keine optimale interne Person gefunden werden konnte. Für letztere musste man „sub-optimale" Gatekeeper aufbauen. In einer dritten Workshopserie wurden die Gatekeeper initiiert und geschult. Zugleich musste jeder Gatekeeper bereits sofort den Inhalt seines Themas genauer definieren und strukturieren, den Stand der Technik aufzeigen, die Konkurrenzsituation darstellen, mögliche Informationsquellen aufschreiben etc. Diese erste Auseinandersetzung mit dem Thema war insofern wichtig, dass einerseits das Gatekeeper-Bewusstsein geschaffen werden konnte und andererseits die ersten Schritte der Gatekeeper unter Hilfe und in der Gruppe (Benchmarking) gemacht werden konnten.

Eine Person aus der Technologiemanagement-Gruppe ist für die Koordination des Gatekeeper-Netzwerks und somit für die Opportunity Landscape verantwortlich. Diese Person bietet den Gatekeepern Hilfeleistung, insbesondere für sinnvolle Analysetools (zum Beispiel Portfoliotechnik, Trendextrapolation, Szenariotechnik), und stellt einen optimalen Informationsfluss sicher. Letzteres ist wichtig, um allfällige Redundanzen und somit Ineffizienzen zu vermeiden.

5.6.5 Erfahrungen aus der Opportunity Landscape

Das Konzept der Opportunity Landscape wurde vom Autor in Aktionsforschung bei Straumann entwickelt, d.h., die ersten Erfahrungen bei Straumann spiegeln ein noch unausgereiftes Konzept der Opportunity Landscape wider. Einige Erfahrungen nach einem Jahr sind:

- Insgesamt wurden 27 Issues bestimmt und in acht Cluster aufgeteilt; dreizehn im Spielfeld, zwölf auf der Ersatzbank, und nur zwei im Nachwuchs. Dieses Ungleichgewicht ist kritisch, denn der heute fehlende Nachwuchs sind morgen fehlende Spieler. Zu allen Issues konnte ein Gatekeeper definiert werden, jedoch nur ein drittel der Gatekeeper erreichten die definierten Ziele. Die Gründe für ausbleibende Resultate sind unterschiedlich: der Aufgabe keine Priorität geschenkt (z.B. kein MbO-Ziel), das Unternehmen verlassen und kein Ersatz gefunden, nicht zum Gatekeeper qualifiziert, oder schlicht zu wenig Zeit. Es war der Firma von Anfang an bewusst, dass der unternehmensweite Einsatz der Opportunity Landscape ein ambitiöses Ziel war. Es wäre somit zu empfehlen, in diesem Falle einen Pilot zunächst in einer kleineren definierten Umgebung, zum Beispiel F&E- oder Verkaufsabteilung, einzuführen, woraus der Funken aufgrund von „Success stories" auf andere Abteilungen überspringen könnte. Es sei an dieser Stelle allerdings erwähnt, dass in einem anderen Unternehmen die Opportunity Landscape mit 40 Gatekeepern unter ähnlichen Bedingungen erfolgreich eingeführt wurde, das heißt, eine reduzierte Einführung ist nicht zwingend.

- Einige Aktionen konnten abgeleitet werden, insbesondere eine aktive Interaktion zwischen der Opportunity Landscape und dem „Screening-Prozess". Gleichzeitig war ein vermehrter Informationsaustausch zwischen den Gatekeepern und den „normalen" Mitarbeitern in anderen Unternehmensprozessen, zum Beispiel im Entwicklungsprozess oder bei der Einführung neuer Produkte, zu beobachten. Zudem konnte die Opportunity Landscape den Impuls zu einer Strategieanpassung geben, indem explorative Aktivitäten in einem für die Firma neuen Technologiefeld explizit in der Strategie verankert wurden und fortan als Basis für neue Projektentscheidungen galten.

- Das Zeitbudget sah vor, etwa 10 Prozent der Arbeitszeit für Gatekeeper-Aktivitäten einzusetzen, was bei Straumann 2,7 Vollzeitstellen entsprach. Zusätzliches Personal zur Entlastung der Gatekeeper musste allerdings entgegen der Erwartungen nicht eingesetzt werden. Der Grund kann darin liegen, dass die Gatekeeper schon vorher de facto bereits diese Zeit für Informationsbeschaffung aufgewendet haben, wohl aber auch, weil nicht alle Aufgaben gemacht wurden. Der Koordinator hat tatsächlich etwa 50 Prozent seiner Zeit für die Opportunity Landscape aufgewendet. Das heißt, dass in diesem Unternehmen mit 700 Mitarbeitern etwa eine bis zwei Vollzeitstellen für „Competitive und Technology Intelligence" notwendig sind. Es muss allerdings auch erwähnt werden, dass letztlich wahrscheinlich Zeit eingespart werden kann, indem Redundanzen bei der Informationsbeschaffung vermieden werden. Weitere Kosten sind Investitionen, zum Beispiel in IT (Patentdatenbankzugang), und laufende Kosten. Straumann hatte relativ geringe Investitionskosten (ca. 12.000 Euro), weil eine gute Infrastruktur bereits vorhanden war. Die Investitionskosten hängen also sehr von den Bedürfnissen und dem bereits Vorhandenen ab. Die laufenden Kosten für Konferenzbesuche, Literaturabonnements, Expertenvorträge etc. können bei Straumann auf ca. 160.000 Euro pro Jahr hochgerechnet werden. Dies entspricht auch in etwa einer Faustregel, die besagt zirka 0,1 Prozent des Umsatzes für „Competitive und Technology Intelligence" aufzuwenden.

5.6.6 Fazit

Die Firma Straumann AG hatte bereits ein gut funktionierendes Technologie- und Innovationsmanagement-System, welches sie mit der Opportunity Landscape als „Competitive und Technology Intelligence-Tool" ergänzte. Es hat sich gezeigt, dass das Tool bestimmt noch Verbesserungen zulässt, beziehungsweise noch besser auf die Bedürfnisse und die Gegebenheiten in der Firma abgestimmt werden kann. Gleichzeitig hat sich aber auch gezeigt, dass die Opportunity Landscape ein sehr flexibles Tool ist, das mit entsprechender Anpassung in Unternehmen sehr unterschiedlicher Größen, mit unterschiedlich ausgereiften Managementprozessen, in verschiedenen Branchen und letztlich auch mit unterschiedlichen Zielen eingesetzt werden kann. Beispiele, wo die Opportunity Landscape bereits implementiert oder der Einsatz evaluiert wurde sind weit reichend: von einem vergleichbaren Unternehmen wie Straumann, über ein BioTech-Start-up, bis zu einem Versicherungskonzern und einem Automobilhersteller. Mit diesem Beitrag sollte nicht eine idealisierte Rezeptur für die Opportunity Landscape vorgegeben werden, sondern vielmehr die Diskussion beim Leser angeregt werden durch die transparente Darstellung sowohl von Stärken als auch von Schwächen des Tools.

6 Informationsquellen – Datenquellen der Wettbewerbsbeobachtung

Hauptthemen

6.1 Das Internet als Informationsquelle

6.2 Externe Datenbanken als Informationsquellen

6.3 Welche Infomationsquellen gibt es noch?

Zielsetzung

- Sie erfahren, wie Sie im Internet geeignete Informationen finden.
- Nach diesem Kapitel wissen Sie, welche Datenquellen für die Wettbewerbsbeobachtung existieren.
- Sie lernen auch, wann Online-Datenbanken einzusetzen sind.

In den vorigen Kapiteln dieses Buches wurde oftmals auf die Fülle an geeigneten Informationsquellen hingewiesen, die heutzutage verfügbar sind. Mehrere Studien haben ergeben, dass ca. 80 – 90 Prozent der benötigten Informationen, um die Konkurrenz besser zu verstehen, frei und öffentlich verfügbar sind. Welche Informationsquellen existieren, wie sie eingeordnet werden können und wann der Einsatz kostenpflichtiger Datenbanken zu empfehlen ist, wird in diesem Kapitel dargestellt.

Informationsquellen – Quellenauswahl

Die Liste an möglichen Informationsquellen ist lang. Grundsätzlich kann man unterscheiden, ob die Informationen intern oder extern vorliegen bzw. in primärer oder sekundärer Form.

	Primärquellen	Sekundärquellen
Unternehmensintern	Außendienst Ehemalige Mitarbeiter der Konkurrenz Mitglieder der Geschäftsführung (z.B. informelle / persönliche Kontakte) Abteilungen wie Marktforschung, Rechnungs- und Finanzwesen oder Controlling Forschungs- und Entwicklungs-Abteilung (F&E-Abteilung)	Untersuchungen für andere Zwecke als die der Konkurrenzanalyse wie z.B. Marktforschungs- oder Branchenstudie, Außendienstberichte oder allgemeine Statistiken
Unternehmensextern	Konkurrenz (z.B. Leistungsangebote der Konkurrenz) Kooperationen / Joint Ventures Gemeinsame Kunden und Lieferanten, Unternehmensberatungen, Universitäten, Marktforschungsinstitute, Werbeagenturen, Branchenverbände oder Industrie- und Handelskammer Messen, Ausstellungen und Kongresse	Publikationen der Konkurrenz (auch: Werbung) Massenmedien Externe Datenbanken (z.B. Internet-Datenbankrecherche, Patentdatenbank) Weitere Quellen wie beispielsweise Bücher über die Konkurrenz

Abbildung 44: Informationsquellen (Auszug)

6.1 Das Internet als Informationsquelle

Das Internet ist eine der wichtigsten Quellen für die Informationsbeschaffung. Um Informationen für die Konkurrenzbeobachtung kostengünstig zu erhalten, ist das Internet die ergiebigste Quelle. Neben den Websites der Konkurrenz können Informationen zu Testberichten, Personendaten, Trends, Innovationen, Entwicklungen, Strategien und vieles mehr gefunden werden.

Dabei müssen jedoch folgende **Entwicklungen des Internets** berücksichtigt werden:

1. Konzentrationsprozess der Informationsanbieter im Web
2. Der unterschiedliche regionale Abdeckungsgrad (beispielsweise sind US-bezogene Inhalte sehr stark überrepräsentiert, währenddessen beispielsweise über Osteuropa noch relativ wenig Informationen verfügbar sind)
3. Verfügbarkeit an kostenlosen Informationen sinkt
4. Suchmaschinen erfassen nur einen kleinen Teil des Internets
5. Die Validität ist stark vom Autor abhängig (jeder kann (auch falsche) Informationen publizieren)

„The Internet is free only if your time's value is zero."

G. Friedman

Informationsbeschaffung im Internet bedeutet, stets eine Vielzahl von Quellen aufzusuchen und zu einem (lückenhaften) Gesamtbild zu verdichten.

Qualität der Informationen hinterfragen

Im Internet werden Informationen aus unterschiedlichsten Quellen, wie z.B. von Privatpersonen, Initiativen, Unternehmen, internationalen Organisationen bereitgestellt und erzeugt. Jeder kann ungeprüft Informationen einstellen. Keine übergeordnete Stelle erfasst, verwaltet und prüft diese verteilten Informationen. Informationen sollten deshalb stets in Relation zu ihrer Quelle gesehen werden, denn die Qualität der Quelle ist ein besonders wichtiges Bewertungskriterium.

Anonymität gewährleisten

Unternehmen beobachten regelmäßig anhand von Zugriffsstatistiken, wer den eigenen Internetauftritt wie oft frequentiert hat. Entdeckt das Unternehmen, dass es regelmäßig von der Konkurrenz „Besuch" bekommt, so können entsprechende Gegenmaßnahmen gesetzt werden. Diese reichen von der Sperrung des Zugangs zur Website bis zum Aufbau von „Schatten-Websites", auf denen falsche Informationen publiziert werden, um die Konkurrenz zu täuschen. Um nicht dabei entdeckt zu werden, wie man den Webauftritt der Konkurrenz regelmäßig analysiert, empfiehlt sich, auf Anonymisierungsdienste zurückzugreifen. Mit dieser Maßnahme können keine Rückschlüsse auf das beobachtende Unternehmen gezogen werden.

In der Informationsflut untergehen oder richtig suchen

Laut einer Studie der kalifornischen Universität Berkeley wird in den nächsten Jahren die gleiche Informationsmenge generiert werden wie in den letzten 300.000 Jahren Menschheitsgeschichte. Diese Relation verdeutlicht den enormen Zuwachs an – zum größten Teil elektronisch gespeicherter und verfügbarer – Information. Nach einer Studie von Berrier Associates aus dem Jahr 2000 verbringen 50 Prozent der Befragten 1.000 Internet-Nutzer mehr als 70 Prozent ihrer Surfzeit mit Suchen. Zudem gaben 44 Prozent der Befragten an, dass die Webnavigation und die Benutzung von Suchmaschinen sie frustrierten. Dem Internet-Nutzer steht jedoch eine Vielzahl von Möglichkeiten, die auf Pull- oder Push-Technologien beruhen, zur Verfügung, um Ineffizienz und Frustration zu vermeiden.

■ **Portale**

Lässt sich eine Information genau einem Bereich zuordnen, so bilden Portale oder Informationsseiten von Organisationen oder Verbänden einen guten Ausgangspunkt für die Suche, da dort gebündelter Inhalt bereitsteht. Falls die Information nicht vorhanden ist, so findet man dort meist sinnvoll strukturierte Linklisten. Auch FAQs (Frequently Asked Questions) zu den jeweiligen Themen können bereits viele Fragen beantworten.

■ **Suchmaschinen**

Fehlt ein solcher konkreter Ausgangspunkt, bietet es sich an, eine Suchmaschine und deren Dienste in Anspruch zu nehmen. Trotz der Vielzahl der zur Verfügung stehenden Suchmaschinen erfassen diese jedoch maximal 20 Prozent aller Internetseiten. Außerdem stellen lange Update-Zyklen bei der Indexpflege ein erhebliches Problem bezüglich der Informationsaktualität dar. Hier zeigt sich, dass der zentralistische Ansatz von Suchmaschinen für die dezentrale Struktur des Internets eigentlich ungeeignet ist.

Bekannte Suchmaschinen

http://www.altavista.de

http://www.google.de

http://www.lycos.de

http://www.web.de

http://www.yahoo.de

■ Kataloge

Kataloge, die oftmals von Suchmaschinen bereitgestellt werden, bieten die Möglichkeit, themenspezifische Informationen schnell zu finden. Aufgrund der notwendigen redaktionellen Arbeit zur Erstellung von Katalogen ist deren Umfang jedoch begrenzt. Das von rund 40.000 freiwilligen Redakteuren gepflegte „Open Directory Project" (www.dmoz.org) z.B. ist das weltweit größte Katalogprojekt.

■ Meta-Suchmaschinen

Meta-Suchmaschinen fragen mehrere Suchmaschinen und/oder Webverzeichnisse gleichzeitig ab. Für allgemeine Suchanfragen lassen sich Meta-Suchmaschinen gut verwenden. Tiefer gehende Recherchen führt man aber besser in den abgefragten Quellen direkt durch, da Meta-Suchmaschinen aus Kompatibilitätsgründen keine komplexen Abfragen zulassen.

■ Fachsuchmaschinen

Fach- und Spezialsuchmaschinen bieten eine thematische Abgrenzung und sind oft auf entsprechenden Portalen zu finden. Fachsuchmaschinen ermöglichen eine genauere Eingrenzung der Suche als allgemeine Suchmaschinen.

■ Suchagenten

Andere Recherchewerkzeuge sind Suchagenten. Diese bieten gegenüber reinen Suchmaschinen höheren Komfort bei der Verarbeitung der Suchergebnisse: Suchagenten fragen mehrere webbasierte Suchdienste parallel ab und bilden oft einen eigenen Index über das Suchergebnis (z.B. www.lexibot.com). Dies ermöglicht weitergehende Analysen der gefundenen Ergebnisse. Die kompletten Ergebnislisten können abgespeichert oder per E-Mail versandt werden. Die Inhalte sind vergleichbar und nach eigenen Kriterien sortierbar.

■ Deep Web

Ein weiterer Vorteil von Suchagenten ist die Abfrage des unsichtbaren (invisible) Web. Dies sind dynamisch generierte Websites, die von normalen Suchmaschinen nicht erfasst werden. LexiBot schätzt die Größe des unsichtbaren Web auf 550 Milliarden Websites. Das für Suchmaschinen sichtbare Web wird von Cyveillance (www.cyveillance.com) hingegen auf nur rund 3,4 Milliarden Websites geschätzt.

- Öffentlich zugängliche dynamische Seiten im Deep Web machen mengenmäßig das 400- bis 550fache des World Wide Web aus.
- Das Deep Web umfasst 7500 Terabyte an Information, verglichen mit nur 19 Terabyte im www. Das Deep Web enthält beinahe 550 Milliarden Einzeldokumente, verglichen mit 1 Milliarde im www.
- Über 100.000 Deep-Web-Sites existieren.

- Sechzig der größten Deep-Web-Sites enthalten zusammen ca. 750 Terabyte an Informationen und sind somit um ein Vielfaches größer als das offizielle Web.

- Deep-Web-Sites erhalten durchschnittlich 50 Prozent mehr Seitenaufrufe als normale Websites und sind auch stärker verlinkt als diese. Dennoch sind die meisten Deep-Web-Sites den meisten Internet-Nutzern nicht sehr gut bekannt.

- Das Deep Web wächst schneller als das Internet insgesamt.

- Hochwertige (geprüfte) Inhalte sind laut einschlägigen Qualitätskennzahlen über 1000 mal häufiger im Deep Web als auf konventionellen Websites anzutreffen.

- Über die Hälfte der Deep-Web-Sites haben Ihre Inhalte in themenspezifischen Datenbanken.

Über 95 Prozent der Deep-Web-Informationsangebote können unentgeltlich erschlossen werden.

■ **Newsletter**

Newsletter und Mailinglisten eignen sich vor allem für die kontinuierliche Versorgung mit fachspezifischen Informationen, weil diese dem Nutzer regelmäßig direkt zugestellt werden.

■ **Newsgroups, Diskussionsforen**

Auch Diskussionsforen, zu deren regelmäßigen Nutzern oftmals Experten gehören, bieten bei Fragen und Problemstellungen eine sehr gute Anlaufstelle. Bei diesen „virtuellen Treffen" der Zielgruppen, welche die gleichen Interessen verbinden, werden manchmal Insider-Informationen preisgegeben.

6.2 Externe Datenbanken als Informationsquellen

Eine weitere wichtige Informationsquelle stellen Datenbanken dar. Diese sind heutzutage meist online verfügbar. Es existieren gegenwärtig für nahezu jedes Wissensgebiet mehr oder weniger spezialisierte kostenlose oder kostenpflichtige Datenbanken. Datenbanken sind wichtige Quellen für Recherchen aller Art. Sie bieten Zugriff auf zahlreiche Medienarchive, Marktforschungsdaten, Patentämter, Firmeninformationen, Personenprofile etc. Datenbanken weisen meist strukturierte Daten auf, wodurch die Suche auf definierte Felder eingeschränkt werden kann (z.B. Titel, Autor, Datum, Umsatz etc.). Geübte Rechercheure finden hier durch komplexe Abfragen schnell die gewünschte Information. Viele Datenbanken ermöglichen zudem die Speicherung von Suchprofilen und die Benachrichtigung (Alerts) des Benutzers bezüglich neuen, für ihn relevanten Informationen. Die Suche in Datenbanken erweist sich insbesondere bei einer sehr konkreten Suche, z.B. nach Artikeln, Bilanzen, Firmenprofilen, Tabellen etc., als sinnvoll. Nachteilig für die Benutzung von Datenbanken ist, dass deren uneinheitliche Benutzeroberfläche und die oft fehlende Möglichkeit einer Cross-Recherche über mehrere Datenbanken die Suche erschweren.

Mögliche Auswahl-/Qualitätskriterien von Datenbanken sind:

- angebotene Metainformation
- Datenbankstruktur: suchbare Felder
- Genauigkeit, Fehlerfreiheit
- Hersteller: Expertise
- Inhalt: wichtigstes Kriterium
- Interaktion: Browsing, Searching, Feedback
- Präsentation: Darstellung des Inhalts
- Qualität (Validität/Renomee) der Einträge
- Relevanz (i.d.R. fachliche, thematische Einschlägigkeit)

Eher inhaltliche Kriterien

- Aktualität und zeitliche Abdeckung des Informationsangebotes
- Aufbereitung (Indexing, Abstracting, Klassifizierung)
- Fachgebietsabdeckung/Einschlägigkeit
- geographische Abdeckung
- Konsistenz

Eher formale Kriterien

- Art der ausgewerteten Quellen
- Sprache
- Umfang

Vorgehensweise bei der Datenbankauswahl

1. Relevante Themenbereiche identifizieren
2. Relevante Informationstypen identifizieren

3. Potenziell relevante Informationsquellen identifizieren
4. vorselektierte Informationsquellen miteinander vergleichen
   - Kriterien festlegen
   - Gewichtung bestimmen
   - Vergleichsverfahren festlegen
   - Vergleich durchführen

Sogenannte Hosts bündeln als kommerzielle Datenbank-Anbieter den Zugriff auf eine Vielzahl von Datenbanken meist externer Informationsproduzenten (z. B. greift der Host Dialog auf mehr als 900 Datenbanken zu). Diese Hosts bieten einen zielgenauen und kostengünstigen Zugriff auf Informationsressourcen zur Lösung komplexer und spezifischer Fragestellungen.

Für die rationelle, effiziente Wettbewerbsbeobachtung sind heute externe, professionelle Online-Datenbanken verschiedener Anbieter unerlässlich. Man kann mit ihnen auf die denkbar schnellste Art aus hunderttausenden von veröffentlichten Dokumenten eines Monats z.B. alle einschlägigen herausfiltern und sammeln. Zu den wichtigen Online-Datenbanken gehören in Deutschland z.B. die Pressedatenbanken großer Anbieter wie GENIOS, GBI und Factiva. In ihnen findet man besonders viele bedeutende Zeitungen, Fachzeitschriften und Pressedienste in elektronischer Form, die wichtige Informationen über die Konkurrenz enthalten. Darauf greifen zahlreiche große und mittelständische Unternehmen zurück.

Tabelle 34: Wichtige Hosts. Quelle: Griesbaum, J.; Vorlesungsskriptum Information Retrieval, Universität Konstanz 2003

Wichtige Hosts	
Host	**Themenbereich**
Datastar	Firmen, Gesundheit
Dialog	multidisziplinär, Schwerpunkte: Wirtschaft, Wissenschaft
Dimdi	Medizin
Factiva	Nachrichten, Wirtschaft
GBI	Wirtschaft, Presse, Management
Genios	Wirtschaft
LexisNexis	Recht, Industrie, Handel
Questel-Orbit	Patente, Warenzeichen, Wissenschaft, Technik
STN	Wissenschaft, Technik

Mögliche Auswahl-/Qualitätskriterien für Online Hosts sind:

- Angebot von Suchhilfen und Online-Hilfen
- Fachliche Ausrichtung/ Datenbankangebot
- Kundenbetreuung
- Recherchemöglichkeiten/Qualität der Retrievalsprache
- Unterstützung bei der Dokumentbeschaffung
- Zugangskonditionen und Zugriffsmöglichkeiten

Inhaltliche Kriterien

- Angebot Datenbanken
- Angebot von Suchhilfen und Online-Hilfen
- Fachliche Ausrichtung
- Qualität der Retrievalsprache
- Ressourcenauswahlhilfen
- Unterstützung bei der Dokumentbeschaffung

Formale Kriterien

- Kosten
- Kundenbetreuung bzgl. Informierung über aktuelle Veränderungen
- Zugangsberechtigung

6.2.1 Externe Datenbanken versus allgemein zugängliche Informationen aus dem Internet

Rein von der Datenmenge her sind die externen (kostenpflichtigen) Datenbanken sicherlich umfangreicher und liefern gezieltere und aktuellere Informationen. Die Suche nach Unternehmensdaten erscheint noch zweckmäßig über Unternehmenshomepages, wenn man das Unternehmen kennt, worüber man Unternehmensgrunddaten und Jahresabschlussdaten sucht. Mühsam und eher zufällig erscheint hingegen die Suche nach einer Menge von Unternehmen, die bestimmte Kriterien erfüllen. Spätestens, wenn man nach Spezialinformationen (z. B. Übernahmen oder Fusionen) unternehmensübergreifend forscht, stößt man an die Grenzen unternehmenseigener Homepages. Als wichtigster Unterscheidungspunkt ist allerdings festzuhalten, dass die Daten aus externen Datenbanken in strukturierter Form verfügbar sind und somit eine automatisierte Weiterverarbeitung möglich ist, wohingegen Informationen aus Internetseiten von Unternehmen im Normalfall nur unstrukturiert und teilweise sogar elektronisch nicht kopierbar abgelegt sind. Dieses tragende Unterscheidungsmerkmal eröffnet eine weite Dimension an Möglichkeiten. Als Beispiel sei hier nur Benchmarking angeführt. Wenn man sich rein auf die strukturierten Jahresabschlussdaten konzentriert und diese mit einer Benchmark, z. B. dem Markt- oder Branchenführer, automatisiert in Beziehung stellt, erhält man Zeitvergleichswerte, die ansonsten mühsam periodisch zusammengetragen werden müssten und somit erhebliche Kostenreduktion bedeuten.

Tabelle 35: Gegenüberstellung von kostenpflichtigen Datenbanken und dem Internet

Gegenüberstellung von kostenpflichtigen Datenbanken und dem Internet	
Vorteile kostenpflichtiger Datenbanken	**Vorteile des Internets**
■ Zeitersparnis	■ Kostenlos
■ Datenvalidität	■ Entdecken von Rumours und Frühwarnsignalen
■ Struktur der Daten	
■ Vergleichbarkeit	

Zeitersparnis bei der Recherche

Information, die sonst mühselig aus unterschiedlichen und an einer Vielzahl von Orten aufbewahrten Zeitschriften, Büchern und anderen Quellen zusammengetragen werden muss, lässt sich am Rechner, entsprechende Recherchierwerkzeuge vorausgesetzt, quasi per Knopfdruck zusammenstellen und ausdrucken bzw. zur weiteren elektronischen Bearbeitung auf einen lokalen Datenspeicher übertragen.

„Ignorance costs more than information."

J. F. Kennedy

Nutzung von Datenbanken

Jede Datenbanknutzung sollte vom jeweiligen Unternehmen unter einem Kosten-Nutzen-Gesichtspunkt betrachtet werden, wobei die anfallenden Kosten einer Datenbanknutzung den Nutzenelementen/Einsparungen unternehmensintern gegenübergestellt werden. Die Recherche in Datenbanken ist gegenüber einer einfachen Suche im Internet (Unternehmenshomepages) vorteilhafter, da Datenbanken detailliertere, besser abgestimmte und strukturierte Daten beinhalten, die effizient weiterverarbeitet werden können.

6.2.2 In Datenbanken enthaltene Informationen

Beteiligungs- und Eigentumsverhältnisse

Datenbanken zu Beteiligungen und Eigentumsverhältnissen geben Auskunft über Unternehmen und ihre Beteiligungen an anderen Unternehmen. In den Datenbanken werden die Besitzverhältnisse und Firmenverflechtungen in Textform oder grafisch dargestellt. Spezielle M&A-Datenbanken geben Auskunft über Unternehmensverkäufe und -käufe, Fusionen, Joint Ventures, Kooperationen etc.

Bilanzdaten

Bilanzdatenbanken liefern ausführliche numerische Informationen aus dem Jahresabschluss (Bilanz und Gewinn- & Verlustrechnung). In der Regel liegen diese für einige aufeinander folgende Jahre vor. Häufig werden sie durch Zusatzinformationen, wie Dividenden, Geschäftsentwicklung oder Börsenkurse, ergänzt. Im Regelfall bieten Bilanzdatenbanken eine normierte Übersicht von Bilanzdaten und Kennzahlen.

Bonitätsdaten

Kenntnisse über die Bonität von Kunden haben hauptsächlich den Zweck, dem Risiko von Zahlungsausfällen vorzubeugen. Für den Zweck der Wettbewerbsbeobachtung kann man kann aber auch die Haupt-Wettbewerber oder die Kunden des Wettbewerbs per Bonitätsmonitor laufend überwachen.

Firmenprofile

Datenbanken mit Firmenprofilen enthalten Beschreibungen einzelner Unternehmen. Informationsarten sind hauptsächlich Eckdaten, wie Bankverbindungen, Umsatz, Mitarbeiteranzahl, Management, Niederlassungen, Beteiligungen, die Art der Geschäftstätigkeit, Produktpaletten oder angebotene Dienstleistungen, Personal usw.

Förderungen und Ausschreibungen

Datenbanken, die Landes- und EU-Förderungen beinhalten, können ebenfalls laufend überwacht werden. Dabei geht es nicht nur um die Einreichung von eigenen Förderanträgen, sondern auch um die Erfassung, welche Unternehmen eine Förderung oder den Zuschlag bei Ausschreibungen erhalten haben. Auch werden Hinweise auf zukünftige Projekte, neue Technologien etc. der Konkurrenz sichtbar. Die Begründungen der Anträge sind meist ziemlich detailliert dargestellt.

Handelsregistereinträge

In Datenbanken mit Handelsregistereinträgen werden alle Neueintragungen, Löschungen und Veränderungen des Handelsregisters erfasst. Das Handelsregister liefert Basisinformationen zu einem Unternehmen, wie z.B. Rechtsform, Zweck des Unternehmens, Mitglieder der Geschäftsleitung u.a. Diese Datenbanken geben somit Einblick in die Besitzverhältnisse, Kapitalstärke, Niederlassungen und Unternehmenszweck. Veränderungen können das Auftreten neuer Wettbewerber zeigen, Wechsel in den Verantwortlichkeiten oder die Insolvenz. Handelsregistereinträge dienen aufgrund ihrer Zuverlässigkeit auch der Verifizierung bereits ermittelter Daten.

Lieferanten- und Herstellernachweise

In diesen Datenbanken sind Angaben zu den Produkten der Unternehmen enthalten. Zielgruppe dieser Datenbanken sind Einkaufsabteilungen von Unternehmen.

Markt-, Branchen- und Produktinformationen

In Datenbanken, die sich mit diesem Markt-, Branchen- und Produktinformationen befassen, findet man Daten über:

- Entwicklung in der Einkommens- und Vermögenssituation von Verbrauchern
- Gesellschaftliche, politische und soziologische Entwicklungen
- Kundenpotenzialberechnungen nach räumlicher Gliederung
- Marktentwicklungen, Marktvolumina
- Messen und Ausstellungen
- Technologische und industrielle Trends

Patentinformationen

Es gibt drei Grundtypen von Recherchen in Patentdatenbanken:

- Die Weltstandsrecherche: Hier wird ermittelt, welcher Stand der Technik weltweit auf einem bestimmten Gebiet erreicht wurde. Um Doppelforschung zu vermeiden, ist diese Recherche besonders zu Beginn jeder F&E-Arbeit notwendig.
- Die Neuheitsrecherche: Hier wird ermittelt, ob die eigene technische Lösung wirklich neu ist (und damit patentiert werden kann).
- Die Verletzungsrecherche: Hier wird untersucht, ob die Nutzung einer technischen Lösung die Rechte Dritter verletzt. Sie garantiert, dass bei Benutzung, Produktion und Vertrieb technischer Lösungen keine fremden Patentrechte verletzt werden.

Die bei vielen Unternehmen ungenügende Kenntnis der angemeldeten Patente führt oft zu vermeidbarer Doppelforschung (= Fehlinvestition) und zurückgewiesenen Patentanmeldungen. Dabei können die Patentdatenbanken in weltweiten und lokalen Informationsnetzen einen nicht zu unterschätzenden Beitrag bei der Entwicklung und Markteinführung neuer Verfahren und Produkte leisten.

Pressenachrichten

Die relevanten Quellen für Firmeninformationen setzen sich in diesem Bereich aus folgenden Teilen zusammen:

- Agenturmeldungen
- Allgemeine Tages- und Wochenzeitungen
- Fachpresse

Diese Clipping-Services können auch durch Medienresonanzanalysen ergänzt werden. Dabei wird die Positionierung von Unternehmen und Marken untersucht. Das Monitoring von redaktionellen Beiträgen und Inseraten dient neben der Erfolgskontrolle der PR-Arbeit auch für den Konkurrenzvergleich.

Unternehmensverflechtungen

Angaben zu Beteiligungsverhältnissen, Beziehungen von Mutter- und Tochterunternehmen

6.3 Weitere Informationsquellen

6.3.1 Personen

Menschliche Quellen sind die wichtigsten Informationsträger für die Wettbewerbsbeobachtung. Das sind zum einen Personen außerhalb des eigenen Unternehmens, wie z.B. ehemalige Mitarbeiter der Wettbewerber, Kunden und Lieferanten. Aber auch innerhalb des eigenen Unternehmens ist häufig sehr viel Wissen vorhanden. In persönlichen Interviews können Hintergrund- oder Insider-Informationen erhoben werden. Auch besteht die Möglichkeit, bei Unklarheiten nachzufragen oder bereits analysierte Informationen zu verifizieren. Die einfachste und direkteste Art und Weise, zu den gewünschten Informationen zu kommen ist die gezielte persönliche Ansprache der Informationsquelle. Ein persönliches Gespräch oder ein Telefoninterview haben den unschätzbaren Vorteil, dass nachgefragt und nachgestoßen werden kann. Bei der Lektüre eines Fachartikels können offene Fragen oft nicht beantwortet werden (es sei denn, man setzt sich mit dem Autor des Artikels in Verbindung).

- Eigene Mitarbeiter aus den verschiedenen Fachbereichen wie Vertrieb, Marktforschung, Planung, Konstruktion, Einkauf
- Ehemalige Mitarbeiter des Konkurrenzunternehmens
- Experten auf ihrem Gebiet, wie Journalisten, Berater, Gutachter, Finanzanalysten, Akademiker und Forscher (Analyse von Trends, Entwicklungen, Innovationen, etc., Verifizierung von Informationen über die Konkurrenz)
- Lieferanten, Kooperationspartner, Vertriebspartner und Kunden des Mitbewerbs

Bei Fachexperten handelt es sich vornehmlich um Personen, die berufsbedingt eine ausgeprägte Nähe zu einem Fachthema, einer Branche oder einem speziellen Unternehmen haben. Der Journalist beispielsweise verfügt über weit mehr an Recherchematerial als er in einem Artikel wiedergeben kann. Bei Studium eines interessanten Artikels lohnt es sich deshalb, den Autor zu erfassen und gelegentlich nachzufragen. So mancher Journalist fühlt sich geschmeichelt und gibt bereitwillig Auskunft zu spezifischen Fragen bzw. Hinweise zu weiteren Informationsquellen oder Auskunftspersonen.

6.3.2 Schriftliche Medien/Unterlagen

Neben den beschriebenen elektronischen Medien (Internet und Datenbanken) und dem direkten persönlichen Kontakt existiert eine Unzahl an schriftlichen Unterlagen, die wichtige Informationen über den Wettbewerb oder den Markt beinhalten können.

Printmedien

Neben lokal und landesweit erscheinenden Zeitungen und Magazinen können das technische Zeitschriften, Wirtschaftszeitungen und -zeitschriften, oder andere Fachzeitungen und Fachzeitschriften sein.

Beispiel Regional- und Lokalzeitungen

Regional- und Lokalzeitungen sind eine hilfreiche Informationsquelle, denn dort wird meistens sehr frühzeitig über anstehende Vorhaben ortsansässiger Unternehmen berichtet, sofern sie direkte Auswirkungen auf den Ort oder die dortigen Menschen haben. Das können z.B. Neubauten sein oder auch Schließungen. Die Auswertung ist oft aufwändig. Meistens gibt es keine Onlineausgabe, sodass die Blätter eventuell über große Entfernungen bezogen werden müssen. Es ist auch viel Disziplin erforderlich, insbesondere wenn an einem Ort nur ein Wettbewerber ansässig ist, so dass Berichte zwar sehr interessant sein können, aber nur selten auftreten. Abhilfe bieten hier Dienstleister, die permanent zahlreiche Publikationen für mehrere Auftraggeber durchsuchen und damit kostengünstiger arbeiten.

Es sollte beachtet werden, dass die Kompetenz in wirtschaftlichen Dingen und auch die Wiedergabetreue nicht immer gleichermaßen gegeben sind. Als Beispiel sei die Berichterstattung dreier Regionalzeitungen zu einer Pressekonferenz aufgeführt. Ein Zitat in drei Varianten, nur die letzte klingt wirklich sinnvoll:

- „Die Probleme der Branche seien über-, die Schwierigkeiten der Fusion unterschätzt worden."
- „Der Markt sei unterschätzt und die Potenziale, die man sich aus der Fusion erhofft habe, seien überschätzt worden."
- „... räumte ein, die Probleme der Branche unterschätzt zu haben. Überschätzt wiederum seien die Potenziale gewesen, die man sich aus der Fusion versprochen habe."

Quelle: ci-handbuch.de

Welche Informationen sind dabei von Relevanz?
- Fachredakteure über Impressum
- Redaktionelle Beiträge über Unternehmen, Produkte, Personen, Entscheidungen und Konsequenzen, Entwicklungen, Allianzen, Stellungnahmen, Prognosen etc.
- Referenzen
- Reporter, Verfasser
- Stellenanzeigen geben Auskunft über Expansionspläne, Fluktuation, Philosophie/Kultur, Innovationspotenzial, Infrastruktur, strategische Projekte etc.
- Werbeanzeigen, Inserate

Kommunalverwaltung

Auf kommunaler Ebene können Papiere des Stadt- oder Gemeinderates oder auch erteilte Baugenemigungen (Hinweise auf Dimensionen, Anzahl Mitarbeiter, Produktion von ...) wichtige Informationen enthalten.

Universitäten und Fachhochschulen

Im akademischen Umfeld findet man eine Fülle an nützlichen Informationen. So beispielsweise in regelmäßigen Fachveröffentlichungen einzelner Institute, in Studien, Seminararbeiten, Semesterprojekten, Projektbeschreibungen von Industrieforschungszentren. Jede Universität verfügt über spezialisierte Bibliotheken mit hervorragendem

Fachpersonal, welches bei der Recherche behilflich sein kann. Unternehmen rekrutieren Fachpersonal direkt von der Universität weg oder suchen Studenten für Fachpraktika. Detaillierte Projektbeschreibungen in diesen Stellenangeboten bieten einen Einblick in die Konkurrenzunternehmen. Bei Diplomarbeiten/Dissertationen werden die Studenten durch Unternehmen unterstützt und erhalten tiefe Einblicke in das Unternehmen. Manche Führungskräfte üben nebenberuflich eine Tätigkeit als Universitätslektor aus. Deren Lehrmaterial lässt unter Umständen Schlüsse auf das Konkurrenzunternehmen zu.

Staatlicher Bereich/Behörden

Behörden bieten ein breites und tiefes Publikationsspektrum für Wettbewerbsinformationen. Auf Bund- bzw. Länderebene existieren viele Stellen, die für die Wettbewerbsbeobachtung relevante Informationen besitzen. Als Quellen sind die Wirtschaftsministerien des Bundes und der Länder, regulierende Behörden, Behörden zur Förderung von Wirtschaft und Handel, Ausschüsse des Bundestages, Gerichtsverfahren und -protokolle, Patente und Warenzeichen, Handelsregister (Informationen zu Neugründungen, Löschungen und Veränderungen), Veröffentlichungen des Bundesanzeigers (insbesondere Bilanz/Jahresabschluss), Veröffentlichungen des Statistischen Bundesamtes und der Statistischen Landesämter oder auch Branchenberichte zu nennen. *Förder- und Subventionsanträge* geben Hinweise auf zukünftige Projekte, neue Technologien etc. (die Begründungen der Anträge sind meist ziemlich detailliert und bieten wichtige Einblicke für die Wettbewerbsbeobachtung). Auch Veröffentlichungen internationaler Organisationen und Behörden (EU, Uno) bieten wertvolle Hinweise.

Verbraucherschutzgruppen und andere Initiativen
(Stiftung Warentest, Greenpeace usw.)

Verbraucherschutzgruppen und andere Initiativen vertreten Interessen, die Auswirkungen auf den Markt haben können. Ihre Studien, Produkttests und -vergleiche (z.B. Stiftung Warentest) und Vergleiche sowie regelmäßige Publikationen sind wichtige Informationsquellen.

Fach-/Unternehmerverbände

Die Vertreter dieser Organisationen setzen sich für die Interessen ihrer Mitglieder ein. Dabei recherchieren sie eine Fülle von Informationen, die diesen Interessen nützlich sein können. Auch aggregieren sie Einzeldaten, um Branchenreports zu erstellen. Sie unterstützen ihre Mitglieder mit regelmäßige Publikationen, Mitgliederverzeichnissen, Tagungen, Branchenvergleichen, statistischen Übersichten etc. Institutionen, wie die Deutsche Industrie- und Handelskammer, ausländische Handelsverbände oder deutsche Handelsverbände im Ausland, sind ebenfalls wichtige Informationslieferanten.

Konkurrenzunternehmen

Die beste Art und Weise, etwas über die Konkurrenz zu erfahren, ist sich selbst mit der Konkurrenz auseinander zu setzen. Indem man Konkurrenzprodukte kauft, Dienstleistungen in Anspruch nimmt, den Kundendienst kontaktiert, Beobachtungen vor Ort durchführt (Kaffee beim Bäcker gegenüber dem Werk trinken), Websites studiert etc. Die Konkurrenten publizieren eine Vielzahl an Informationen, die für die Wettbewerbsbeobachtung interessant sind. Beispielsweise sind dies Kataloge und Preislisten, Prospekte und Werbemittel, hausinterne Publikationen, Jahresberichte, Pressemitteilungen und Reden, Werbe- und Verkaufsförderungsmaterial, Präsentationen auf Fachtagungen, Artikel in Fachmedien oder Präsentationen auf Fachmessen. Geschäftsberichte sind besonders aussagekräftig, beinhalten sie doch so wichtige Informationen wie Bilanzen, Erfolgsrechnungen, Investitionen, Beteiligungen, Hinweise auf Innovationspotenzial, Portfolios, Strategie, etc. Die Dokumentationen und Bedienungsanleitungen von Konkurrenzprodukten zeigen zudem Stil und Tonalität der Kommunikation auf und geben technische Informationen preis, auf die unter Umständen Rückschlüsse für die Wettbewerbsbeobachtung gezogen werden können.

Eine sehr ergiebige Quelle sind die internen Telefonverzeichnisse. Hier findet man häufig folgende Angaben:

- Mitarbeiter mit Namen, Vornamen, Abteilung, Position, E-Mail, Telefonnummer, teilweise Mobiltelefon
- Organigramm, Kurzzeichen der Abteilungen
- Pläne des Firmengeländes
- Teilweise Heimatadresse und private Telefonnummer

Die Bedeutung von Telefonbüchern wird häufig unterschätzt. Die Redensart: „Das ist so langweilig wie ein Telefonbuch zu lesen" zeigt das sehr deutlich. Jedoch lassen sich daraus folgende Anhaltspunkte gewinnen:

- Anzahl der Mitarbeiter gesamt und in den einzelnen Bereichen
- Firmenspezifische Terminologie
- Prozesse
- Verantwortlichkeiten
- Weitere Standorte

Beratungsunternehmen

Viele Beratungsunternehmen bieten kostenpflichtige Studien, Analysen und sekundäre Marktforschungs-Daten über Branchen, Ländern, Märkten, Zielgruppen etc. an. Das vorhandene Angebot in diesem Bereich ist sehr umfangreich. Zu (fast) jeder Branche finden sich entsprechende Studien.

6.3.3 Interviews, Gespräche

Die zielgerichtetste Art und Weise an die gewünschten Informationen zu kommen, ist die persönliche Ansprache der Informationsquelle. Ein persönliches Gespräch oder ein Telefoninterview haben den unschätzbaren Vorteil, dass nachgefragt werden kann. Bei der Lektüre eines Fachartikels können offene Fragen oftmals nicht beantwortet werden (es sei denn, man setzt sich mit dem Autor des Artikels in Verbindung).

Beim persönlichen Gespräch zu berücksichtigen sind die subjektive Sichtweise sowie der Hintergrund des Gesprächspartners. So liegt es am Interviewer, durch die Auswahl der Fragen und das kritische Hinterfragen der Antworten den Wahrheitsgehalt des Gesagten herauszufiltern.

„Es hört doch nur jeder, was er versteht."

J. W. Goethe

Praxisbeispiel

Zielorientiertes Telefongespräch

„Guten Tag, Herr Meier. Ich habe Ihrem interessanten Vortrag auf dem Fachkongress letzte Woche zugehört." [Positives Einstimmen des Gesprächspartners] Bei Durchsicht der schriftlichen Unterlagen fehlt mir aber eine wichtige Information, die Sie erwähnt hatten. Bzw. konnte ich es nicht verstehen. Konkret geht es dabei um ... Was war nochmals Ihre Meinung dazu? [Interesse für das Thema, den Experten um Hilfe bitten] Personen, die sich bereit erklären, einen Fachvortrag zu halten, sind im Allgemeinen auch daran interessiert, ihr Wissen weiterzugeben bzw. als Person gut dazustehen.

Vor dem Gespräch sollte man sich entsprechend vorbereiten sowie eventuell Informationen über den Gesprächspartner einholen. Ein Interviewleitfaden kann dafür sehr nützlich sein. Für das Interview gilt es immer mit offenen Karten zu spielen. Zwar erreicht man kurzfristig mit dem verdeckten Befragen mehr (indem man sich als Student oder Journalist ausgibt), man sollte allerdings gegenüber dem Gesprächspartner offen und ehrlich sein.

Weitere Informationsquellen 229

Bei telefonischen Interviews sollte man genau wissen, wen, was und wie man fragen muss, um die gesuchten Daten zu erhalten. Vor allem sollte dabei immer ein Experte auf seinem Gebiet gefragt werden. Werden die folgenden Punkte berücksichtigt, so sollte es möglich sein, das bestmögliche Wissen über Konkurrenten, Industrie, Märkte und weitere relevante Themen zu erhalten:

- Der erste Eindruck zählt. Die Art und Weise, wie man eine Konversation eröffnet, kann dem weiteren Verlauf bereits eine positive Grundstimmung verleihen.

- Man sollte stets optimistisch und positiv sein und davon überzeugt sein, dass das Gegenüber die gesuchte Information hat und sie auch weitergeben will. Lässt man den Gesprächspartner spüren, dass man an seine Fähigkeiten glaubt, umso kreativer wird derjenige sein zu helfen. Hat auch der Interviewpartner die nötige Information nicht, so weiß er möglicherweise, wo man sie finden kann.

- Geben und nehmen. Wenn möglich, sollte man sich für die erhaltenen Antworten revanchieren, denn Informationen zu sammeln, ist kein einseitiger und auch kein einmaliger Prozess. Gute Kontaktpersonen kann man immer wieder benötigen. Die strategische Wettbewerbsbeobachtung ist ein Prozess über einen langfristigen Zeitraum. Personen, die man einmal getäuscht hat, stehen in Zukunft als Informationsquelle nicht mehr zur Verfügung.

Am Ende dieses Kapitels finden Sie einen Interviewleitfaden.

🌐 Praxisbeispiel

Aufnehmen von Gesprächen
Bei einer Fachkonferenz der Wettbewerbsbeobachter war ein Mitarbeiter eines bedeutenden Telekommunikationsunternehmens sehr aktiv im Networking und im Befragen seiner Fachkollegen. Zu später Stunde verrutschte ihm die Krawatte, und die Gesprächspartner konnten ein Miniatur-Mikrofon erkennen – er hatte also alle Gespräche ohne das Wissen der Gesprächspartner aufgezeichnet. Diese Person war aus weiteren Gesprächen ab sofort ausgeschlossen.

6.3.4 Stellenanzeigen

Stellenangebote sind ein Indikator für Vorhaben und Pläne des Unternehmens. Aus den Angeboten können folgende Informationen gewonnen werden:

- Angaben zur Organisation, Bezeichnung von Abteilungen, Kurzzeichen, Telefonnummern
- Anhaltspunkte für Vorhaben und Pläne

- Anhaltspunkte zum Selbstverständnis
- Ansprechpartner in den Fachbereichen
- Firmenspezifische Terminologie
- Verantwortlichkeiten
- Verwendete Technologien

Zur Verschleierung gegenüber Wettbewerbern und auch den eigenen Mitarbeitern gegenüber werden Personalberater dazwischengeschaltet. Die Angebote sind dann entsprechend anonymisiert. Mit Kenntnis der Wettbewerber, ihrer Standorte und in Verbindung mit anderen Informationen (z.B. wer arbeitet mit welcher Personalagentur zusammen, wie erfolgt üblicherweise die Selbstdarstellung etc.) können die dahinter stehenden Unternehmen in vielen Fällen identifiziert werden. Wie weit die Befragung von Konkurrenzmitarbeitern gehen kann, sieht man an Beispielen bekannter großer US-Firmen. Manche Unternehmen geben fiktive Stelleninserate auf um gezielt Mitarbeiter der Konkurrenz anzulocken und anzusprechen. Bei den Interviews und Einstellungsgesprächen wird versucht, möglichst viel über das Konkurrenzunternehmen zu erfahren.

6.3.5 Messen

Messen und Kongresse eignen sich hervorragend, um zu neuen Wettbewerbsinformationen zu gelangen und bestehendes Wissen zu aktualisieren. Die Unternehmensvertreter sind meist kommunikationsbereiter und weniger verschlossen als im Tagesgeschäft.

Vorgehensweise

Um die Veranstaltungen entsprechend zu nutzen, bedarf es vorab einer Vorbereitung.

1. Planung der geeigneten Messen/Tagungen/Konferenzen. Zuerst müssen die vielfältigen Angebote an Konferenzen, Tagungen, Messen etc. einer Branche analysiert werden.

    - Was ist der Hintergrund der Veranstaltung?
    - Hat sie gesellschaftliche, wirtschaftliche oder akademische Interessen?
    - Wer ist der Veranstalter?
    - Welche Erfahrung wurde mit dieser Veranstaltung bereits gemacht?

    Diese Auswahl und Analyse sollte mit den im Unternehmen verantwortlichen Personen erfolgen, die für Messen und Veranstaltungen im Unternehmen zuständig sind (üblicherweise in den Bereichen Marketing, Vertrieb oder F&E angesiedelt).

2. Es wird festgelegt, an welchen Kongressen, Messen etc. das Unternehmen teilnimmt oder als Besucher anwesend ist. Anschließend wird bestimmt, wer aus dem Unternehmen daran teilnimmt.

3. Erarbeitung einer Zielsetzung („Attack-Plan") für jede einzelne Veranstaltung. Mit der vorab festgelegten Zielsetzung und einer strukturierten Vorgangsweise kann man sich am Tag der Veranstaltung voll und ganz der Aufgabe widmen.

Nutzen für die Wettbewerbsbeobachtung

Durch die Teilnahme gelangt man zu einer Einschätzung von generellen Trends in der Industrie, zu einem Marktüberblick (für den Fall, dass man einen neuen Markt erschließen möchte) und erkennt neue (potenzielle) Konkurrenten. Bei den bestehenden/ bekannten Konkurrenten können Marketingpläne, Kosten- und Preisstrukturen, operative Vorgänge usw. ermittelt werden.

- Erfolgsstories und „vertrauliche" Misserfolge
- Neuankündigungen der Branche
- Übersicht über neue Produkte, Technologien und Forschungsergebnisse
- Unternehmen geben bereitwillig Auskunft über aktuelle Strategien und neue Produkte
- „Verkaufsatmosphäre", Leute gehen aufeinander zu
- Vermarktungsstrategien
- Viele potenzielle Informationsquellen auf einem Raum

> 🌐 **Praxisbeispiel**
>
> **Unternehmen aus der Baubranche**
>
> Alle drei Jahre findet die größte Baufachmesse der Welt in München statt: die BAUMA. Diese Messe ist eine Leistungsschau der Baubranche, damit eine der wichtigsten Informationsquellen über neueste Entwicklungen und Konkurrenten. Alle Firmen veröffentlichen ihre neuesten Produkte, was einen direkten Vergleich mit der Konkurrenz ermöglicht.

Ablauf der Informationsbeschaffung

1. Vorfeld: Zuteilung der Zuständigkeiten an die einzelnen Teams der Entwicklungsabteilung. Jedes Team bekommt einen am jeweiligen Forschungsgebiet orientierten Aufgabenbereich zugewiesen.

2. Messe: Die einzelnen Teams besuchen die Messe, sammeln Informationen (Broschüren, Photos etc.) über ihren Aufgabenbereich und führen Gespräche mit Ausstellern.

3. Bericht: Jedes Team erstellt einen Bericht über seine Beobachtungen und legt diesen dem Entwicklungsleiter vor.

4. Zusammenfassung: Der Entwicklungsleiter fasst alle Berichte für den zentralen Entwicklungsgremium des Unternehmens zusammen.

6.3.6 Patentinformationen

Innovationsstärke wird für die Unternehmen immer bedeutender. Topaktuelle Kenntnisse über Märkte, Entwicklungen und Mitbewerber bilden dabei die Basis, um im Wettbewerb bestehen zu können. Nach Schätzung der Fachleute sind rund 90 Prozent des gesamten veröffentlichten technischen Wissens in Patenten gespeichert. Auch Marken sind immer wichtigere Instrumente der erfolgreichen Marktstrategie. Allein in Europa werden jährlich ca. 20 Mrd. Euro für Doppelentwicklungen ausgegeben: „Das Rad wird nochmals erfunden". Die heutigen Möglichkeiten, sich über Erfindungen und technologische Trends aktuell ins Bild zu setzen, bieten jedoch die Chance, dies zu vermeiden. Die Digitalisierung der Patent- und Markendokumentation macht aus der Schutzrechtsliteratur in Datenbanken exzellente Werkzeuge für die strategische Wettbewerbsanalyse.

Patente liefern wichtige Hinweise auf vergangene und gegenwärtige Forschungs- und Entwicklungsaktivitäten im Markt. Außerdem sind in den Patentinformationen häufig Namen wichtiger Mitarbeiter enthalten, die an der Patentanmeldung mitgewirkt haben. Diese Information kann hinsichtlich einer zukünftigen Personalpolitik durchaus von Interesse sein. Die systematische Auswertung von Patentdaten liefert wertvolle Hinweise für die strategische Unternehmensplanung. Sie dient unter anderem der technologischen Wettbewerbsanalyse, der rechtzeitigen Wahrnehmung und besseren Prognose technologischer Entwicklungen, der Identifikation und Bewertung externer Quellen zur Technologiebeschaffung (z.B. durch M&A), der Identifikation führender Erfinder sowie der Bestimmung möglicher Lizenznehmer.

Rechtsinformation: Schutz vor Verletzungen eigener Schutzrechte durch andere Firmen oder um die Schutzrechte einer anderen Firma nicht zu verletzen.

Technikinformation: Technische Beschreibung fast aller Produkte/Anregungen und Ideen für Produkte und Verfahren und neue Anwendungen von existierenden Produkten/Vermeidung von Doppelarbeit in Forschung und Entwicklung.

Marktinformation: Überwachung von Wettbewerbern, Trendbeobachtung, Ermittlung von Konkurrenten/Auffinden neuer Marktmöglichkeiten, z.B. Lizenzen, Vermarktung von Produkten, deren Patente schon abgelaufen sind.

6.3.7 Sonstige Informationsquellen

Neben dem persönlichen Kontakt und dem Zurückgreifen auf schriftliche oder elektronische Unterlagen in Textform gibt es noch weitere Informationsquellen. So sollten auch die wichtigsten Fernsehsender und Rundfunksender auf wettbewerbsrelevante Inhalte gescreent werden. Bei der Beobachtung des Konkurrenten können Bild- und Videoaufnahmen ebenfalls wichtige Aufschlüsse geben. Ein Bild sagt mehr als tausend Worte. Sei es die Dokumentation eines Geschäftes, die Visualisierung von Produkten, das Fotografieren von Teilnehmern einer Fachkonferenz etc. Beim Einsatz von Bild- und Filmmaterial muss immer abgesichert sein, dass diese Tätigkeiten legal ausgeführt werden.

Eine wirksame Methode, die Produkte der Konkurrenz kennen zu lernen ist die des Mystery Shoppings. Dabei werden verdeckt die Produkte der Konkurrenz erworben. Man bekommt so Einblick in die Verkaufsargumente des Konkurrenten, in die Preis- und Konditionenpolitik, und das Produkt kann entsprechend getestet und geprüft werden. Für diesen Bereich gibt es sowohl im Business-to-Consumer (B-to-C), als auch im Bereich Business-to-Business (B-to-B) spezialisierte Dienstleister.

Leitfaden zur Durchführung eines Interviews

Tabelle 36: Leitfaden zur Durchführung eines Interviews; Quelle: In Anlehnung an: McGonagle, J. / Vella, C. „Outsmarting – wie man der Konkurrenz ganz legal in die Karten schaut". Stuttgart 1994.

Leitfaden zur Durchführung eines Interviews
■ Zielsetzung: Was möchten Sie erfahren?
■ Gesprächspartner: Welche Person ist für die Beantwortung Ihrer Fragen geeignet?
■ Win-Win-Beziehung: Was kann ich der Person als Gegenleistung für die übermittelte Information bieten? Hier geht es um informative Gegenleistungen und nicht um Bezahlung!
■ Machen Sie sich bewusst, was Sie mit Ihrer Befragung erreichen wollen. Wichtig ist vor allem folgende Frage: Welche Informationen wird der Befragte nach Ihrer Einschätzung beisteuern?
■ Wählen Sie sorgfältig die Personen aus, die Sie befragen wollen. In welchem Bereich sind sie tätig? Was haben sie zu bieten – Daten, Hinweise, Perspektiven?
■ Gestehen Sie sich die Grenzen ein, die Ihnen mit Ihren Interviews gesetzt sind. Erwarten Sie, dass die Befragten leicht erreichbar und kooperativ sind?
■ Formulieren Sie die Fragen so kurz wie möglich. Entscheiden Sie, ob Sie eng gesteckte oder breit gefächerte, freie Antworten wollen. Erstere liefern Ihnen spezifische Daten, aber die Menschen ziehen in der Regel offene Fragen vor – insbesondere, wenn die Antworten auf persönlicher Erfahrung basieren.
■ Wenn Sie wenig Zeit haben, sollten Sie die Befragung telefonisch durchführen. Obwohl ein persönliches, intensives Gespräch mehr Informationen liefern könnte, ist der Termin schwerer festzulegen und eine Anreisezeit erforderlich.
■ Überlegen Sie, ob Sie den potenziellen Gesprächspartnern einer telefonischen Befragung nicht vorab ein E-Mail schicken, sodass sie Ihren Anruf erwarten und darauf vorbereitet sind, mit Ihnen zu sprechen.
■ Wenn Sie Personen befragen, sollten Sie ehrlich hinsichtlich der Länge des Interviews und seines Zwecks sein.
■ Geben Sie den Personen, die Sie interviewen, einen guten Grund zu kooperieren.

Zusammenfassung Kapitel 6

- Das Internet ist eine der wichtigsten kostenfreien Informationsquellen. Bei der Suche nach geeigneten Informationsquellen wird man bei Portalen, Suchmaschinen, Katalogen, Meta-Suchmaschinen, Suchagenten, im Deep Web, oder in Newsgroups fündig.

- Kostenpflichtige Datenbanken bieten gegenüber dem Internet den Vorteil, dass die Daten valide sind, der Suchaufwand gering bleibt und die Daten in strukturierter Form vorhanden sind, was eine Weiterverarbeitung oder die Vergleichbarkeit (innerhalb der Datenbank) vereinfacht.

- Weitere Informationsquellen neben den elektronischen Informationsquellen und schriftlichen Unterlagen sind: Personen, wie eigene Mitarbeiter, Experten, Lieferanten, Kunden etc.; Bilder, Ton- und Videoaufzeichnungen, die Produkte der Konkurrenz etc.

Notizen: Welche Quellen habe ich für mein Unternehmen noch entdeckt?

Im Unternehmen:

_____

_____

Außerhalb des Unternehmens:

_____

_____

Laufend aktualisierte Informationen sind unter www.wettbewerbsbeobachtung.com zu finden.

Abbildungsverzeichnis

Abbildung 1:	„Sonnenaufgang" – Herausforderungen an die Unternehmen	13
Abbildung 2:	Das strategische Dreieck Kunde-Unternehmen-Konkurrenz	13
Abbildung 3:	Abdeckung des strategischen Markt-Dreiecks durch Marktforschung	18
Abbildung 4:	Zusammenhang von strategischer Planung und taktischer Umsetzung	19
Abbildung 5:	In die Wettbewerbsbeobachtung involvierte Unternehmensbereiche bei Shell Services International	26
Abbildung 6:	Visuelle Darstellung der PR-Aktivitäten des Unternehmens und der Konkurrenz	37
Abbildung 7:	Der Wettbewerbsbeobachtungsprozess (CI-Cycle)	56
Abbildung 8:	Wunsch versus Bedürfnis	61
Abbildung 9:	Experten-Netzwerk im Intranet	65
Abbildung 10:	Mittels Textmining generierte Topicmap	72
Abbildung 11:	Umweltanalyse – Analyse der externen Umwelt des Unternehmens	76
Abbildung 12:	Stakeholder-Analyse – Einfluss und Beziehung des Unternehmens zu verschiedenen Meinungsgruppen	82
Abbildung 13:	5-Forces Industrieattraktivitätsanalyse nach Porter	83
Abbildung 14:	Visuelle Darstellung der Industrieattraktivität	87
Abbildung 15:	Elemente einer Konkurrentenanalyse	88
Abbildung 16:	Stärken-/Schwächen-Analyse in Bezug auf den Marketingmix	92
Abbildung 17:	Ausprägungen der SWOT-Strategien	93
Abbildung 18:	SWOT-Analyse eines Schweizer Pharmakonzerns	94
Abbildung 19:	Vergleich von Wettbewerbsstärken anhand der Wertschöpfungsketten der Unternehmen	95
Abbildung 20:	Analyse der wertschöpfenden Primäraktivitäten in der Kosmetikindustrie	96
Abbildung 21:	Typenspektrum des MBTI-Verfahrens	105
Abbildung 22:	Patentklassifikation	108
Abbildung 23:	Zeitreihenanalyse	114
Abbildung 24:	Beziehungsnetzwerke	115
Abbildung 25:	Feedbackvariante eines Reports	117

Abbildung 26:	Voraussetzungen für die Wettbewerbsbeobachtung, die im Unternehmen gegeben sein müssen	126
Abbildung 27:	Analyse von Marktsignalen anhand des Market Signal Analyzers	134
Abbildung 28:	Wettbewerbsportal des finnischen Unternehmens m-real	136
Abbildung 29:	Klassifizierung von Softwarelösungen für die Wettbewerbsbeobachtung	138
Abbildung 30:	Prozessdarstellung – Einführung der Wettbewerbsbeobachtung	153
Abbildung 31:	Organigramm der Matrixorganisation bei 3M ESPE	174
Abbildung 32:	Interne Kunden für Competitive Intelligence	176
Abbildung 33:	Schlüsselbereiche für CI	177
Abbildung 34:	Relevante Schlüsselbereiche für die Wettbewerbsposition	178
Abbildung 35:	Konsolidierte Audi Konzern Gesellschaften	181
Abbildung 36:	Wissensmanagementprozess bei Audi	181
Abbildung 37:	Audi Wissensmarktplatz	182
Abbildung 38:	Screenshot des Wettbewerbssystems MARCO	184
Abbildung 39:	Durch Textmining extrahierte Muster	188
Abbildung 40:	Visueller Topic-Netzwerk-Browser	189
Abbildung 41:	Informationen rund um den Kunden werden laufend aktualisiert und online zur Verfügung gestellt	195
Abbildung 42:	Elemente des Technologie- und Innovationsmanagements bei Straumann	204
Abbildung 43:	Visualisierung der Opportunity Landscape	206
Abbildung 44:	Informationsquellen (Auszug)	212

Tabellenverzeichnis

Tabelle 1: Gründe für Unternehmen Wettbewerbsbeobachtung zu praktizieren 20
Tabelle 2: Weltweit führende Unternehmen im Bereich der Wettbewerbsbeobachtung 39
Tabelle 3: Informationsstand über den Wettbewerb 53
Tabelle 4: Beispiele für den Informationsbedarf bei strategischen und taktischen Entscheidungen 58
Tabelle 5: Beispiele für Frühwarnsignale 59
Tabelle 6: Beispiele für Hauptakteure im Markt 60
Tabelle 7: Informationsbedarf und mögliche unternehmensexterne Informationsquellen (Auszug) 66
Tabelle 8:   Mögliche Problemfelder bei der Informationssammlung 67
Tabelle 9: Daten-Klassifizierungssystem 68
Tabelle 10: Welche der folgenden Analysekonzepte sind Ihnen bekannt bzw. nutzen Sie? 74
Tabelle 11: Unternehmensexterne Analysen 75
Tabelle 12: Umweltanalyse von Citicorp auf Konzernebene 79
Tabelle 13: Erfassung eines Früherkennungsindikators bei Hewlett-Packard 80
Tabelle 14: Arten von Benchmarking 98
Tabelle 15: Managertypen nach Myers-Briggs-Typen-Indikator (MBTI) 106
Tabelle 16: Vor- und Nachteile des Reverse Engineerings 109
Tabelle 17: Zielgruppenspezifische Kommunikationsbedürfnisse 111
Tabelle 18: Reporting-Formate 112
Tabelle 19: Vor- und Nachteile von Visualisierungstools 114
Tabelle 20: Lösungsvorschläge für Probleme in der Kommunikationsphase 116
Tabelle 21: Checkliste Informationsbedürfnisse 121
Tabelle 22: Musterbeispiel eines Konkurrenzprofils 122
Tabelle 23: Informations- und Kommunikationstechnologien die die unterschiedlichen Aufgaben im Wettbewerbsbeobachtungsprozess unterstützen 128
Tabelle 24: Softwarelösungen (Auszug), die im Bereich der Wettbewerbsbeobachtung eingesetzt werden 138

Tabelle 25: Fachgebiete, aus denen sich die Wettbewerbsbeobachtung
zusammensetzt 145
Tabelle 26: Checkliste für die Auswahl einer geeigneten Wettbewerbs-
beobachtungssoftware 147
Tabelle 27: Kommunikationsplan in Abhängigkeit vom Veränderungsstatus 162
Tabelle 28: Bezeichnungen für Wettbewerbsbeobachtungsprojekte 163
Tabelle 29: Lösungsvorschläge für Probleme in der Projektumsetzung 167
Tabelle 30: Typische Anfragen an die Wettbewerbsbeobachtung 179
Tabelle 31: Entwicklung der Nutzerzahlen 199
Tabelle 32: Informationsquellen 200
Tabelle 33: Definition der Informationskategorien 200
Tabelle 34: Wichtige Hosts 218
Tabelle 35: Gegenüberstellung von kostenpflichtigen Datenbanken und dem
Internet 220
Tabelle 36: Leitfaden zur Durchführung eines Interviews 234

Literaturverzeichnis

Allen, T.J.; Managing the Flow of Technology: Technology Transfer and Dissemination of Technology Information within R&D Organization, Cambridge 1986
Barth, S.; A New Way of Managing Knowledge for Opportunities, 2002
Bouthillier, F./Shearer, K.; Assessing Competitive Intelligence Software – A Guide to Evaluating CI Technology, New Jersey 2003
Brezski, E.; Konkurrenzforschung im Marketing, Wiesbaden 1993
Corsten, R.; Kölner Arbeitspapiere zur Bibliotheks- und Informationswirtschaft Band 20, Fachhochschule Köln, Fachbereich Bibliotheks- und Informationswesen 1999
Dreger, W.; Konkurrenzanalyse und Beobachtung – mit System zum Erfolg im Wettbewerb, Esslingen 1992
Dunnigan, James F; Wargames Handbook – How to Play and Design Commercial and Professional Wargames, Lincoln/Nebraska 2000
ESOMAR; Market and Competitive Intelligence: Understanding the Impact, Amsterdam 1999
Fahey, Liam; Outwitting, Outmaneuvering, and Outperforming Competitors, New York, Chichester 1999
Fink, D.; Management Consulting Field Book – ein Change Management Ansatz von Accenture, München 2004
Finkler, W.; Technology infrastructure supporting the CI structure. In Workshop Notes of the Sixth Annual SCIP European Conference, Munich, Germany, October 2001
Fiora, B.; Measuring the Value of Competitive Intelligence www.outwardinsights.com
Fleisher, C. S./Bensoussan, B. E.; Strategic and Competitive Analysis – Methods and Techniques for Analyzing Business Competition, New Jersey 2003
Fuld, L. M.; The New Competitor Intelligence, New York, Chichester 1995
Fuld & Company, Boston, Geneva, London. Intelligence Software Report 2003: Leveraging the Web, 2003. URL: http://www.fuld.com
Gassmann, O./Kobe, C./Voit, E.; High-Risk-Projekte, Berlin, Heidelberg 2001
Girard, K.; Snooping on a Shoestring; Business 2.0, Mai 2003
Gloger, A.; Mit eigenem Nachrichtendienst die Konkurrenz beobachten. In: Frankfurter Allgemeine Zeitung. 02.08.1999
Griesbaum, J.; Vorlesungsskriptum Information Retrieval, Universität Konstanz 2003
Grimm, U.; Vortrag Strategisches Management, Hochschule ebs
Hamelau, N.; Was die Konkurrenz so treibt; in: Nachrichten aus der Chemie, Nr. 50, 2002
Hax, A. C./Majluf, N. S.; Strategisches Management. Ein integratives Konzept aus dem MIT, Frankfurt, New York 1991
Heller, W.; S.77 in Competitive & Business Intelligence Band 2 Information & Management
Hennes, W.; Informationsbeschaffung online, Frankfurt 1995
Herget, J.; Competitive & Business Intelligence – Neue Konzepte, Methoden & Instrumente, Konstanz 2002
Herring, J.P., Key Intelligence Topics: A Process to Identify and Define Intelligence Needs
Hillebrand, W.; Totale Offensive, in: Capital – Das Wirtschaftsmagazin, Nr. 20, 2002
Hitt, M.A.; Strategic Management Competitiveness and Globalization, Victoria 2002

Jorge, W.; Strategische Positionierung eines Pharmakonzerns, Diplomarbeit, Hochschule St. Gallen 2000

Kahaner, L.; Competive Intelligence: How to Gather, Analyze, and Use Information to Move your Business to the Top, New York 1997

Kangiser, A. Delivering Competitive Intelligence Visually; Competitive Intelligence Magazine Vol .6 Num. 5 2003

Kluge, J./Stein, W./Licht, T./Kloss, M.; Wissen entscheidet: Wie erfolgreiche Unternehmen ihr Know-how managen – eine internationale Studie von McKinsey, 2003

Kobe, C./Grassmann, O.; Einbindung der Technologiebeobachtung in Entwicklungsprojekte, in: High-Risk-Projekte

Kotler, P.; Marketing Management – Analysis, Planing, Implementation and Control, New Jersey 1994

Kreikebaum, H.; Strategische Unternehmensplanung, Stuttgart 1998

Kreilkamp, E.; Strategisches Management und Marketing, Berlin, New York 1987

Kunze, C. W.; Competitive Intelligence, Aachen 2000

Lehr, T./Ernst, N./Klumpp, M.; Wettbewerbsanalyse in der Unternehmenspraxis, Inomic Paper, No 8, 07/2003

Lichtenthaler, E.; Organisation der Technology Intelligence, Zürich 2002

Lux, C./Peske, T.; Competitive Intelligence und Wirtschaftsspionage, Wiesbaden 2002

Marti, Y.-M.; A Typology of Information Needs, Advances in Applied Business Strategy, 1996

McGonagle, J./Vella C.; Outsmarting the Competition: Practical Approaches to Finding and Using Competitive Information. Naperville 1990

McGonagle, J./Vella, C.; Outsmarting – wie man der Konkurrenz ganz legal in die Karten schaut, Stuttgart 1994

Oriesek, D./Friedrich, R.; Blick in die Zukunft; Harvard Business Manager; Mai 2003

Paul, M.; So entwickeln Sie Ihre Unternehmensstrategie, Frankfurt, Wien 2002

Peske, T.; Möglichkeiten und Grenzen der Informationssuche im Internet, Doculine, 10.2001

Pieske, R.; Benchmarking: das Lernen von anderen und seine Begrenzungen. In: io Management, Nr. 6, 1994

Pollard, A.; Competitor Intelligence, London 1999

Porter, M. E.; Competitive Strategy: Techniques for Analyzing Industries and Competitors, New York, London 1980

Porter, M. E.; Wettbewerbsstrategie – Methoden zur Analyse von Branchen und Konkurrenten, Frankfurt/Main, New York 1999

Prescott, J. E./Miller, S. H.; Proven Strategies in Competitive Intelligence – Lessons from the trenches, New York 2001

Probst, G./Raub, S./Romhardt, K.; Wissen managen, 4. Aufl. Wiesbaden 2003

Reibnitz, v. U.; Szenariotechnik, Wiesbaden 1992

Rouach, D.; Using Offensive and Defensive Intelligence to boost your innovation, ESCP Paris 1999

Savioz, P.; Technology Intelligence: Concept Design and Implementation in Technology-based SMEs, 2003

Sawka, K.; It´s the analysis stupid! Competitive Intelligence Magazine, vol2, number 4

Schrader, M.; Competitive Intelligence – Einsatz, Chancen und Risiken, Seminararbeit FH Hildesheim 2002

Simon, H.; Konkurrenzaufklärung, Frankfurter Allgemeine Zeitung, 2001

Sperger, M.; IBM Global Services; Managing the Message: Communicating Intelligence that Makes a Difference, 2003

ten Have, S./ten Have, W./ Stevens, F./van der Elst, M.; Handbuch Management-Modelle, Weinheim 2003

Vriens, D.; Information and Communications Technology for Competitive Intelligence, Portland 2004

Weißbach, C.; Frühwarnsystem gegen die Zyklen, in: Markt&Technik, Ausgabe 39, 2002

Winkler, K.; Wettbewerbsinformationssysteme: Begriff, An- und Herausforderungen in: HHL-Arbeitspapier Nr. 59, Leipzig 2003

Zimmermann, T.; Vernetztes Denken und Frühwarnung. Dissertation Universität St. Gallen, Bamberg 1992

Online-Links:

www.Aurora-wdc.com	US-Consultingunternehmen für Competitive Intelligence
www.BrightPlanet.com	Softwareunternehmen (Deep Web)
www.brimstone.se	Softwareunternehmen
www.ci-handbuch.de	Online Handbuch über Competitive Intelligence
www.comintell.com	Softwareunternehmen
www.docere.se	Softwareunternehmen
www.fiz-technik.de	Datenbankanbieter
www.fuld.com	US-Consultingunternehmen für Competitive Intelligence
www.hk24.de/share/ipc/	Innovations- und Patentcentrum der HK Hamburg
www.infoball.de	Softwareunternehmen und Dienstleister
www.infolit.ch	Dienstleister
www.inomic.org	Gesellschaft für wirtschaftswissenschaftlichen Anwendungsforschung
www.ip-search.ch	Eidgenössisches Institut für Geistiges Eigentum
www.lhsystems.de	Lufthansa Systems
www.media-style.com	Softwareunternehmen
www.novintel.com	Softwareunternehmen
www.scip.org	Society of Competitive Intelligence Professionals
www.outwardinsights.com	US-Consultingunternehmen für Competitive Intelligence

Studien:

Pfaff, D./Altensen, A./Glasbrenner, C.; Kick-Off Studie Competitive Intelligence. Empirische Studie zum Stellenwert und Verbreitung der CI in Deutschland und im deutschsprachigen Raum, Frankfurt, Gießen 2003

Fuld, L.; CI Software Review 2003

Johnson, A.; The Aurora WDC 2004 Enterprise Competitive Intelligence Software Portals Review

Der Autor

Johannes Deltl ist Geschäftsführer der Unternehmensberatung Intelligence Group mit Niederlassungen in Wien und Berlin. Seine Firma hat sich auf das Themengebiet der Wettbewerbsbeobachtung (Competitive Intelligence) spezialisiert. Der Autor studierte Wirtschaftswissenschaften und sammelte 10 Jahre Berufspraxis in leitenden Positionen in Marketing, Vertrieb, Business Development – zuletzt bei KPMG Consulting. Johannes Deltl ist Gründer des highpotential-Alumni-Netzwerks und kann folgendermaßen kontaktiert werden:

deltl@intelligence.at und www.intelligence.at

Die Website zum Buch lautet:
www.wettbewerbsbeobachtung.com.

Erfolgreich führen

Kompetent führen – praxiserprobtes Know-how

Qualifizierte Führung ist die wertvollste Ressource der Zukunft. Technologie lässt sich kopieren, Innovation und Kapital kann man „kaufen" – Führung dagegen nicht. Wie effektiv ist mein Führungsverhalten? Wie erhöhe ich meine Überzeugungskraft und Glaubwürdigkeit in der täglichen Kommunikation? Wie kann ich die Leistungsbereitschaft meiner Mitarbeiter durch sinnvolle Zielvereinbarungen, effektive Delegation, wirksame Kontrolle und motivierende Zielvereinbarungen steigern? Darauf gibt dieses Buch fundierte Antworten. Es bietet in der Praxis bewährte Werkzeuge für ein professionelles Management. Kompetent führen ist eine ebenso kompakte und anschauliche wie hochaktuelle Einführung in das moderne Management.

Waldemar Pelz
Kompetent führen
Praxiserprobte Methoden und Techniken
2004. ca. 288 S.
Geb. ca. EUR 39,90
ISBN 3-409-12556-6

Praxishandbuch Führen im Alltag – mit vielen Arbeitsblättern

Dieses Buch bietet eine Fülle von einfachen und praxiserprobten Instrumenten für die direkte Umsetzung im Führungsalltag. Mit vielen Arbeitsblättern.

Dietrich Buchner,
Josef A. Schmelzer
Führen und Coachen
Praxis-Leitfaden
mit Arbeitsblättern
2003. 214 S.
Geb. EUR 39,90
ISBN 3-409-12442-X

Kuschelmanagement kann jeder – Führen in Krisenzeiten ist eine Kunst

Wie gelingt es, sich als Manager in Krisenzeiten richtig zu verhalten und so die Krise zu bewältigen? Dieses Buch zeigt typische Verhaltensweisen in Krisensituationen, die häufig zu einer Krisenverschärfung führen, und gibt Empfehlungen, wie man es besser macht. Mit einem Test zur Selbsteinschätzung.

Georg Kraus,
Christel Becker-Kolle
Führen in Krisenzeiten
Wie Sie typische Managementfehler vermeiden
2004. 172 S.
Geb. EUR 39,90
ISBN 3-409-12448-9

Änderungen vorbehalten. Stand: Januar 2004.
Erhältlich im Buchhandel oder beim Verlag.

Gabler Verlag · Abraham-Lincoln-Str. 46 · 65189 Wiesbaden · www.gabler.de   **GABLER**

International Business

Mehr Erfolg durch richtiges Benehmen

Europa wächst zusammen – doch die Business-Etikette in den europäischen Ländern ist sehr unterschiedlich. Dieser fundierte Ratgeber informiert über die Do's und Don'ts in den wichtigsten europäischen Handelspartnerländern Deutschlands – von Frankreich bis Polen.

Elke Uhl-Vetter
Business-Etikette in Europa
2004. ca. 320 S.
Geb. ca. EUR 38,00
ISBN 3-409-12366-0

Risiken in internationalen Verträgen minimieren

Dieser Leitfaden – jetzt in der 2. Auflage – sensibilisiert Geschäftsleute im Verkauf und im Einkauf für die Besonderheiten des internationalen Business. Viele praktische Tipps helfen, Auseinandersetzungen, Zeit- und Geldverschwendung zu vermeiden. Zahlreiche Abbildungen und Musterklauseln machen deutlich, worauf es in der Praxis ankommt.

James Pinnells, Arndt Eversberg
Internationale Kaufverträge optimal gestalten
Leitfaden mit zahlreichen Musterklauseln
2. Aufl. 2003. 277 S.
Geb. EUR 39,90
ISBN 3-409-28889-9

Als Mittelständler Wachstum über internationale Märkte erzielen

Der erfahrene Berater legt einen Leitfaden vor, der mittelständischen Unternehmen zeigt, wie sie die hohen Anforderungen, die mit der Umsetzung einer internationalen Strategie verbunden sind, bewältigen.

Uwe Sachse
Wachsen durch internationale Expansion
Wie Sie Ihr Auslandsgeschäft erfolgreich ausbauen
2003. 256 S. Geb. EUR 39,90
ISBN 3-409-11997-3

Änderungen vorbehalten. Stand: Januar 2004.
Erhältlich im Buchhandel oder beim Verlag.

Gabler Verlag · Abraham-Lincoln-Str. 46 · 65189 Wiesbaden · www.gabler.de

GABLER